新月的詩神

聞一多與徐志摩

高國藩◎著

臺灣商務印書館發行

朱 序

～依舊靈異的新月詩神～

新詩的產生和發展，從胡適之《嘗試集》中按照「作詩須得如作文」的「原則」創作的白話詩篇，到兩岸都曾熱過一時且現在還餘熱未減的後現代詩，某種意義上說，就像是畫了一個並不十分圓的圓圈：出發於白話，歸向於口語。且看胡適當年所寫的《老鴉》一詩：

一

我大清早起，
站在人家屋角上啞啞的啼。
人家討嫌我，說我不吉利：——
我不能呢呢喃喃討人家的歡喜！

二

天寒風緊，無枝可棲。
我整日裏飛去飛回，整日裏又寒又饑。——
我不能帶著鞘兒，翁翁央央的替人家飛；
也不能叫人家繫在竹竿頭，賺一把黃小米！

臺灣詩人李敏勇 1993 年寫過這樣的《街景》：

詩人們
在街角的咖啡店

　　談論革命的歷史

　　偶爾
　　翻閱著晚報
　　在音樂裏議論時事

　　遠方充滿戰爭的消息
　　獨立運動與統一分別進展
　　世界在瓷杯裏攪動著

　　玻璃窗外
　　行人匆匆走過
　　尾隨著迷失的狗

　　這兩首詩，「主題」差異很大，風格也有懸殊，但都是以日常人生的圖景入詩，都使用幾無粉飾的白話，而且都含有反諷的詩味，所反映的詩思、詩路十分相通。不過這期間相隔了七十多年！這七十多年中，新詩經過了幼稚的嘗試，成熟的收穫以及可惜的搖落，由原來的眾所矚目變成現在的落落慘淡，其中包含著多少時代的辛酸，流逝過多少歷史的精彩。新月派的詩歌及其理論探索，正是這樣的歷史精彩，屬於正在流逝的那一類，因而很有研究和學術搶救的必要，這是高國藩教授的這部論著出版的價值之所在。

　　到臺灣來才知道，臺灣的讀者對詩人徐志摩很有興趣，許多學者和詩人都對徐志摩下過相當的功夫。龔顯宗教授在 1973 年所寫的《論徐志摩詩》，可以說開啓了徐志摩詩歌研究的新機，——大陸真正啓動徐志摩詩歌的研究，應在十年之後。高國藩先生的這部《新月的詩神》，其大部分篇什寫於西曆五〇年代和八〇年代初期，留有大陸最早的徐志摩研究的痕跡，不過真正體現出他研究水平的部分應該是那些寫於八〇年代初期的論文。龔先生的這篇長文收入其《廿卅年

代新詩論集》，集中還收有對聞一多、朱湘的詩歌評析文章，所持之論的精彩至今讀來仍無過時之感。楊牧先生於 1987 年編校《徐志摩詩選》，該書由洪範書店推出，幾乎每年複印一刷，可見其受歡迎的程度。楊牧先生寫於《徐志摩詩選》前面的《導論》深入淺出，精彩紛呈，對於臺灣讀者進入徐志摩的詩世界起到了很好的引領作用。這些研究成果，加上相關電視劇在臺灣的播出，使得現今的不少臺灣人包括臺灣的青年人都喜歡起徐志摩的詩歌來了。這讓我們看到了「新月詩神」依舊靈異的某種跡象。這次，享有盛名的臺灣商務印書館欣然接受高國藩教授的這部《新月的詩神》，除了是對高先生學術水平和價值的一種肯定外，我覺得也是有關出版家感受到「新月詩神」之靈異的一種回應。

　　「新月詩神」在臺灣的依舊靈異，似可說明在進入「後現代」社會的臺灣，人們終於還是沒有厭膩和拋棄優雅和瀟灑之美。徐志摩和新月派詩人的詩歌之美，其最具有感染力的方面，正體現在優雅、瀟灑的風格上，這樣的風格在浪漫主義時代氣氛中往往備受尊崇，而在電子文明和信息文明時代則顯得相當黯澹，當然也相當罕見。正因如此，也便顯得彌足珍貴。

　　徐志摩等新月派詩人的這種風格之所以彌足珍貴，是因爲不僅在現在這樣一個空前喧鬧、蕪雜、粗糙的時代極爲罕見，便是在他們所處的那個時代，在那樣一種高度緊張的時代氣氛中，也顯得相當突出。原因是這派文人的人生觀念以及相應的人生風度不同凡響。他們是 20 世紀二○年代嶄露頭角且風格特異的文學家，在隸屬於新月派的同時又自覺地隸屬於一種比較一致的人生觀念，即「我們都信仰『思想自由』，我們都主張『言論出版自由』，我們都保持『容忍』的態度（除了『不容忍』的態度是我們不能容忍以外），我們都喜歡穩健的合乎理性的學說。」①這種自由的強調，容忍的倡導和穩

①見《新月月刊》第 2 卷第 6〜7 期合刊《敬告讀者》。

健、理性的堅持，可以概括爲屬於紳士文化的範疇。①新月派理論家梁實秋在《新月月刊》上發表〈紳士〉一文，概括新月派文人相近的「根本精神和態度」便是這種紳士氣度，且說是「紳士永遠是我們待人接物的最高榜樣。」②徐志摩在私下裏極願意以「西式紳士」自許，一次與陸小曼通信，便直截了當地表述了這個意思：「我又是好面子，要做西式紳士的。」③當周氏兄弟與陳西瀅等圍繞著女師大風潮展開無休止的論戰時，徐志摩強烈呼籲他們「結束閒話，結束廢話」，同時嚴屬地指出了論戰的雙方（當然，他明白他祇能對陳西瀅有所影響）已遠遠有背於紳士之道：「這不僅是紳士不紳士的問題，這是像受教育人不像的問題」。他指責包括好友陳西瀅在內的罵戰雙方都有著「不十分上流的根性」，也就是說他們紳士氣度的嚴重缺乏。④直至十年以後，胡適還敦請陳西瀅就枉責魯迅的中國小說史的研究抄襲日本學者鹽谷溫之事向魯迅公開道歉，言「此是 gentleman 的臭架子，值得擺的」。⑤

　　紳士風度所體現的人生觀念有許多特別的內容，最關鍵的則是，正如一些文化學者所概括的那樣，「把人生看作是一項體育運動」，⑥即重在參與和體驗，不強調目的與結果，儘量體現出「灑脫的漫不經心的」，「熱心的彬彬有禮的」、「善於思考的滿不在乎的」乃至「圓滑的風雅的」⑦等氣度。這樣的人生觀念由於與相應的

①參見拙著《新月派的紳士風情》，翰林文教基金會 2003 年版。

②梁實秋：〈紳士〉，《新月月刊》第 1 卷第 8 期。

③徐志摩致陸小曼（1931 年 3 月 19 日）。

④徐志摩：《結束閒話，結束廢話！》，《晨報副刊》1926 年 2 月 3 日。

⑤胡適致蘇雪林（1936 年），見《胡適來往書信選》（中），中華書局 1986 年版。按，gentleman，英語，即紳士。

⑥英·麗月塔：《紳士道與武士道》，第 145 頁，浙江人民出版社 1990 年版。

⑦英·麗月塔：《紳士道與武士道》，第 130 頁，浙江人民出版社 1990 年版。

人生風度密切聯繫在一起，故而特別適宜於文學表現，而且表現起來也特別能見風格。徐志摩、林徽音的詩歌一般都有輕盈、瀟灑、躲避沈重和黏著的風格，這種風格正來自於「灑脫的漫不經心的」紳士氣度，而這種紳士氣度又導源於不講究目的與結果的紳士派文人的人生觀念。徐志摩經常表現的意象有「雪花的快樂」，有輕鬆的「雲遊」，有「沙揚娜拉」式的甜蜜的憂愁，這些都是灑脫、輕盈的風格的體現，是相關人生風度的文學展現。當他想像著：

> 「我就像是一朵雲，一朵
> 純白的，純白的雲，一點
> 不見分量，陽光抱著我，
> 我就是光，輕靈的一球，
> 往遠處飛，往更遠的飛……」

於是，

> 「什麼累贅，一切的煩愁，
> 恩情，痛苦，怨，全都遠了」。　　　（《愛的靈感》）

這時他的人生，他的風度，他的風格便是一個整體的輕盈和瀟灑，是對於沈重、黏著的堅定的拒絕。在《一隻燕子》中，詩人解釋「輕快」就是「不黏著」：

> 「一隻燕子掠水面過，
> 像天河裏一朵流星；
> 『這是輕快』，她對他說：
> 『我愛顆不黏著的心』。」

　　正因為有著這顆不黏著的心，詩人才可能這樣向他十分鍾情的母校告別：

> 輕輕的我走了，
> 正如我輕輕的來；
> 我輕輕的招手，
> 作別西天的雲彩。

　　既然康河的波光在心頭蕩漾，在康河的柔波裏，詩人都甘心做一條水草，可見他對這一片河岸，這一條河道，是何等地富有情感，不過詩人並不打算將這種情感表現得非常的熱烈——那不符合他的瀟灑和不黏著的詩學原則。他注意到「榆蔭下的潭，不是清泉，是天上虹，揉碎在浮藻間」的清麗，他深深的為這一番清麗所感動，居然想到了熱烈的歌詠——放歌：

> 「撐一支長篙，向青草更青處漫溯，滿載一船星輝，在星輝斑斕裡放歌」。

寫到這裡，忽然又覺得自己這時一時忘情：一個追求瀟脫和輕盈的詩人怎麼能「放歌」？於是他醒悟了：

> 但我不能放歌，
> 悄悄是別離的笙簫；
> 夏蟲也為我沉默，
> 沉默是今晚的康橋！

　　於是由瀟脫和輕盈營造了情感的「不黏著」，於是離別時刻吹響的就只是「悄悄」的笙簫：

「悄悄的我走了，

正如我悄悄的來；

我揮一揮衣袖，

不帶走一片雲彩。」

——連一片雲彩也不帶走，那是何等瀟灑的氣度，是何等輕盈的風格！

聞一多通常被人們看作一位鬥士，在高國藩教授這本書裡對聞一多為民主而鬥爭也有專門的論述。我堅持認為詩人聞一多更多的時候顯示出的是一種紳士文人的風範，他的鬥士氣質也經常通過紳士風度體現出來。在一次聞一多研究國際學術研討會上，幾個聞一多的愛戴者對我的觀點不以為然，但他們又往往說不出理由，只是不斷聲明：「我認為聞一多的價值不在紳士！」他們那樣說是為了表達對聞一多先生的熱愛，但他們對於紳士的觀念也真糊塗得可以，似乎那「紳」一定是「土豪劣紳」之「紳」，不知道「紳士」是一種風度，一種美，也更是一種精神。孫玉石教授作為主持人說了公道話，他認為聞一多的鬥爭和犧牲正是體現著一種「士的精神」。其實這仍然是從人們一般印象中的金剛怒目式的聞一多出發而言的，作為詩人的聞一多，常常並不是那麼金剛怒目，也並不總是在說那種「一說出就是禍」，一說出就「能點得著火」的一句話，有時會與徐志摩相近地表現出輕盈和瀟灑的風格，從而也較為典型地體現出紳士風範。他的《也許》一詩這樣寫道：

也許你真是哭得太累，

也許，也許你要睡一睡。

那　叫夜鷹不要咳嗽，

蛙不要號，蝙蝠不要飛。

不許陽光撥你的眼簾，

不許清風刷上你的眉，

無論誰都不能驚醒你，

撐一傘松蔭庇護你睡，

也許你聽這蚯蚓翻泥，

聽這小草的根鬚吸水，

也許你聽這般的音樂，

比那咒罵的人聲更美；

那　你先把眼皮閉緊，

我就讓你睡，我讓你睡，

我把黃土輕輕蓋著你，

我叫紙錢兒緩緩的飛。

　　這樣的詩應該敬獻於聞一多先生的墓園，那麼輕盈而美好，那麼瀟灑而細膩，連小草根鬚吸水的聲音也能夠聽到。這樣的風格正是他自己寫給自己的「別離的笙簫」，就是那麼悄悄的，默默的。他的著名的詩篇《忘掉她》用「忘掉」這樣的意志行動來表達自己對失去了的愛女的情感：「忘掉她，像一朵忘掉的花」，甚至像一個「春夢」，像忘掉「夢中的一聲鐘」，雖然是父女情深，但是一點也不黏著，體現出的同樣是輕盈、瀟脫和不黏著的風格。

　　詩人徐志摩在歌詠最美好的感情甚至戀情的時候，都貫徹著這種不黏著的美學原則，——他覺得一切都當作《偶然》更好：

我是天空裏的一片雲，

偶爾投影在你的波心！

你不必訝異，

更無須歡喜！
在轉瞬間消滅了蹤影。

你我相逢在黑夜的海上，
你有你的，我有我的方向。
你記得也好，
最好你忘掉，
在這交會時互放的光亮！

　　對於一般的詩人而言，天上的一片雲投影在池塘的波心就是一種美麗的機緣，黑夜的海上不期而遇更是一種千載一時的邂逅，這樣的偶然得來不易，怎能輕易忘掉，怎能不驚喜萬分，孜孜以求？可以說許多詩人會以十分黏著的態度對待這樣的「偶然」，因為人們一般比較多地接受了目的論的人生觀念。人們習慣於表達對結果矢志以求的堅韌不拔的意志和堅定執著的風度。現代社會普遍的教育一般都是在培養後一方面的人生觀念，現代人也多養成相應的人生風度，這就使得徐志摩式的輕盈、灑脫和不黏著的詩風獲得了凸顯。

　　在新月派文學中，徐志摩、聞一多的這種詩風卻並不突兀。林徽音作為一個女詩人同樣具有如此歌吟的悟性與才情，詩作中同樣充滿這樣的灑脫和輕盈。她的一首《蓮燈》這樣描寫蓮燈的燦爛與幻滅：

　　　「……單是那光一閃花一朵——
　　　像一葉輕舸駛出了江河——
　　　宛轉它漂隨命運的波湧，
　　　等候那陣陣風向遠處推送。
　　　算做一次過客在宇宙裏，
　　　認識這玲瓏的生從容的死。
　　　這飄忽的途程也就是個——

　　也就是個美麗美麗的夢。」

與徐志摩的詩比較起來，有著更濃郁的感傷氣息，但注重在宇宙裏做一次過客的飄忽的過程，而對死的結局有著從容的忽略，正是再現了這一派詩人特有的人生風度和人生觀念。

　　我們可以對於這種紳士趣味十分濃厚的人生觀念及其所顯示的文學風格進行社會學的、美學的批判，但同時又不得不承認它們的特別和稀有，這就是它們的價值，它們爲新詩貢獻出了特殊的詩美魅力。

　　當然，新月派詩人對於漢語新詩所做出的另一個不容忽略的貢獻，便是從理論和實踐兩方面作出了建構新詩格律的努力。倡導這種建構的主要是聞一多、徐志摩，其他如朱湘、饒孟侃、陳夢家等新月派詩人都有過很有效力的參與。聞一多、饒孟侃曾在《晨報副刊·詩鐫》上發表諸如《新詩的音節》、《詩的格律》等文，朱湘也有類似的表述。陳夢家 1931 年編輯《新月詩選》時甚至指出，「格律的謹嚴」乃是新月派相近的詩風。

　　聞一多等人的新詩格律理論對新詩的格律化和形式的營構作了前所未有、後亦未見的全面的理論探討，提出了一些堪稱精彩的論點。他們認爲新詩應該有格律，新詩的格律對於會寫作新詩的人來說不但不會成爲一種束縛，而且會成爲表現的利器；這就譬如外國人所說的戴著鐐銬跳舞，對於會跳舞的人來說，鐐銬只會使他的舞蹈更加優美。當然，新詩的格律要求與舊詩的格律在原則上有很大的區別，舊詩的格律是固定的程式和形式，而新詩的格律則可以本著詩人自己的「意匠」進行創造；舊詩一種類型的詩只有一種格律，而新詩可以每首詩歌都有自己的格律。新詩格律的創造原則，按照聞一多的設計，須注重音樂美、繪畫美和建築美，而如何算是音樂美、繪畫美和建築美，也都有具體的闡述和規定。聞一多自己的詩歌創作，以及其他新月派詩人相當數量的創作，都在一定意義上實踐著這樣的格律理論。徐志摩的詩《人變獸》中這樣落韻：「抹下西山黃昏的一天紫，也塗

不沒這人變獸的恥！」這樣的格律感顯然受到了聞一多新格律探索的影響。有人說新月派詩人中很少沒有受到過《死水》作者的影響的，連徐志摩都如此，誠哉斯言。這樣的格律化影響使得新月派詩人群獲得了統一的格律詩派的美稱。

新詩格律化這樣一種通向形式規範的命題由新月派詩人提出來決非偶然，這也與他們這派文人的紳士文化傾向密切相關。紳士文化比較講究人生規範和秩序，在詩歌創作方面自然會要求一定的格律。與此相呼應，梁實秋寫過《文學的紀律》等文章，對「現代中國文學之浪漫的趨勢」進行了猛烈抨擊，認為浪漫化的文學太多鼓勵文學的獨創、突破和反叛，往往不講規範和秩序，因而文學應該講究「紀律」，強調理性。饒孟侃所撰的《感傷主義與「創造社」》一文，也應和了梁實秋講「紀律」的觀點。在一種比較宏觀的意義上，梁實秋、饒孟侃的觀點實際上是對新詩格律論的呼應。

可惜，他們的這種格律化和規範化的新詩理論沒有得到更為廣泛的響應，也沒能得到更為長久的實踐，以至於在漫長的新詩發展路途上被時代的揚塵湮沒了。不過在真正嚴肅地探索漢語新詩形式美感的詩人那裏，在真正嚴肅地探索新詩發展之路的學者那裏，新月派詩人的這番貢獻是不容抹殺的，應該得到充分估價。前些日子我參加一個現代詩學國際研討會，一位臺灣學者對臺灣詩歌的音樂性問題作了很精彩的研究和論述，但惜乎只是從古詩的音律強調直接跳到有關臺灣新詩的音樂性講求，基本上沒有提到新月詩人的這一番很有深度很有見地的貢獻，從而引起與會學者頗多的詬病。這樣的情形更說明，新月詩人的這一番貢獻其實很難跳越，對它的忽略如果不是無知便是一種貿然的冒險。

高國藩教授在本書中對聞一多新詩格律理論和相關的詩歌創作實踐論述甚詳，我覺得非常適合一些臺灣詩歌研究者彌補上述欠缺。

這本《新月的詩神》，集中了高國藩教授多年來研究聞一多、徐志摩詩歌的心得，篇幅雖不能說巨甚，內容卻可謂豐富，有對詩作思

想內容的分析,有對作品藝術品味的鑑賞,有詩歌內部構成的解讀,有詩歌外在資料的剔析,還有關於詩人歷史形跡的考察、辯證等等,可以說義理與考據並用;高國藩教授自己也是詩人,在本書中每每能用詩的語言解析新月派的詩歌,因而又可謂學術與詞章俱佳。

當然,誠如前文所說,這部書稿凝結著高國藩教授近五十年來的研究心得,有時不免仍帶有特定時代非學術因素的氣息,特別是那些過於濃郁的政治氣息,多少會對學術的研究產生某些不良影響。

例如書中這樣分析徐志摩的思想:「一、反對軍閥屠殺人民」。「二、反對帝國主義侵略」。「三、反對國民黨政府壓制民主自由」。「四、對革命作家友愛」。這樣的分析既很一般,沒有真正觸及到詩人思想的根系和特徵,也顯得比較紊亂,四條之間沒有一個同一性原則相貫穿。

但是,我仍然理解並支持高教授將這些內容保留下來:

一是可以為特定時代的學術演進的艱難歷程提供一種標本,讓讀者了解我們的詩歌研究和現代文學研究是如何走到今天的。

二來可以在新月派研究的諸多學術成果中聊備一格,為新月派研究學術檔案提供另一種還算是珍貴的歷史資料。

三則可以看出高國藩教授當年進行新月派詩歌研究時所作出的可貴的學術努力。

那時候,一般的學術研究都得顯示出相當的政治內涵,研究對象的政治傾向性不僅能決定某項研究的價值,甚至能決定此項研究的命運。徐志摩的政治傾向性自然不是當時的政治所認可的,高國藩教授在這種情況下敢於研究徐志摩,就表現出了相當的學術勇氣;作為這一研究存在並得到承認的前提,他必須如此論證徐志摩的「革命性」。那個時代能夠如此大膽地肯定資產階級大少爺徐志摩,是十分需要勇氣以及需要十分魄力的,高先生顯示了這樣的勇氣和魄力,並且將它們一直保持到現在。其實,不要說研究徐志摩這樣傾向性「有問題」的詩人,便是研究聞一多這樣傾向性沒什麼問題的詩人,哪怕

是吳晗這樣的紅色學究來研究，也還是要在政治上為研究對象去爭取
更大的保險係數，於是，聞一多那首悼念愛女的《忘掉她》，被說成
不是個人的歌，而是對「祖國人民的苦難的傾訴的一部分」；一個女
孩子的死，和無數農民的死連在一起，顯露的是整個的社會問題，整
個的政治問題，是天賦人權的被剝奪，是人民政權的被篡竊等等。這
樣的聯繫在今天看來自然好笑，甚至有些荒唐，但在那時就很有必
要。也正是在這樣的意義上，高國藩教授花費了很大的氣力否定聞一
多詩歌與唯美主義的聯繫。

　　高國藩教授是我的師輩，類似於「代溝」的現象在我們之間自然
存在，我們關於新月詩人的觀點可能存在著較大差異。他一定清楚這
一點，更可能這纔是他邀我作序的良苦用心之所在。因此，我不揣冒
昧，在肯定和理解作者的學術成就和價值的同時，將自己從不同世代
出發的觀察也質直坦率地寫出，以就教於高教授，就教於臺灣的學者
和讀者。

朱壽桐　謹序於

2003 年 12 月 18 日

蘭陽別院

自　序

　　這是一篇晚到的總結新詩成就的專著。早在五〇年代我在北京大學文學研究所民間文學研究室，跟隨鄭振鐸先生研究敦煌俗文學期間，當時年輕好勝，既努力學寫詩，在《文藝學習》、《北京文藝》、《新港》、《奔流》、《東海》、《前哨》、《旅大文藝》、《青島文藝》、《陝西文藝》、香港《大公報》（兒童版）等等報刊，發表了大量新詩，又開始蒐集材料，就論述聞一多與徐志摩的新詩成就問題，草擬了一個四、五萬字的提綱，並與何其芳先生討論。那時正當 1956 年，國內知識分子中流動著創新的獨立思考的思潮，所以這本書中就打上了「反右」前思潮的特點。

　　一是引了許多 20 世紀五〇年代以來對聞一多與徐志摩詩的反面觀點。

　　二是採取駁論，針對當時否定這兩位詩人的論點進行批判與答辯。

　　三是與當時否定兩位詩人的進步性相反，強調他們詩的愛國主義精神。

　　四是與五〇年代的新詩只講求現實主義的思想直、白、露，當時不僅延安派如此，如郭小川、何其芳、賀敬之、阮章竟、李季等等，當時新出的少壯派也如此，如邵燕詳、顧工、公劉、梁上泉、聞捷等等，我認爲他們共同追求的是新詩以表現現實爲核心的藝術性，這是中國新詩五四以來的傳統，所以就強調了聞一多與徐志摩詩的這種藝術特點。這本《新月的詩神》一直到我 22 年右派分子生涯在 1979 年被結束，才在 1980 年寫成，幾次在中國尋求出版的機會而未果，但我拿它作爲新詩研究教材給大學生上過專題選修課，而其中有幾章又

曾在《新疆大學學報》等高校學報發表。

我認為，新詩強調現實主義的思想直、白、露，沒有什麼不好，因為，有豐富的多種多樣的藝術性為內涵，可以鼓動起人們對於生活的熱情和對於生命的追求。這是新詩有生命力的基礎，而且是打不破的基礎。聞一多與徐志摩的詩正是如此，他們的詩是如此圓滿地體現了詩的思想性與藝術性的完美結合，只有詩神的詩，才能體現出詩的特有的神韻，一個詩人只要品味到了詩神這種神韻，他的詩才能有靈氣，他的詩才會被人們所接受和傳播。思想晦澀，題材又不出新，就沒有神韻，藝術性的發揮就失去載體，使人看不懂，毫無詩味。

自 20 世紀八〇年代以來，什麼派等等派提倡的朦朧詩，也就是謎語詩壟斷了詩壇，一時間看不懂的所謂「新詩」大行其道，有些詩刊成了思想蒼白和晦澀的詩的詩刊，這種詩成了「滿天星」布滿詩壇，他們把新詩弄到沒有人看的地步，他們的詩刊對傳統派的新詩不屑一顧，把老詩人的詩扔進廢紙筐；對古詩則採其佳句串連拼湊起來變為自己的「創作」，給以一等獎；當然傳統派開會也不邀請他們參加，因為這一類詩派覺得這些「老人」已被淘汰，他們的會議沒有意義。給人的感覺，如今的詩壇，似乎兩派勢如水火，是真正的分離了。而新詩的衰落一般認為，必然歸這些朦朧詩派負責。

如今新詩的衰落也導源於壟斷的出版制度和審查制度。新詩的產生和發展是與詩人自由組合的文學團體密切相關，創造社出了郭沫若，新月社出了聞一多與徐志摩，湖畔派出了汪靜之，沉鐘社出了馮至，七月社出了胡風、綠原等等。胡風最不幸，他「不識時務」，在五〇年代還要辦文學的同人刊物，而個人辦文學團體和刊物，是當時中國的制度不容許的，自己搞被視為非法，他正直的氣概令人欽佩，結果被劃成了「反革命集團」，我們只有用淚眼看著一群明亮星辰的隕落，而新詩也就在壟斷中衰微下去，這是必然的結果。

《新月的詩神》的寫作闡述傳統新詩思想與藝術的內涵。聞一多與徐志摩是如此強調新詩的思想與藝術的完美結合，這兩位愛國主義

詩人的詩作，是真正的愛國主義新詩的典範，但是，自五〇年代以來，對聞一多的詩的愛國主義精神是逐步承認的，但是徐志摩的詩的愛國主義精神則是不承認的，是因爲他曾經寫過《我不知道風是在那一個方向吹？》被新詩研究的索引派論定爲風是向「資本主義」方向吹，於是徐志摩就被定爲「反動」；其實這一首詩是一首非常好的愛情詩，是失戀時真實純潔感情的流露，毫無政治性。還由於徐志摩說過一句意思是不要「思想讓主義奸污得苦」，被索引派理解爲「思想讓（馬列）主義奸污得苦」，因而被定爲「反革命」言論，於是徐志摩也就被定爲「反動」；其實徐志摩這一句話說得很經典，其不確定性具有哲學深刻的含意，從事實上說，一旦人的思想被這個主義、那個主義的條條框框所束縛，便往往失去創造性，藝術實踐如此，人類活動一切實踐都如此。然而徐志摩在如此的重壓下，一顆巨星隕落了。

　　研究新詩乃至一切文章，帶著強烈的黨派性，是不能做出客觀評價的。國學大師胡適在二〇年代末和三〇年代初，他的文章被國民黨批評爲「詆諆本黨，肆行反動」、「居心險惡，行爲卑劣」，於是乎刊登他文章的《新月》被禁賣。五〇年代在中國大陸則批判他爲帝國主義和國民黨的幫凶，六〇年代在臺灣又批判他把西方社會主義引進中國，把中國大陸出賣給中共，請看看，帶有強烈黨派性的評論，使胡適左右不討好，裡外不是人。徐志摩與胡適是好朋友，徐志摩以詩《愛的靈感》捧適之，徐志摩在前白中說：「下面這些詩行好歹是他撩撥出來的，正如年來大多數的詩行好歹是他（撩）撥出來的。」（香港版《徐志摩全集》315 頁）可見徐志摩的詩思想，受有胡適先生很大的影響，胡適前因政治問題而被中國大陸和臺灣雙重否定，即使現在肯定胡適，似乎也是有限度的，因此就來否定徐志摩，或有限度的肯定徐志摩，實在是大謬了。

　　總之，新月的詩神所帶來的問題，在中國詩壇乃至整個文化界將是一個長久的話題。

　　　　　　　2003 年 1 月 28 日寫於南京大學中韓文化研究中心

目　　錄

論聞一多的詩

論徐志摩的詩

論
聞一多的詩

第一章　聞一多的生平

第一節　進清華、去美國的歲月與詩作

聞一多，原名家驊，字友三，湖北省浠水下巴河鎮陳家嶺人，生於清末光緒 25 年 11 月（1899 年），被國民黨 1946 年 7 月 15 日暗殺於昆明，終年 47 歲。

他的父親聞廷政，是一個晚清的秀才。祖父聞子淦愛好藏書，建有書房名為「綿葛軒」，曾聘名師教育他的孫輩，因此聞一多從小就跟父親讀《漢書》，並受到了良好的文學教育，這與他後來成為一個文學家很有關係。他的父親有五個兒子，聞一多排行老四。浠水當地曾流傳一個傳說，說聞家的家族是南宋民族英雄文天祥的後代，聞一多還做過考證，相信這個說法。

1912 年秋，聞一多 13 歲，當時他正在武昌民國公校讀書，考取了北京清華學校。清華學校即清華大學前身，是美國用部分「庚子賠款」辦起來的留美預備學校，分初中（中等科）四年，高中（高等科）四年，由於：

第一，剛去成績跟不上，1913 年夏留級一年（見 1917 年聞一多主編的級刊《辛酉鏡》自傳《聞多》介紹）。當時他的姓名為「聞多」。

第二，1921 年他與同學們罷考聲援北京八校教師「索薪」鬥爭，被學校當局勒令集體留級一年，故而延遲到 1922 年 5 月才畢業，因此從 1921 年下半年到 1922 年上半年，他在清華園內度過了十年的學習生活。當時他已經是 23 歲的青年了。

在清華求學的十年，多方面培養了他的才能，增進了他的學識，加深了他在文藝方面的造詣。

第一，他具有卓越的編輯的才能，他剛進入清華不久，在 1914 年中等科二年級時，就被選爲《清華周刊》的中文編輯，以後又數度擔任，如《清華周刊》81 期（1916 年 10 月 4 日出版）《校聞》說：「中四選舉會，舉定聞多君爲書記，陳念宗爲會計，雜誌總編輯錢宗堡，中文編輯聞多，英文編輯沈有乾。」他不僅編過校刊，還編過學報，1919 年至 1920 年，他就擔任過《清華學報》學生部的編輯。1917 年當他在中等科畢業時，級刊的畢業紀念專刊《辛酉鏡》，他擔任總編輯，《清華周刊》101 期（1917 年 3 月 22 日出版）《校聞》報導說：「中四級史，中四級擬出畢業紀念冊，已誌前刊，現聞：定名爲《辛酉鏡》。」按：聞一多爲總編輯，並且寫了發刊辭，還有自傳，詩文等。這些活動說明他在中文方面的水平高過同時代的學生。

第二，他也具有卓越的戲劇藝術才能。在他剛進入清華不久，1913 年秋，他和幾個同學曾自編自演了獨幕劇《革命軍》，劇中塑造了一個武昌起義的革命者的形象，謳歌辛亥革命推翻帝制的成功。1916 年 10 月，清華成立遊藝社，分戲劇與音樂兩部，《清華周刊》85 期（1916 年 11 月 1 日出版）《校聞》記載：「清華遊藝社第一次常會。多數社員通過，中等科會計，由副社長聞多君擔任。」可見他當時是清華遊藝社的骨幹。1919 年底，遊藝社改爲「新劇社」在「五四」運動影響下，他組織編演過《巾幗劍》，他負責編演部。當年 4 月 9 日他在《日記》中說「數月以來，奔走劇務，晝夜不分，餐寢無暇」，可見他當時對於新戲劇是何等熱心，因爲他當時除了劇務工作以外，還擔任了其他工作，例如，《清華周刊》95 期（1917 年 2 月 8 日出版）《校聞》記載：「中四級會，於月之四日晚，添舉各職員如下：書記聞多，體育部長時昭涵，圖書管理員吳宗儒，演劇職員聞多。」不僅在校新劇社，就是在級會中他也負責書記和演劇工作，這對他文藝才能是一次很好鍛鍊的機會。

第三，聞一多具有卓越的演說、辯論的才能和他在清華讀書時期受到這方面的鍛鍊也是分不開的。《清華周刊》在1916年至1917年期間一再報導了他主持演說會或辯論會的情況：

1. 《清華周刊》83期（1916年10月18日出版）《校聞》記載：「中四級於14日分團舉行英語演說會，甲團主席劉沛漳，乙團主席熊祖同，丙團主席聞多。」

2. 《清華周刊》88期（1916年10月25日出版）《校聞》記載：「中四級於21日午前在博物教室開特別會，舉錢宗堡、劉沛漳、聞多三君，爲中等科聯合演說辯論團該級演說代表。」

3. 《清華周刊》89期（1916年11月30日出版）《校聞》記載：「中四級會，前星期六日分團開會，甲乙丙團中文辯論，丙團英文演說，演說有王德郅、宋珣、楊廉正、聞多四君。」

4. 《清華周刊》101期（1917年3月22日出版）《校聞》記載：「中四級會，分紅白二組，紅組國語辯論，主席陳崇武，白組英語辯論，主席聞多。」

上述例證說明，不管中文演說、辯論，還是英文演說、辯論，聞一多都被選爲代表和主席，說明他在這方面有突出的才能。由此可見，抗日戰爭時期他在昆明的演講，使國民黨反動派喪膽，使我國人民深受鼓舞，不會是無緣無故的，這同他在校的勤學苦練是分不開的。

第四，他也有突出的繪畫的藝術才能。在他到了清華學校中等科以後，便被聘請去做校刊繪畫編輯。《清華周刊》90期（1916年12月7日出版）《校聞》記載：「新請編輯，《清華年報》編輯部特添派中等科聞多、楊廷寶二君爲繪畫副編輯。」1919年秋天，他和同窗發起成立「美術社」，布置了一個專門的畫室，一邊練習繪畫，一邊向同學介紹許多畫家和雕塑家的作品。1920年10月他在《清華周刊》192期上發表了《徵求藝術專門的同業者的呼聲》一文，強調藝術是「社會的需要」，「促進人類的友誼」，「抬高社會的程

度」，「改造社會的根本辦法」，「藝術就是改造社會的急務」，
這種觀點是他後來詩歌愛國論的基石的萌芽。從這一些例子看來，他
對繪畫藝術的理論和繪畫才能都是不同凡響的。單從 1916 年至 1917
年來看，聞一多至少擔任過十一個職務，可見學生時代的聞一多，並
沒有「兩耳不聞窗外事，一心只讀聖賢書」，當時他已經是一位人才
出眾的學生，青年時期的全面發展，為他後來的詩歌創作、學術研究
和社會活動方面的成就奠定了基礎。

　　1922 年 8 月初，聞一多來到美國留學，當年便進了芝加哥美術學
院學習美術。1923 年暑假後轉學到珂泉進入珂羅拉多學院美術系學
習。1924 年暑假後又轉學到紐約美術學生聯合會。直到 1925 年暑假
回國。在這三年中，雖然學的是美術，畫過不少素描和油畫，學院的
展覽會和紐約的畫展上，都展出過聞一多的不少作品，但是他的主要
成就卻是在文學事業上，他細心的鑽研了中國古詩和英國近代詩，對
杜甫、李白、陸游、拜倫、雪萊、濟慈、丁尼孫、伯朗寧等詩人有精
深的研究，並且直接影響到他的創作。

　　1923 年 9 月在上海出版了他著名的詩集《紅燭》，署名聞一多
收入他自 1920 年以來三年間的作品。他在美國寫過一篇著名的長詩
《園內》，全詩八段，有三百多行，此詩為《紅燭》與《死水》所未
收，這是他 1923 年時為清華學校十二周年校慶而作，發表於《清華
周刊·清華十二周年紀念號》上。在這首詩裡，聞一多描寫了他在清
華校園內度過的難忘的少年時代，特別是校園內的早晨，給他留下了
生命中蓬勃的朝氣，他唱道：

　　　　早起的少年危立在假石山上，
　　　　紅荷招展在他腳底，
　　　　旭日燦爛在他頭上，
　　　　早起的少年對著新生的太陽，
　　　　如同對著他的嚴師，

> 背誦莊周、屈子底鴻文，
>
> 背誦沙翁、彌氏的巨制，……
>
> 背誦著他的生命底課本。①

正是在校園裡，少年聞一多最初思索了如何度過有意義的人生，描述了他最初的覺醒。「少年們揎開美夢，跳起榻床，少年們和黑暗宣戰了」，生命該如何度過呢？雖然是「一知半解的少年愁」，但是每天都縈繞在少年聞一多的心頭：

> 為了茫茫的大千宇宙？
>
> 為了滔滔的洪水猛獸？
>
> 為了閂不住的情緒之流？
>
> 還是拋不下錨的生命之舟？②

《園內》是研究少年聞一多思想與詩歌演變的重要作品。在美國留學的日子，聞一多表現得最為突出的是愛國主義思想和精神，這種崇高的觀念決定了《紅燭》與《死水》兩個詩集的成功。愛國主義是聞一多詩歌主要之點。

第二節　歸國後的詩作和為民主奮鬥的生涯

1925 年 7 月，聞一多回到了闊別三年的祖國，回浠水故鄉一趟以後，暑假後即去北京藝術專科學校任教務長之職。這時候他依然鑽研新詩。回國後半年多，發表詩作頗多，他在新詩創作上探索著嚴整的

---

①《聞一多全集》Ⅰ（全十二冊），湖北人民出版社 1993 年 12 月第一版，第 198 頁。

②湖北版《聞一多全集》Ⅰ，第 202 頁。

格律詩，並且取得了可喜的成就。1925 年也發表了洋溢著反帝反封建精神的一系列新詩。這些新詩絕大部分未收入詩集《死水》。《死水》是 1928 年出版的，但是，在 1925 年，他已揚棄了《紅燭》的自由體詩，而轉入創立格律詩了。下面這首詩《秦始皇帝》：

> 荊軻的匕首，張良的大鐵椎，
> 是兩只蒼蠅從我眼前飛過。
> 我肋骨檻裡囚著一隻黑狼，
> 這一隻黑狼牠終於殺了我。
>
> 我吞噬了六國來餵這黑狼，
> 黑狼餵肥了，反來吞噬了我；
> 我築起阿房來讓黑狼遊戲，
> 他遊倦了，我們一齊都睡著。
>
> 如今什麼也驚不醒我們了，
> 鉅鹿的干戈和咸陽城的火……
> 多情的刺蝟抱著我的骷髏，
> 十丈來的青蛇纏著我的腳。

《晨報七周年增刊》1925.12.1 ①

這一首《死水》未收入的佚詩，有著深刻的反抗性思想內容。荊軻的匕首和張良組織的大力士揮舞的大鐵椎，都未能致秦始皇於死地，而致他於死地的卻是他自己養的黑狼，這黑狼象徵著秦始皇的腐化墮落，堡壘最關鍵是在內部攻破的，秦朝崩潰正在於秦王的荒淫，農民起義的鉅鹿的干戈和咸陽城的火，正是導因於此的，秦始皇帝最終只

---

①湖北版《聞一多全集》Ⅰ，第 250 頁。

能「多情的刺蝟抱著我的骷髏，十丈來的青蛇纏著我的腳」了，這種
悲劇將留給後人嚴肅的啓迪。聞一多 1925 年發表的新詩，是十分注
重思想性的。這首《秦始皇帝》也是完整的格律詩。

聞一多在 1925 年寫的新詩格律詩，十分注重用相等音尺來鋪排
自己的詩句。像《抱怨》這首詩便是這樣：

> 我 | 拈起筆 | 好在手中 | 玩弄，
> 空中 | 便飛來了 | 一排 | 韻腳；
> 我 | 不知如何的 | 擺布 | 他們，
> 只希望 | 能寫出 | 一些 | 快樂。
> 我 | 聽見你 | 在窗前 | 咳嗽，
> 不由的 | 寫成了 | 一首 | 悲歌。
>
>
> 上帝 | 將要 | 寫我的 | 生傳，
> 展開了 | 我的 | 生命之 | 紙，
> 不知 | 要寫些 | 什麼 | 東西，
> 許是 | 災殃 | 也許是 | 喜事。
> 你 | 硬要加入 | 你的 | 姓名，
> 你 | 便寫成了 | 一篇 | 痛史。

　　　　　　　　　　　　《晨報七周年增刊》1925.12.1 ①

很明顯，聞一多在 1925 年即已通過新詩的創作實踐，建立了《死
水》詩集中那樣嚴格的格律詩。這首《抱怨》和《秦始皇帝》一樣，
都是用每句四個音尺構成，從頭到尾都是相等的音尺。說明聞一多從
1925 年起他創新的格律詩已經到了成熟的階段。

　　1926 年 3 月 18 日，在李大釗領導下，在陳毅組織中，北京市民

---

①湖北版《聞一多全集》Ⅰ，第 251 頁。

（包括工、商、學）四千多人，衝擊了北洋軍閥段祺瑞的反動政府，人民遭到了大屠殺，四十多位青年當場死去，二百多人受傷，是為震驚中外的「三・一八」慘案。聞一多立即寫了一首詩：《唁詞──紀念 3 月 18 日的慘劇》，下面是這首詩的全文，為《死水》未收入的佚詩，是研究聞一多思想發展重要的新詩：

> 沒有什麼！父母們都不要號啕？
> 兄弟們、姊妹們也都用不著悲慟！
> 這青春的赤血再寶貴沒有了，
> 盛著他固然是好，澄掉了更有用。
>
> 要血是要他紅的，要血是要他熱；
> 那臟完了，冷透了的東西誰要他？
> 不要憤嫉，父母、兄弟和姊妹們；
> 等著看這紅熱的開成絢爛的花。
>
> 感謝你們，這麼樣豐厚的儀程！
> 這麼多年的寵愛、矜憐、辛苦的希望。
> 如今請將這一切的交給我們，
> 我們要永遠懸他在日月的邊旁。
>
> 這最末的哀痛請也不要吝惜。
> （這一陣哀痛可礫碎了你們的心！）
> 但是這哀痛的波動卻沒有完，
> 他要在四萬萬顆心上永遠翻騰。
>
> 哀慟要永遠咬住四萬萬顆心，
> 那麼這哀痛便是懺悔，便是惕警。

　還要把馨香繚繞，俎豆來供奉！

　哀痛是我們的啟示，我們的光明。

《國魂周刊》1926.3.26 ①

　　這首詩表現了聞一多對「三・一八」慘案的犧牲者高度的尊敬，也體現著對祖國對四萬萬同胞深深的愛。這首詩發表，在距離慘案發生的八天之後，正當全國聲討段祺瑞政府暴行的高潮中，正是他用詩本身來反映他在《文藝一愛國──紀念 3 月 18 日》論文中申明的理論：「將詩刊開幕的一日最虔誠地獻給這次死難的烈士們」。將詩與革命鬥爭緊密聯繫起來。《死水》中的《天安門》一詩也是抗議軍閥製造「三・一八」慘案的，但那是描寫了這一慘案的側面：「怨不得小禿子嚇掉了魂／勸人黑夜裡別走天安門／得！就算咱拉車的活倒霉／趕明日北京滿城都是鬼」，這是描述勞動人民生活畫面，表現軍閥暴行的抗議，而這首詩卻不同，它是從正面大義凜然地唱出對烈士的悼念，戰鬥性更加直接而強烈，是直接反映了文藝與愛國主義結合的詩的宣言。

　　1925 年暑假後，聞一多離開藝專，應潘光旦之約去上海，任吳淞國立政治大學訓導工作。1927 年春籌辦著名的《新月》雜誌，下半年到南京任國立第四中山大學（即今之南京大學）外文系主任。1928 年是聞一多生命史上重要的一年，就在南京大學裡任教之時，1月《死水》詩集出版，3 月《新月》雜誌創刊，他任編輯之一，他在上面發表了少數詩篇和譯詩和傳記式的散文《杜甫》。秋後離開南京去武漢，任武漢大學文學院長兼中文系主任，在武漢大學他開始了對中國古代文學精深獨到的研究。在武漢大學任教兩年，1930 年秋後，任青島大學文學院長兼國文系主任（即五〇年代在青島的山東大學前身），他在青島魚山路的住處，是一幢灰色兩層小樓，後來被山

───────────

①湖北版《聞一多全集》Ⅰ，第 252 頁。

東大學命名為「一多樓」。兩年後，1932 年秋後，回北京，任清華大學中文系教授，一直到 1937 年「七・七」事變為止。經過十年勤奮堅毅的學術研究，已經取得了令人矚目的突出成就。入清華大學後，他用心地培養學生，特別是年輕的詩人，如 1933 年也給臧克家的第一詩集《烙印》作序。因為《烙印》中的詩，十分扣合聞一多的詩理論——主要寫現實中重大意義的題材，他評說《烙印》中「不肯粉飾現實，也不肯逃避現實」的詩很好，「沒有一首不具有極頂真的生活的意義。」經他評論後，臧克家立刻引起文壇注意並成名家。①許多研究成果，《杜少陵年譜會箋》、《岑嘉州系年考證》、《匡齋說詩》、《天問釋天》、《新詩臺鴻字說》、《離騷解沽》等一系列著作的發表，奠定了他在文學研究上的學術地位。

1937 年「七・七」事變，日本侵略中國，爆發了抗日戰爭，清華大學與北京大學、天津南開大學組成臨時大學，奉命南遷湖南。1938 年 5 月 4 日，在長沙的臨時大學奉命改為「西南聯合大學」（簡稱「西南聯大」），最終定居在四季溫暖如春的昆明。聞一多在昆明度過了他生命中最後一階段光輝燦爛的歷程。許多重要的專著和論文在這裡定稿和發表，《楚辭校補》、《樂府詩箋》、《莊子內篇校釋》、《從人首蛇身到龍與圖騰》、《唐詩雜論》等。他潛心鑽研古籍，先研究唐詩，再研究楚辭、莊子、詩經、周易、中國古代神話，進而深入金石甲骨文，涉獵很廣、用功很深，郭沫若曾對他做了高度的評價：「他那眼光的犀利，考索的賅博，立說的新穎而翔實，不僅是前無古人，恐怕還要後無來者的。」（《聞一多全集・序言》）但是更為可貴的是，他研究中國文化是為了「裡應外合」去完成「思想革命」的，1943 年 11 月在給友人的信中說：「你誣枉了我，當我是一個蠹魚，不曉得我是殺蠹的芸香，雖然二者都藏在書裡，他們的作用並不一樣。」郭沫若對此做了精闢的解釋，他指出聞

---

①聞一多《烙印》序，見湖北版《聞一多全集》II，第 174 頁。

一多：「雖然在古代文獻裡游泳，但他不是做爲魚而游泳，而是做爲魚雷而游泳的。他是爲了要批判歷史而研究歷史，爲了要揚棄古代而鑽研古代裡去剖它的腸肚的。他有目的地鑽了進去，沒有忘失目的地又鑽了出來，這是那些古籍中的魚們所根本不能想望的事。」

　　1945 年 8 月 10 日，日本宣布無條件投降，標誌了抗日戰爭的勝利結束。抗戰勝利，國民黨政府都日益腐朽，並且發動了反人民的內戰，使得民不聊生，做爲詩人、學者、戰士的聞一多，對此不能容忍，他站出來大聲疾呼：「今天，我們第一要停止內戰，第二要停止內戰，第三還是要停止內戰！」，「我們第一是要民主，我們第二是要民主，我們第三還是要民主！非民主不能救人民、非民主不能救中國！」1945 年 12 月 1 日，國民黨政府公然用衝鋒槍、手榴彈慘殺昆明的學生，「一二一」慘案震驚中外。聞一多憤怒得拍案而起，親自寫輓詞：「民不畏死，奈何以死懼之。」獻給他犧牲的四位學生。並悲憤地寫下了《一二一運動始末記》莊嚴宣告：「就讓未死的戰士們踏著四烈士的血跡，再繼續前進，並且不惜匯成更巨大的血流，直至在它面前，每一個糊塗的人都清醒起來，每一個怯懦的人都勇敢起來，每一個疲乏的人都振作起來，而每一個反動者都戰慄地倒下去！」

　　1946 年 7 月 11 日，聞一多的親密戰友李公樸先生被國民黨暗殺，昆明城籠罩著白色恐怖，聞一多也收到了恐嚇信，有個裝瘋賣傻的女特務坐在聞一多家門口說：「聞一多，你的多字是兩個夕，你命在旦夕！」（聞立鵬《血土》）有人勸他隱蔽起來，說黑名單第二號就是他，但他無所畏懼。7 月 15 日上午，李公樸先生治喪委員會召開大會報告李公樸遇難經過，聞一多面對國民黨特務的手槍，發表了最後一次演講，把鬥爭矛頭，直指國民黨的頭目蔣介石，將他同希特勒、墨索里尼相提並論，他說：「人民的力量是要勝利的，眞理是永遠存在的！歷史上沒有一個反人民的勢力不被人民毀滅的！希特勒、墨索里尼，不是都在人民面前倒下去了嗎？蔣介石，你這麼猖狂，這

麼反動，翻開歷史看看，你還站得住幾天？你們完了，快完了！」他
氣壯山河地宣布為了人民的民主與和平，他不惜犧牲自己的生命，堅
決表示：「爭取民主和平是要付代價的，我們絕不怕犧牲！我們每個
人都要像李先生一樣的，跨出了門，就不準備再跨回來！」就在他最
後一次演講的當天下午五時許，主持了一個記者招待會回家，在距離
家門十幾步的地方遭到國民黨特務的暗殺，身上多處中彈而犧牲，他
大兒子聞立鶴受重傷。

慘案發生後，震動全國。中國共產黨毛主席朱總司令從延安拍唁
電給聞一多家屬：「驚悉一多先生遇害，至深哀悼。先生為民主而奮
鬥，不屈不撓，可敬可佩。今遭奸人毒手，全國志士必將繼先生遺
志，再接再勵，務使民主事業克致於成。特電致唁。」在南京梅園新
村的周恩來同志，也以中共代表團名義拍來電報，一時，全國人民都
展開了悼念活動。正如郭沫若在慘案發生的兩天後──7月17日寫
的《悼聞一多》一文中所說的：「聞一多沒死，死了的是那些失掉了
人性，執行恐怖政策的一、二人，他們是死了一個萬劫不復的死。中
國的人民是有翻身的一天的，到那時候李公樸和聞一多的銅像要滿布
天下。」（見《人民英烈》）

附 關於聞一多之死的歷史見證

　　關於聞一多之死，本來已沒有懸念，歷史已經記載著如下的事實：聞一多於 1946 年 7 月 15 日在昆明西倉坡被國民黨特務暗殺犧牲（見聞立鶴〈回憶父親聞一多烈士〉）。

　　但是，據臺灣有關學者傳說，在 20 世紀五〇年代，在中國與蘇聯兩國有關修正主義大論戰中，赫魯曉夫拋出攻擊中國共產黨的白皮書裡，竟然說聞一多是被中國共產黨的人殺害後，而栽贓說是國民黨特務殺害的。

　　赫魯曉夫提出這一個問題實在令人吃驚，真是太離奇了，以往的鐵證如山，我不相信任何人能翻得了這個歷史鐵案。真是小小的環球，有幾個蒼蠅碰壁，幾聲淒厲，幾聲抽泣，誰敢相信？這究竟是謊言？還是事實？

　　在中國大陸，我無從看到赫魯曉夫的白皮書，希望有人研究此人有關聞一多被殺害的事，對這一奇談怪論，做出客觀公正的評論。不過，這倒提醒我們，這一事件和當時的共產國際是不是有點關係呢？是不是他們策劃和搞出了任何中國人都不可能知道的事情呢？因為聞一多曾經揭露和批評過蘇聯的「工人無祖國」的所謂「馬列主義」理論，共產國際有可能對他的存在懷有戒心和敵意？

　　聞一多在 1946 年時，任中國民主同盟中執委兼雲南省支部常委，他在 7 月 15 日被殺以後，7 月 17 日周恩來就向蔣主席遞交了〈中共代表團抗議書〉，指出這是國民政府「縱容，指使特務機關在大後方暗殺和平民主領袖」的行為；「一城之內，五日之間，竟至續演殺人慘案兩起，不知政府當局，何以自解耳！」提出：

　　1.立即撤換昆明警備司令，限拿凶手，交法院問罪，並由政協派員陪審。

　　2.先葬死者，通令全國追悼，並給死者家屬以撫血。

3.嚴格責成各地政府及軍警機關，負責保護各黨派及一切民主人士之安全。

4.重申四項諾言，徹底予以實施。

5.徹查政協會議以後各地所發生之慘案，並應懲辦禍首。

6.取消一切特務機關。

7.釋放一切政治犯。

到 7 月 19 日就有〈民盟書面談話〉發表。一致反對特務暴行。

接著，中國民主同盟政協代表梁漱溟等七人也向蔣主席遞交了〈民盟政協代表嚴重抗議書〉，要求國民政府「立即撤銷國民黨部及軍事機關之調查統計局」，也就是取消特務機關軍統組織。（見 1946,7,28〈新華日報〉）

如此的歷史背景，就連當時的國民政府也是默認了他們的特務的胡作非為，何止於在十幾年以後，蘇聯跑出個赫魯曉夫來為這一段歷史翻案呢？他能翻得了這個案嗎？

當時全中國的文化界名人郭沫若，茅盾，田漢，朱自清，葉聖陶，周谷城，華羅庚，冰心，費孝通，鄭振鐸，許廣平，周建人等等，全體中華文藝協會，都一起譴責特務暴行，難道人人都錯了嗎？

總之，歷史的結論是改變不了的，除非拿出新發現的事實根據，否則赫魯曉夫的話仍然注定扔進歷史垃圾堆。

（2003 年 6 月 25 日高國藩記於南京大學中韓文化研究中心）

第二章　談聞一多存詩及如何評價？

第一節　有沒有一本《屠龍集》？

關於聞一多的詩，1948 年開明版《聞一多全集》收集得並不完全，全集《年譜》中點明的詩也並不完全，他究竟給我們留下了多少本詩集是有問題的？

1926 年 5 月 10 日出版的《小說月報》第 17 卷第 5 號上，發表了詩人朱湘的一篇評論文章《評聞君一多的詩》，此文作於 1926 年 4 月 17 日。這篇文章前面提出一個問題，說聞一多在《紅燭》前似乎還出版過一本詩集，叫《屠龍集》的，這是他第一本詩集。我們從《聞一多全集》年譜中知道，1923 年 2 月《紅燭》付印時，聞一多給梁實秋信中，曾有以別號「屠龍居士」出版《紅燭》的議論，並非是把詩集眞的就題名爲《屠龍集》。不知朱湘斷定聞一多有一本詩集叫《屠龍集》的根據何在？至於朱湘在文中引到的兩首詩，第一首《叫賣歌》，裡面的詩句如：

> 忽把孩兒的午夢驚破了，
> 「薄荷糖！薄荷糖！」
> 小鑼兒在牆角敲。……

這首詩無論是題目還是詩句，都是在開明版《聞一多全集》中未見的。湖北版《聞一多全集》收入《集外詩》，注明發表於 1925 年 9 月 19 日《晨報副刊》第 48 期。第二首《瑛兒》，裡面的詩句，似是

為大女兒立瑛 1922 年誕生而寫，其中詩句：

> 趁嬰兒還離不開襁褓，
>
> 趁嬰乳燕兒的翅膀未強。……

無論題目還是詩句，也都是在開明版《聞一多全集》中未見的。湖北版《聞一多全集》的《集外詩》中也沒有收錄。這一首詩我想是聞一多在《紅燭》初版時曾將它收入集中，以後聽到別人對這些詩有意見，等到《紅燭》再版時便刪去了，以至後世是無法看到了。他在給梁實秋先生的第五封信裡（見《聞一多全集》III），說：「《紅燭》寄來了。因為這次的《紅燭》不是從前的《紅燭》了，所以又得勞你作第二次的序。我想這必是你所樂為的。」足以見得聞一多在 1923 年時候，《紅燭》已出過初版，而且梁實秋已為他作過序言，初版《紅燭》大概就是朱湘誤指的《屠龍集》。在這封信中，他還談到第二版《紅燭》編集的情況，說：「我前次曾告你原稿中被刪諸首，這次我又刪六、七首。」他把凡是別人提了意見的，要「闖禍」的作品，全刪了，數量不在少數。據此可否作另一種推測？可能朱湘讀到的僅是原稿，屠龍居士著的《屠龍集》，是《紅燭》尚未定稿的初編本，經過刪改編定出版，正式定名為《紅燭》，因此，現今所見到的《紅燭》，已不是朱湘見到過的《屠龍集》的原貌了，朱湘指出「缺點」的作品，即聞一多信中說的「闖禍」的作品，在出版前已刪掉。這封信作於 1922 年 11 月 26 日芝加哥。

但是，就在這封信發了兩天之後，即 1922 年陰曆 11 月 18 日（即 1923 年 1 月 14 日），他又給父母親寫了一封信，現收入開明版《聞一多全集》三，書信類「給父母親（11 年～12 年）」第一封信中。這封信中說：「《紅燭》既出版，我於文學方面可以告一小段落。」①

---

①湖北版《聞一多全集》收入第十二冊，《50・致父母親》，137 頁，此信寫於 1923 年 1 月 14 日。

我們知道，《紅燭》正式出版期，《全集》定在 1923 年 9 月，但據此信說，可以見《紅燭》在 1922 年早些時候曾出版過（初版），所以他才會說「《紅燭》既出版」的話。這封信雖未註明年份，但從信中「後年年底（民國 13 年）我當能歸國」一語，可斷定此信也作於 1923 年，所以可見這封信也能證明《紅燭》在 1922 年早些時候出過初版。

劉烜同志《論聞一多的新詩》說：「1926 年，他還編過《屠龍集》，這是把《紅燭》刪節、修改，又加上《紅燭》以後寫的詩。《屠龍集》我沒有找到，也可能它沒有出版。」（《北京大學學報》1979:5）我們不知劉烜同志斷定聞一多在 1926 年編過一本《屠龍集》根據何在？如果聞一多真的將《紅燭》與他以後發表的詩，刪節和修改而編成《屠龍集》，那我們在聞一多發表的詩當中，何以找不到朱湘提到的《叫賣歌》和《瑛兒》？並且，1926 年聞一多出版詩是毫無問題的，因為此時的聞一多已經是一位聞名的詩人了，用不著有 1922 年那樣的感慨，如說：「我想想我們很可憐，竟找不到一位有身價的人物替我們講幾句話。」（《聞一多全集》三，庚，28 頁）此時，他已經可以不必仰求名家來給他寫序文之類的文字，就能出版，因此，既找不到，就說明他根本未編過。如前所述，1923 年 9 月出版的《紅燭》實際是第二版，這才是聞一多把初版《紅燭》刪節、修改，又加上初版《紅燭》以後寫的詩編出的第二版《紅燭》，他給梁實秋的信議論梁實秋寫第二次的序一事，是在 1922 年 11 月，人遠在芝加哥，怎麼能把它移到 1926 年來？1926 年聞一多編自己的詩集一事，特別是編這本幽靈似的《屠龍集》一事，實在是聞所未聞。朱湘說聞一多有本《屠龍集》，寫文章的時間是 1926 年 4 月 17 日，大概劉烜同志是本朱文而發，如果是這樣，那麼劉說和朱說一樣是一種誤會了，因為至今還未有看到任何一種事實和可靠的事實能夠說明聞一多先生生前曾編過和出版過一本《屠龍》集，那是朱湘對於「屠龍居士」的誤解。

第二節　聞一多究竟留下幾本詩集？

我認為，斷定聞一多究竟留下幾本詩集？應當根據他留下的手稿和已經出版和發表的詩。這才是最可靠的辦法。迄今所見，聞一多至少寫了四本詩：第一本《真我集》（手稿），第二本《紅燭》，第三本《死水》，第四本是已發表但未收入以上三本詩集的《集外詩》。

關於《真我集》，聞一多的手稿，大約有九千多頁，由於聞一多的夫人高真，聞一多的弟弟聞家駟獻給了國家，而由北京圖書館很好的保存著。這使我們在其中找到了一些聞一多留下的最早創作的新詩與舊詩。這些是極為珍貴的詩的藝術品。裡面有一個手抄本《真我集》，收有聞一多 1920 年至 1921 年之間寫的十五首詩。這才是聞一多的第一個詩集。《真我集》收入的新詩大致按照創作時間的先後來編排的，大都註明寫作日期，六首沒有註明寫作日期，我認為，按照聞一多先生一天作數首詩時總是在一首詩下寫日期的習慣，都是和後一首詩的寫作時間相同，這十五首新詩是：

1. 雨夜（1920.11.14）
2. 月亮和人（1920.11.14）
3. 讀沈尹默《小妹！想起我的妹來了》也作一首（1920.11.16）
4. 雪片（1921.5.14）
5. 率真（1921.5.14）
6. 朝日（1921.5.12）
7. 雪（1921.5.14）
8. 忠告（1921.5.14）
9. 志願（1921.5.17）
10. 傷心（1921.5.17）
11. 一個小囚犯（1921.5.15）
12. 黃昏（1921.5.22）

13.所見（1921.7）

14.南山詩（1921.7）

15.晚霽見月（1921.7）

上述十五首詩只有九首詩後註明月日，括弧內的年月日是我依據上述的作者記載規律作出的推斷。這十五首詩中有四首，即《雨夜》、《睡者》、《黃昏》，經過精心修改以後，收入《紅燭·雨夜篇》，因此手抄本實際只留存了十一首新詩。《眞我集》採取它十五首詩中之一首題名爲它的原名《月亮和人》。

關於《紅燭》，正式出版於 1923 年 9 月。其中《紅豆篇》是用數字編號的愛情詩，各首由於意境完整，足以單獨成篇，應將它看成是四十二首（《聞一多全集》III）。這樣，《紅燭》中收入從 1920 年到 1923 年寫的一百零三首詩。《紅燭》是聞一多寫的第二個詩集。

關於《死水》，出版於 1928 年 1 月。收入從 1923 年到 1926 年寫的二十八首詩。《死水》是聞一多寫的第三個詩集。

關於《集外詩》，全集年譜中點明的和近來陸續發現一批，已知的詩歌是：

　1.《漁陽曲》（1925）

　2.《長城下之哀歌》（1925）

　3.《我是中國人》（1925）

　4.《醒呀》（1925）

　5.《七子之歌》（1925）

　6.《愛國心》（1925）

　7.《秦始皇帝》（1925）

　8.《抱怨》（1925）

　9.《欺負著了》（1926）

10.《鳥語》（1926）

11.《比較》（1926）

12.《唁詞——紀念三月十八日的慘劇》（1926）

13.《答辯》（1928）

14.《回來》（1928）

15.《園內》（1923）

16.《南海之神》（中山先生頌）（1925）

17.《教授頌》（1948年發表）

18.《政治家》（1948年發表）

19.《徵志》（1919）

20.《愛底風波》（1921）

21.《蜜日著律詩底研究稿脫賦感》（1922）

22.《進貢者》（1922）

23.《晚秋》（1922）

24.《笑》（1923）

25.《閨中曲》（1925）

26.《故鄉》（1925）

27.《回來了》（1925）

28.《叫賣歌》（1925）

30.《相遇已成過去》（1925）

31.《大暑》（1924）

32.《貢獻》（1927）

33.《奇跡》（1931）①

此外聞一多在學生時代還存有20餘首舊詩，均見1993年湖北版《全集》中。

以上便是聞一多存詩的大略情況，直至目前為止，聞一多佚詩不斷在發現中，但今後即使發現也是極個別佚詩了。

---

①湖北版《聞一多全集·集外詩》只錄27首。《政治家》、《徵志》、《愛底風波》、《蜜日著律詩底研究稿脫賦感》、《進貢者》、《晚秋》等六首未錄。

現在，我們該如何評價聞一多的詩呢？

五四運動以來，以《女神》爲標誌，郭沫若可算是我國新詩的創立者，而以《紅燭》和《死水》爲標誌，聞一多則可算爲新詩的奠基者，新詩格律詩的開山祖。聞一多用自己創作的新詩有力的表明，新詩和散文有著明顯的分野，新詩從內容到形式都有別於其他文學體裁，新詩也有別於舊詩，而且比舊詩前途更廣闊。但是，要來評價聞一多的詩卻也有某些困難的，那就是，歷來中國的新文學史研究者，對於聞一多的新詩，對於聞一多的形象，總是頌揚他的後期，而貶低甚而至於醜化他的前期，給他加上許多諸如：「資產階級個人主義」、「資產階級人道主義」、「蹲象牙塔」、「唯美主義」、「感傷主義」、「新月派代表」等等，不大好聽，把聞先生前期的形象加以醜化，使人感到這種評價不夠實事求是。

郭沫若對聞一多評價說：「假使屈原果眞是『中國歷史上唯一有充分條件稱爲人民詩人的人』，那麼有了聞一多，有了聞一多的死，那『唯一』兩個字可以取消了。屈原由於他的死，把楚國人民反抗的情緒提高到了爆炸的邊緣，聞一多也由於他的死，把中國人民反抗的情緒提高到了爆炸的邊緣了。替人民報仇者，人民亦爲之報仇，爲革命催生者，革命亦必爲之催生——催向永生的路上行進。」（《聞一多全集・序言》）人民詩人聞一多，這個提法絕不是過高的讚譽，而是實事求是的評價。我想，如果中國新文學史研究者們心目中，有了「人民詩人聞一多」這樣一個概念，總不至於把他的前半生描繪得這樣「資產階級化」吧！因此，我認爲研究聞一多應當首先澄清一些錯誤的結論，這樣，本書就不得不在一些章節採用駁論的形式。這是一。

其次，一個詩人的全部詩作，它的社會價值和思想意義，主要是決定於它的主題的進步，或思想感情的高尙純正，所以，肯定或否定一個詩人的詩作，都離不開對於它的主題和思想感情的認識和評價。但是，這只是一個方面，對於詩來說，特別重要的是它有沒有詩意？

詩味濃不濃?不能不強調它的藝術性和寫作技巧,強調它的藝術構思
和對於詩句的錘鍊,還有,它是否塑造了藝術形象。詩的思想和感情
是通過藝術的形象而感人的,詩的思想和感情也是以藝術形象上卓越
而永存的。主題思想進步而藝術構思失敗的詩便沒有詩的生命力。相
反,藝術形象卓越而主題思想一般或落後,詩新奇而別具一格,反倒
能永遠流傳。可見,詩這一種特殊的文學形式,比其他種文學形式更
需要強調藝術性,強調藝術構思和詩的技巧。因此,這本專論聞一多
詩的小書,首先將剖析他的詩的主題思想,然後再分析他的詩的藝術
構思,以及錘鍊詩句的藝術技巧,使我們能對聞一多的詩有一個較全
面的認識。這是二。

　　再次,應當怎樣看待聞一多是新月派的代表詩人呢?有人說新月
派代表著半封建半殖民地舊中國社會裡買辦資產階級的思想和利益,
在三〇年代的無產階級革命文學運動中,已經下了這樣的結論。當
然,現在看來這已經是一個古老的觀點了。但就是依這個舊觀點來說
新月派與新月詩派也不能等同相看,新月派的代表人物,如果如左翼
評論家所說,胡適等儘管成了過河卒子,投入了「買辦資產階級」的
懷抱,與革命的文學運動南轅北轍,但是,新月詩派卻不同,他們是
一群愛國詩人組成的純粹詩歌藝術團體,我們應當從他們詩歌總的愛
國主義傾向做出評價。新月詩派的作品,是中國新文學理所當然的組
成者,他們一直是革命文學運動的朋友。將新月派與新月詩派做了區
別以後,並且對新月派與新月詩派做出正確的評價,才能正確評判聞
一多的詩。我們說,青年時代的聞一多與新月派的關係雖然密切,特
別在政治上,可以說愛國性成為紐帶,不過聞一多不能認為是什麼反
動派的代表,首先,從時間上來看,從 1920 年 7 月他的第一首新詩
《西岸》發表到 1923 年 9 月《紅燭》正式修定出版,一共花了三年
時間;到了 1926 年 4 月《死水》編成,又花了三年時間,詩集《死
水》一直到 1928 年 1 月才出版。而《新月》雜誌創刊是在 1928 年的
3 月,那時他的兩本詩集早已寫好出版了,要說他的詩受了新月派多

少「反動」影響，要說他的思想受到新月派多少「消極」影響而又影響到他的創作，這一系列問題均不存在，因此聞一多的詩和新月派所謂「反動」不能混爲一談。另外，從他與新月雜誌的關係來看，他從創刊號起同徐志摩、饒孟侃三人合編《新月》，直到出到二卷二期，在 1929 年 4 月就辭去該刊編輯的名義，前後只一年時間，而且，這一年時間，他在《新月》雜誌上所發表的東西，只是翻譯白朗寧夫人、哈代、郝斯曼的詩，以及論文《杜甫》、《詩答辯》、《先拉飛主義》等，新詩就根本不寫了。因此，聞一多只能是最早的一個「新月派詩人」，所以他應當是新月詩派的老大哥。而且，他與新月詩派諸詩人在作品方面的關係也是密切的，新月詩派中的陳夢家、卞之琳、沈從文、朱湘、徐志摩、饒孟侃等人，是清一色的「格律詩派」，他們在格律詩上做了深入的探討，他們的詩作不能不說是受了《死水》格律詩明顯的影響，他們每人都寫出了一些就思想性與藝術性來談比較可取的詩篇，仍值得今天新詩壇借鑑；不僅徐志摩的詩具有愛國性，饒孟侃的詩也具有愛國性，如他爲了紀念鐵獅子胡同大流血而寫了《三月十八》詩作，陳夢家、卞之琳、沈從文等人也是愛國者，因此，不論從藝術還是從思想來看，聞一多閃耀著愛國主義思想光輝的格律詩，都是新月詩派這一群愛國詩人中的典範，聞一多詩的精神，與新月詩派的愛國性是完全一致的，陳夢家在《新月詩選・序言》中說：「我們自己相信一點也不曾忘記中國三千年來精神文化的沿流，（在東方一條最橫蠻最美麗的長河）我們血液中依舊把持住整個中華民族的靈魂；我們並不否認古先多少詩人對於民族貢獻的詩篇，到如今還一樣感動我們的心。」在 1931 年新詩派能喊出這樣的愛國呼聲，是應充分肯定的。與新月派和無產階級革命文藝尖銳對立相反，新月詩派卻和無產階級革命文藝沒有本質矛盾的。《新月詩選・序文》是新月詩派一群愛國詩人綱領性的文件，現在看來，這一詩歌藝術團體的傾向是進步的。因此，只有在充分肯定新月詩派愛國主義傾向的基礎上，才能正確評價聞一多的詩。這是三。

第三章　聞一多是不是唯美主義派？

第一節　錯誤的評價與唯美主義的基本內核

聞一多是不是唯美主義派？這是一個早已被中國新文學史家們搞得十分混亂的問題。它們是蒙在一顆閃閃發光的珍珠上的一層提不開的紗霧，遮閉了這顆珍珠無限璀璨的光輝，如果不剝開這層揭不開的紗霧，我們就無法認識聞詩的價值。

也許有人會說我這個提法未免言過其實，文藝界在聞一多犧牲以後三十多年來，一直是對他評價甚高的。可是我覺得在這個問題上並不盡然，不信我們就把三十多年來文學史家一貫的看法列舉出來看看：

張畢來在他 1949 年到 1953 年寫的一本《新文學史綱》中說：「聞一多五四時期在政治感情上是一個熱烈的愛國主義者，在藝術思想上，是一個極端的唯美主義者。——唯美主義是『爲藝術而藝術』的流派之一。」（見1955年北京作家出版社出版的《新文學史綱》79頁）

「詩人懷著失望和幻滅的悲哀向著唯美超人的『藝術之宮』走去。」「主要方面，則表現了作者的消極頹廢、悲觀厭世情緒，收在《紅燭》裡的『李白之死』、『劍匣』是有代表性的。這二首詩是聞一多唯美主義藝術觀點的最鮮明的表現。詩人竭盡全力呼喊讚賞『清寥的美！瑩徹的美！』」（『李白之死』）但在美得令人頭昏目眩

的時候，詩中主人公則自殺了。」（見復旦大學中文系現代文學組學生集體編著：《中國現代文學史》上冊，239頁～240頁。1959年上海文藝出版社出版）

　　九所大專院校編寫組的《中國現代文學史》則說：「由於聞一多接受的是資產階級的教育，在藝術思想上又受到唯美主義的影響，……這一切使聞一多早期的詩作彌漫著唯美、感傷的、神祕的色彩。」

　　「《紅豆篇》中的一些愛情小詩，都過於纏綿哀怨，缺乏時代氣息；《秋色》、《色彩》等篇也還明顯地留有唯美主義影響的烙印。」（149頁～150頁，1979年江蘇人民出版社出版）

　　具有權威性的著名學者唐弢先生主編的《中國現代文學史》（全國高等學校文科教材）裡說：「1923年出版的詩集《紅燭》，就有對死於幻美的追求者的歌頌（《李白之死》），玩賞劍匣而致『昏死在它的光彩裡』的願望（《劍匣》），以及對色彩的甚於一切的讚美（《色彩》）；這些都較為突出他表現了唯美的傾向和穠麗的風格。」（212頁。1979年，北京人民文學出版社出版）

　　綜上所述，異口同聲地說聞一多是從一個唯美主義者變化而來，幾乎是一致的意見，《紅燭》，這一本詩集是唯美主義的代表作。江蘇人民出版社出版的九院校《中國現代文學史》（1979年初版）「批判」得更為徹底，直接點名批判的包括《紅豆篇》全部在內的五十二首詩，並且還訂下了一條份量極重的否定性的結論，說聞一多「在清華讀書期間的大部分詩作都程度不同地流露出不健康的情調。」（九院校《中國現代文學史》148頁）聞一多在清華學校大部分詩作收入《紅燭》，因此也就是說《紅燭》詩集大部分詩作都流露了不健康的情調。這就等於把《紅燭》詩集否定了，也就等於否定了半個聞一多的詩。

　　對於另外半個聞一多的詩集《死水》呢？各位新文學史家們又七折八扣的做了許多保留，衷心地歌頌祖國，又被譴責為「懷古和誇耀

家珍」①，傾訴人民的苦難，又被批判為「沒有能夠超出資產階級人道主義的範疇」②，反映舊世界的黑暗，又被批評為「表現出濃厚的神祕、陰暗的情調」③，努力提高詩的藝術性，又被抨擊為「受西洋詩特別是英國詩的影響……的確離開民族傳統遠了一些。」（1979年版劉綬松著《中國新文學史初稿》上卷，橫排本第150頁），由於劉綬松教授已在文化大革命中逝世，此次新版，是由武漢大學現代文學教研室幾位後起之秀根據他在《詩刊》1958年1月號發表的《論聞一多的詩》改寫而成，因而上述說法，既代表劉說，更代表武漢大學中文系現代文學教研室的看法，劉的原說抨擊得更為徹底：「專門提倡西洋詩（特別是英國詩）的格律，脫離了民族傳統和民族風格。」（1956年北京作家出版社版《中國新文學史初稿》上卷，豎排本第159頁）

　　總而言之，聞一多的詩這也不好，那也不好，這也有毛病，那也有缺點，這也看不順眼，那也不中我意，條條框框何其多，禁區何其多。自從1979年粉碎了「四人幫」以後，文藝界普遍在肅清極左思想的流毒，可是唯獨聞一多研究，竟然給人一種越肅越「左」的感覺，把聞一多的詩越說毛病似乎越多，這種情況使人感到十分驚訝！思其關鍵所在，問題幾乎集中在一個焦點上，這就是聞一多前期是不是唯美主義派？

　　追究到底是誰第一個說聞一多是一個「極端唯美主義」詩人的？查來查去，原來是聞一多自己給自己戴上這麼一頂「桂冠」的，不過也不盡然是自己戴。1922年他才24歲，於美國給友人梁實秋、吳景超寫信，信是在這年9月29日寫的，這封信的原文至今未發表，而是《聞一多全集・年譜》作者（未署名），在「年譜」中引用了，

①唐弢主編：《中國現代文學史》㈠，第214頁。
②唐弢主編：《中國現代文學史》㈠，第214頁。
③九院校編：《中國現代文學史》，第151頁。

云：「29 日，又有給梁實秋、吳景超的信，贊成創辦一種文藝刊物，並主張『領袖一種文學之潮流或派別』——極端唯美主義。又說：『余對於中國文學抱有使命，故急欲藉雜誌以實行之。』」（見1948 年開明版《聞一多全集·年譜》），這就是傳說聞一多是極端唯美主義的來源。這篇未發表的信件就經常被中國新文學史家們引用來做「聞一多是極端唯美主義詩人」的根據，像李廣田在《聞一多選集序文》中，劉綬松在其新文學史初稿中，都這樣引用了。除了這篇未發表的信件以外，在聞一多正式發表的文章中，從未見這「極端唯美主義」的話，也未見他有意鼓吹過這個「極端唯美主義」的言論，這就使人不能不懷疑說聞一多是唯美主義詩人的實際價值和它的真實性。也就使人不得不來考察一下到底什麼叫做唯美主義，以及在聞一多的著作中到底有什麼表現而使大家得出了這樣的結論，而與他思想實際是不是相符合？

唯美主義是 19 世紀末葉在歐洲流行的一種資產階級的文藝思潮。它主張的核心是宣傳資產階級的為藝術而藝術的觀點，否定文學藝術的社會作用，為極端資產階級個人主義唱讚歌，並且美化頹廢靡爛的資產階級生活方式。流行於 19 世紀末葉的這種唯美主義思潮，包括下述四個方面的內容，但與聞一多思想相衝突。

第一，為藝術而藝術，強調文藝不為社會服務，強調文藝與政治沒有關係。首倡者是法國詩人、小說家、文藝批評家戈蒂埃（Theophile Gautier, 1811～1872），他在其小說《莫班小姐》序言中闡述了這種觀點。他的作品還有小說《木乃伊的故事》，文學評論《論怪誕》、《浪漫主義史》，詩集《死的喜劇》、《琺瑯和雕玉》等。他的作品強調形式主義的美，宣揚藝術純粹的永久性，這種觀點後來成為巴那斯派的美學綱領。但是，戈蒂埃的這種理論和聞一多的思想藝術理論毫無共同之處。

第二，悲觀厭世，頹廢墮落，強調世紀末的人類死亡的心理。首倡者法國詩人波德萊爾（Charles Baudelaire, 1821～1867）他在其主

要作品《惡之華》詩集中，歌頌人的死亡，描寫病態心理，描寫悲觀厭世，憎惡自然，歌頌資產階級頹廢生活所造成的精神危機，他的美學理論也是這種情緒。波德萊爾的頹廢思想，對歐美資產階級頹廢文學的興起有相當大的影響。但是，波德萊爾的這一切，同《紅燭》時期的聞一多又有什麼相干？《紅燭》詩集充溢著青春的朝氣，青年的活力，忠貞的愛情，哪裡談得上什麼悲觀厭世？

　　第三，作品色彩陰暗，感情低沉，強調生活中充滿了恐怖。首倡者是美國作家、文藝批評家愛倫‧坡（Edgar Allan Poe, 1809～1849），他的短篇小說如《紅色死亡的假面舞會》、《黑貓》、《一桶酒的故事》等等，很能吸引人，因為它們的情節十分離奇，設想又很怪誕，但是它與柯南道爾的《福爾摩斯偵探》不同，因為它多為描寫犯罪的心理和變態的心理，內容情調陰暗，充滿了恐怖，從而反映出了對資本主義現實生活充滿恐怖的思想感情。如《紅色死亡的假面舞會》描寫一種叫作「紅色死亡」的瘟疫，它裹著血淋淋的屍衣前來參加一群顯貴人物的假面舞會，把死亡帶給這班貪生怕死的享樂主義者。血淋淋的僵屍在豪華舞會上出現，把恐怖氣氛渲染到極點，人們相繼死去，全篇以「紅色死亡」的勝利告終。又如《一桶酒的故事》描寫一個意大利人一次極其惡毒的復仇。在狂歡節的夜晚，復仇者把仇敵騙進地下隧道，將他嵌在墻洞裡活活悶死。復仇者一邊往上砌墻，一邊嘲弄垂死者，盡量品嚐復仇的快樂。再如《黑貓》描寫一種天生的邪惡。一個本來生活富裕的青年，由於本性邪惡、無緣無故殘酷虐待最後並殺死了心靈的黑貓，由此引來殺身之禍。作者由此證明「邪惡本是人心的原始動機。」（參見《美國文學簡史》（上冊）第二章第二節 53 頁，董衡巽、朱虹、施咸榮、鄭士生合編，1978 年人民文學出版社出版）愛倫‧坡的小說就如此充滿了荒誕無稽和恐怖，耽緬於死亡的主題，醉心於凶殺、活埋、鬼魂等等描寫。可以說同聞一多的詩的內容和情感，風馬牛不相及，聞一多的作品絲毫沒有這種凶殺、恐怖的病態心理描寫。

第四，藝術至上，美至上。倡導者爲英國唯美主義作家王爾德
（Oscar Wilde, 1856～1900），他在自己的論文《謊言的衰朽》、《
藝術家的批評家》等文中，宣傳他下述三點唯美主義主張：

　　㈠完全超脫現實，他認爲應該認定「現實世界上從不曾存在過
人。」，藝術就是應當反對現實，超脫人生。

　　㈡藝術除他自身以外，什麼都不表現。藝術的目的只有藝術，
美的目的只有美。

　　㈢藝術不是人生的鏡子，而藝術人生才是藝術的鏡子。即藝術
先於人生，藝術不是人生的寫生，而是專爲藝術自己目的而創造。這
才是顛倒因果的唯心主義的極端唯美主義。考察聞一多早期思想和著
作，何至於有這等極端唯美主義。連王爾德的一項也夠不上，與他早
期反帝反封建思想並不合拍。

　　以上四項內容大約概括了唯美主義的基本內核，可見，我們今天
所理解的唯美主義的範圍，已經不是英國十九世紀那麼狹窄的唯美主
義，而是包括了法國十九世紀頹廢派和美國十九世紀浪漫派發展成唯
美主義的部分。然而這一切與聞一多的所謂「極端唯美主義」有什麼
相干呢？從以上分析可見，唯美主義並不單純是藝術思想問題，它包
括一個作家的人生觀，甚至政治思想問題。如果按張畢來《新文學史
綱》的說法，那麼必然得出這樣一種結論：聞一多在五四時期政治思
想上是進步的，而在藝術思想上是反動的。但今天我們理解的唯美主
義已經是悲觀消沉、頹廢靡爛的代名詞，已經遠遠超過了藝術的範
疇，那麼張說能成立嗎？又是不是符合聞一多早期的思想及其藝術的
實際呢？

第二節　聞一多與唯美主義尖銳
對立的藝術觀

　　不錯，聞一多早期提倡過「爲藝術而藝術」，當時有很多人提倡

這個，聞一多也接受了這一口號。不過，提倡過「爲藝術而藝術」並不等於就是一個唯美主義者，因爲不同類型的人，由於世界觀、政治思想乃至藝術思想的不同，他們使用口號就有不同的目的，以及不同的作用。五四以前的魯迅，爲了反對腐朽的封建思想，也曾經使用西方達爾文的進化論，而聞一多搬出西方的「爲藝術而藝術」，是爲了更有力的抨擊消極頹廢無病呻吟的詩歌，以及反對資產階級唯我主義的人生觀，最明顯的兩個例子是，第一，他闡述過「爲藝術的藝術」和自私自利不相干，在 1923 年 3 月 23 日給梁實秋的信上說：

> 我的詩若能有所補益於人類，那是我的無心的動作，（因爲我主張的是純藝術的藝術）但是相信了純藝術主義不是叫我們做個 Egoist。（這是純藝術主義引人誤會而生厭避之根由。）（見開明版《聞一多全集》年譜）

這個「Egoist」是「Egoism」的誤寫，意思是自我主義、利己主義，這就是說，聞一多的純藝術並不是像王爾德那樣，叫人做一個極端的利己主義者而完全脫離現實，他的詩是要「有所補益於人類」。

第二，他還闡述過自己的詩和無病呻吟的詩相對立。在 1923 年 3 月 24 日給聞家駟的信中說：

> 我將趁此多做些愛國思鄉的詩。這種作品若出於至性至情，價值甚高。恐怕比那些無病呻吟的情詩又高些。（見開明版《聞一多全集》年譜）

這個「至性至情」就是「爲藝術而藝術」的具體化，就是說，聞一多的「爲藝術而藝術」當中，也包含著愛國主義的至性至情的思想內容。確實比那些無病呻吟的白話詩高明得多。他的「爲藝術而藝術」實際是藝術救國思想的反映。

　　現在我們將闡述，正由於他的革命民主主義的觀點和立場，決定了他在藝術觀上同我們在上面談到的唯美主義的四個方面處於尖銳的對立的狀態。

　　第一，在他有沒有唯美主義的「為藝術而藝術」觀點這一點上。事實可以證明，他和「為藝術而藝術」觀點明顯不同。在 1919 年初冬，當他還在清華學校讀書時，一些愛好藝術的同學聚在一起，要組織一個「研究藝術及其與人生的關係」的藝術團體。1920 年 9 月，他在《清華周刊》上寫了一篇文章名為《徵求藝術專門的同業者的呼聲》，他認為不應當是為藝術而藝術，而是利用藝術來「改進社會，促進友誼，提高社會的藝術程度」。他在這篇文章中提出要有「造詣深的大藝術家，借他們，中國希望能將其四千年來所積蓄的文化的私財，加入世界的資財裡，使人類的精神的生活更豐富」。他更明確的說明了他革命的藝術觀：「要普及藝術，以『藝術化』我們的社會」。請看，這難道有一點點唯美主義的「為藝術而藝術」的影子麼？（見《清華周刊》192 期）

　　第二，悲觀厭世，頹廢墮落，歌頌死亡那種類似波德萊爾的情緒，聞一多是憎惡的。最明顯不過的是，他在 1920 年 11 月堅決反對那些引導學生腐化墮落、悲觀消沉、行凶武鬥、「殺人如同打鳥」的「黑衣盜」、「毒手盜」之類的外國影片。他在《清華周刊》198 期上撰文進行了嚴厲的抨擊，他寫道：「我們的手拒絕罪惡，我們的眼卻歡迎它，眼把罪惡的圖形進貢到腦宮裡去，又使天心大悅，立刻喉、舌、唇收到聖旨，奏了這些曲頌歌，好極了！好片子呀！……」他嚴肅地向學生們指出，這絕不是什麼好片子，這是「五光十色，光怪陸離的地獄風光」。他同波德萊爾歌頌病態心理，以及同愛倫坡歌唱凶殺和恐怖完全相反。他憤怒地指出：「萬惡的電影，百方地誨淫誨盜，長此以往，那只有讓我們慢慢變禽獸了。」請看，聞一多的藝術觀點何等鮮明，哪有唯美主義的半點影子？

　　第三，我們是否能在聞一多的作品裡，發現他到美國去後，對資

本主義現實生活充滿了恐怖的思想感情呢？他在《紅燭》所有的詩裡難道有那種色彩陰暗、感情低沉的作品麼？沒有。不僅沒有，我們反倒讀到了《孤雁》這首對「喝醉了弱者底鮮血」然後成為世界「鷙悍的霸王」的美國侵略勢力做了揭露的充滿革命民主主義觀點的優秀的詩篇。

　　一定會有人問，聞一多《李白之死》是歌頌死於幻美的追求者，就是消極悲觀，就是叫人去死，難道還不算是典型的唯美主義作品麼？但是，我要提醒大家注意，李白以捉月騎鯨而終，是自李白死後就已開始流傳的民間傳說故事①，並不是聞一多為宣傳他的「極端唯美主義」而特地編造出來的鬼話，讀這首詩可以知道，聞一多是忠實的寫出了這個民間傳說的細節。這個民間傳說的主題，是為了歌詠李白品格的高潔，不屑在污穢的黑暗的封建社會裡生活下去，是為了要表露人民對李白的反抗精神的尊敬，並不是這個傳說要什麼「對死於幻美的追求者的歌頌」，更不是聞一多為了對死於幻美的追求者的歌頌。這是要首先弄清楚的問題。

　　其次，就是聞一多改編這個傳說為敘事詩，又經過了一番精心的藝術構思，他為了要突出民間傳說中對李白的反抗精神的尊敬這一點，很顯然，他又加進了這樣的內容：

　　　　「帝呀！既遣我來，就莫生他們！」他又講，
　　　　「他們，那般妖媚的狐狸，猜狠的豺狼！
　　　　我無心作我的詩，誰想著罵人呢？
　　　　他們小人總要忍心地吹毛求疵，
　　　　說那是譏誚伊的。哈哈！這真是笑話！
　　　　他是個什麼人？他是個將軍嗎？
　　　　將軍不見得就不該替我脫靴子。

――――――――――――

①李白捉月傳說至今仍在安徽當塗地區流傳。

> 唉！但是我為什麼要作那樣好的詩？
>
> 這豈不自作的孽，自招的罪？……
>
> 那裡？我哪裡配得上談詩？不配，不配；
>
> 謝玄暉才是千古的大詩人呢！——
>
> 那吟『余霞散成綺，澄江淨如練』的
>
> 謝將軍，詩既做的那麼好——真好！——
>
> 但是那裡像我這樣地坎坷潦倒？」①

這一段李白的心理描寫，聞一多加進去了兩個另外的民間傳說故事，一個是李白寫詩，高力士給他脫靴，楊貴妃給他磨墨的故事，這個傳說一加進去，就格外加強了李白對封建統治者的藐視和反抗的精神。另一個是李白崇拜謝朓的傳說，這個傳說也由來已久，至今安徽當塗「李青蓮祠」的山上還有謝公亭，當塗縣李白墓所依的高山便是「謝公山」（一名青山），這個傳說一加進去，就突出了李白對統治者傲氣十足而對人民對智慧的先輩則謙虛異常的高貴品德。

其三，聞一多生怕別人不了解這是一個傳說故事，因此他就在詩前加了 51 個字的說明，聲明是「世俗流傳」的民間故事。為了使李白傲骨和反骨畢露，他又在詩前引了李白的原詩：「我本楚狂人，《風歌》笑孔丘」，這樣做是為了更加突出這首詩描寫的李白的反叛形象和特殊的個性。

綜上所述，《李白之死》根本不是什麼表現了聞一多唯美主義的傾向，而應該說，這首詩表現了聞一多浪漫主義的傾向。因此，新文學史家們拿《李白之死》來做聞一多有唯美主義傾向的理論根據是完全錯誤的。

第四，聞一多的藝術觀同王爾德唯美主義藝術觀是完全不同的，王爾德那種徹底超脫現實，離開實感的「技巧的美」，表現了顯明的

①湖北版《聞一多全集》Ⅰ，第 14 頁。

主觀唯心主義的觀點，王爾德說：「現實的事故，都足以爲藝術之累。一切藝術上的壞處，都從實感產生。自然就是明白，明白的就不是藝術。」又說：「一切惡藝術都從復歸於自然和人生而產生。」（轉引自〔日〕本間久雄著《歐洲近代文藝思潮論》第十二章節三節，343 頁，沈端先譯，上海開明書店 1931 年 7 月第 6 版）聞一多早期的觀點就同王爾德完全相反，我們試拿他 1922 年寫的第一篇論文《冬夜評論》舉例，他說：

> 詞曲的音節當然不是自然的音節，一屬人工，一屬天然，二者是迥乎不同的。一切的藝術應以自然做原料，而參以人工，一以修飾自然的粗率，二以滲漬人性，使之更接近於吾人，然後易於把捉而契合之。詩──詩的音節亦不外此例。（引自 1948 年開明版《聞一多全集》第三冊，142 頁，丁；湖北版《聞一多全集》Ⅱ，第 63 頁）

這不啻向我們說明，他和王爾德對藝術的看法是完全相反的。王爾德認爲「一切藝術上的壞處，都從實感產生」，「一切惡藝術都從復歸於自然和人生而產生」，聞一多則認爲，不然，並不是一切藝術上的壞處都從自然和人生產生，我們的藝術品應當以現實生活做原料（即「以自然做原料」），然後作家們「參以人工」加以改造「使之更接近於吾人，然後易於把提而契合之創作出完美的藝術品。這是聞一多徹底的現實主義的創作觀，是基於唯物主義的宇宙觀的基礎之上的。這種觀點現在看起來依然並不錯誤。所謂「一切的藝術應以自然做原料」，這個「自然」顯然是指現實生活（包括社會生活和自然界），聞一多顯然是把人類的現實生活認作文學藝術的源泉，藝術家應該根據實際生活做原料，創造出各種各樣的作品來，這種觀點同馬列主義藝術觀是相吻合的，而絕不是背道而馳的。

聞一多不只在一個地方談到了現實生活對於寫詩的重要性。他在

1923 年 10 月發表的《女神的地方色彩》一文就強調指出:「我以爲詩同一切的藝術應是時代的經線,同地方緯線所編織成的一疋錦;因爲藝術不管它是生活的批評也好,是生命的表現也好,總是從生命產生出來的,而生命又不過是時間與空間兩個東西底勢力所遺下的腳印罷了。」他在這篇論文中還提出寫詩提煉生活的選擇論觀點:「選擇是創造藝術的程序中最要緊的一層手段。」完全正確。自然和社會中存在著大量的景象物象,它們是構成詩歌意象的材料,每個詩人都面臨選擇怎樣的景物融入詩中來創造意象的問題。這種認爲詩的藝術是時代生活的反映之觀點,同資產階級唯美主義觀點是直接衝突的。他主張「各國文學充分發展其地方色彩,同時又貫以一種共同的時代精神」。是任何唯美主義派所不能達到的藝術思想的高度。他在 1923 年 12 月發表的《泰戈爾批評》一文中,更直截了當地明確地說:「泰戈爾摘錄了些人生的現象,但沒有表現出人生中的戲劇……沒有把握住現實,由此我們又可以斷言詩人的泰戈爾定要失敗,因爲前面已經講過,文學的宮殿必須建在現實的人生底基石上。」(見 1948 年開明版《聞一多全集》三,278 頁,丁)請讀這些反映他藝術觀的言論,哪有一點唯美主義氣味?

一定又會有人問,聞一多在《詩的格律》一文中,引過王爾德的一段話,還說王爾德「說得很對」,像劉綬松教授就在《中國新文學史初稿》上卷裡對聞一多引王爾德的話提出了自己的看法,他說:

　　很顯然地,聞一多的講究詩的格律,是建築在一種並不正確的理論基礎上的。他認爲「假定『遊戲本能說』能夠充分地解釋藝術的起源,我們盡可以拿下棋來比作詩;棋不能廢除規矩,詩也就不能廢除格律。……遊戲的趣味是要在一種規定的格律之內出奇制勝。做詩的趣味也是一樣的」。而且他還引用了一位 Bliss Perry 教授的說法:「差不多沒有詩人真正給格律束縛住了,他們樂意戴著腳鐐跳舞,並且要戴別個詩人的腳

鐐。」聞一多這種說法，正是唯美主義者對於藝術的一種錯誤理解。他這樣引用王爾德的話來支持他的論點，他說：「『自然的終點便是藝術的起點』，王爾德說得很對。自然並不是盡美的。自然中有美的時候，是自然類似藝術的時候。」說自然的美是「類似藝術」，這正是一種倒因為果的極端唯心的說法；因為我們知道，「生活中的美（或稱自然中的美）不管它一切的短處，也不管那些短處有多麼大，在一個健康的人看來，總是真正美而且完全滿意的」，而且，「藝術作品只有在藝術家用它的作品傳達出了他所要傳達的一切時才是真正美的」。（車爾尼舍夫斯基：《生活與美學》）（見北京作家出版社，1956 年版，豎排本 155～156 頁）

聞一多在這裡，僅僅就詩必須有格律來說的，他打了兩個比方，一個是下橫必須要有規矩，就像詩必須有格律一樣；另一個是做格律詩儘管不容易，像戴著腳鐐跳舞一樣，但還是有詩人樂意這麼寫。他打這兩個比方，僅僅是為了增加他的文章的通俗性和引起讀者的興趣，目的並不是在闡述格律詩的「理論基礎」，因此說他「正是唯美主義者對於藝術的一種錯誤理解」，這種說法是不正確的。

聞一多引用了王爾德的隻言片語，從自己認識的角度提出了一點看法，並不能說明聞一多早年就同意了王爾德的全部美學觀點。正如我們引用黑格爾的話來闡明辯證法，但是並不能證明我們同意了黑格爾哲學的唯心論。聞一多引用了王爾德的一句話「自然的終點便是藝術的起點」，但是緊接著他便按照自己唯物主義見解對它進行了發揮：「自然並不是盡美的。自然中有美的時候，是自然類似藝術的時候。」這是指詩的語言的韻律而言，引文上面還有一句很重要的話「絕對的寫實主義便是藝術的破產」。這一句話道出了聞一多與王爾德對此問題的看法有著根本的分歧，王爾德認為美的藝術應當絕對而極端地和現實分離，聞一多則認為寫實主義不能絕對化，一絕對化便

成爲自然主義，可見，聞一多根本不是拿王爾德唯美主義的觀點做爲他的依據。聞一多寫這段話的意思是說，雖然自然社會生活和藝術兩者都是美的，但是，自然社會生活並不是盡美的，人民還是不滿足於自然社會生活而更需求於藝術上的享受，因爲藝術反映出來的生活比原來的自然社會生活更典型更普遍更完美。可見，聞一多說的「自然並不是盡美的」這句話並不錯。

「自然中有美的時候，是自然類似藝術的時候。」是不是一句「倒因爲果的極端唯心的說法」呢？聞一多曾舉例來闡明這個說法，他說：「偶然在言語裡發現一點類似詩的節奏，便說言語就是詩，便要打破詩的音節，要它變得和言語一樣──這眞是詩的自殺政策了。」（見《詩的格律》）這是從詩的創作實踐上總結出的經驗教訓。意思是說，在人民的口頭上確實流傳著自然的美的音節，當它們類似藝術的音節被詩人採入自己的詩中時，我們不能因爲偶爾採用了自然界這些類似藝術的音節而廢除一切早已成功的詩的格律的成果，打破一切詩的音節，反而變得和普通語言一個樣，這樣的做法是不正確的。聞一多這篇文章明明是在談詩的格律問題，根本不是在談美學問題，硬把它提到美學的高度，生拉硬扯地冠以「極端唯心」的說法，也是不正確的。

總之，從上面四個方面的對比分析中，可以看見聞一多的藝術思想與唯美主義毫無共同之處，說聞一多是一個極端唯美主義的詩人，或說他的詩有唯美主義傾向，都是名不符實的，純屬曲解，應予糾正。

現在，我們進而探索一下，聞一多爲什麼稱自己爲「極端唯美主義」？這寫在信中看來是一個戲言，但是其中不無理由。據年譜載，他說自己是「極端唯美主義」一信，是寫於 1922 年 9 月 29 日於芝加哥，是寫給梁實秋吳景超的信。此信不知什麼原因沒有收進開明全集的書信類。在全集書信類的第五封信，是寫給梁實秋的，只註明月日：11 月 26 日，查信中敘述有「多夜草兒評論」收到一語，這本書

是 1922 年 11 月 1 日出版的，所以可以證明這封信是 1922 年 11 月 26 日寫於芝加哥，在這封信中聞一多有一段專門談他唯美主義的文字，他說「承答一首及《小河》都濃麗的像濟慈了。我想我們主張以美爲藝術之核心者會不能不崇拜東方之義山，西方之濟慈了。我想那一天得著感興了，會要替這兩位詩人做篇比較的論文呢！」（見 1948 年開明版《聞一多全集》三，26 頁，庚）

很顯然，聞一多所說自己是「極端唯美主義」，他那「唯美主義」的楷模並不是我們現在所說的唯美主義，而是他自己命名的與眾不同的「唯美主義」。而我國的新文學史家們卻把它當作一般世上流行的那一套「唯美主義」來批判了，因此這是不對的。

對聞一多來說，他寫這封信是 1922 年，當時他還是一個二十三、四歲的青年人，在信上開開玩笑，用一種詼諧的筆調來定信，是可以理解的。可是不幸的是後來的新文學史家們竟然正正經經地拿它來做定他前期文學性質的理論依據，這不能不說是一場誤解式的悲劇。

現在可以弄清楚了，他那特殊的唯美主義是我國唐代著名詩人李商隱（義山）和英國十九世紀浪漫主義詩人濟慈爲「核心者」。他在《紅燭》裡的詩是受這兩位詩人的影響。就拿《秋色》和《劍匣》這兩首詩來說，各位新文學史家們幾乎一致地認爲這兩首詩是受資產階級唯美主義的影響而做，顯得所謂「唯美、悲觀、頹廢」，而聞一多自己是怎麼說的呢？就在他給梁實秋 1922 年 11 月 26 日這封信上，他說：「《憶菊》、《秋色》、《劍匣》具有最濃縟的作風，義山、濟慈的影響都在這裡；但替我闖禍的，恐怕也便是他們。」（1948 年開明版《聞一多全集》三，書信類，22 頁，庚。）看，他特別點明此詩是受李商隱和濟慈的影響，並非是受唯美主義的影響。據此詩來定聞一多爲唯美主義者的人可以休矣！聞一多在當時已經預見到了，這詩要替他闖禍，因爲它強調了藝術性，果然在這 30 年許多新文學史家對它們揪住不放，硬說它們是唯美主義產品。

　　聞一多早年對李商隱有過深刻的研究，做過《義山詩目提要》。李商隱（813～858）是唐朝後期傑出的詩人，他的詩既有文采，又有強烈的政治性，不少詩篇對藩鎮割據和宦官擅權進行了有力的批判，尖銳地揭露了腐朽的上層統治集團，反映了唐王朝後期危機四伏的時代面貌，表現出鮮明的進步傾向，在詩歌藝術上，他繼承了李杜的浪漫主義與現實主義傳統而有所突破，開闢出了新的境界，對唐詩的發展，做出了重要的貢獻。①聞一多拿這位具有代表性的唐代詩人做他藝術思想的核心，同他革命民主主義的政治態度是互相吻合的。不可能想像革命民主主義者聞一多會去接受唯美主義乃至頹廢主義的餘唾！

　　聞一多早年也對濟慈做過深入的研究。濟慈（John Keats, 1795～1821）是英國十九世紀初著名的浪漫主義詩人。他出身貧寒，做過醫生的助手，具有民主思想，對資產階級醜惡的現實感到厭惡，並且嚮往希臘古老的文化，追尋永恆美的世界，他的抒情詩很優美，著名的有《秋頌》、《夜鶯頌》，對聞一多早期詩歌創作有明顯的影響。他的風格和詩的感情和聞一多十分相似，濟慈的詩具有旺盛的想像力，聞一多的詩也一樣；濟慈的詩還具有一種希臘式的古典的特色，聞一多的詩則具有一種中國式的古典的特色。

　　重要的是，聞一多雖把李商隱和濟慈同尊為他的詩的理論和藝術的楷模，但是，

　　第一：他並不僅是簡單的模仿他們兩人的作品，而是吸收了他們思想和藝術性的優點，進而發展了他們的詩的藝術。如《紅燭》詩集，他不僅接受了他們浪漫主義的影響，在歌詠祖國和形成地方特色上，聞一多創造了自己獨特的個性。

　　第二：他學習李商隱和濟慈並不是平分秋色，而有所側重，側重

①參見安徽師大中文系古代文學教研組選注：《李商隱詩選》，北京人民大學出版社 1978 年出版。

在創造新詩這種形式和總結中國新詩的格律詩。對於李商隱，聞一多顯然著重學習他的藝術風格，只要讀一讀李商隱優秀的詩篇，它們構思細密，意境含蓄，情韻優美，韻律鏗鏘，長於比興，託情深刻，無不在聞一多的詩中得到反映，但聞一多卻創造了自己時代的歌頌祖國的特色。

紗霧揭去了，原來，聞一多並不是一個唯美主義派的詩人，他也沒有學習過唯美主義的藝術作品，他的格律詩理論和他的詩，也沒有受過唯美主義的影響，他說自己是「極端唯美主義」，但實際內容並不是唯美主義的，而是繼承了中國古典現實主義詩歌和英國 19 世紀前期浪漫主義的優良傳統，總結了中國新的格律詩的發展。沿襲三十多年來的新文學史家們定他為唯美主義傾向的詩人是一場誤解式的悲劇，今天，我們要摘下他前期那頂唯美主義的錯誤的帽子，給他戴上名副其實的人民詩人的桂冠！

第四章　《真我集》的主題思想

　　《眞我集》是聞一多 1920 年到 1921 年寫的第一本新詩集，收入他的新詩處女作 15 首。這 15 首新詩中，雖然有四首：《雨夜》、《雪》、《黃昏》、《月亮和人》，後來經過精心修改收入了《紅燭》，（《月亮和人》收入《紅燭》後改名爲《睡者》）但是，從研究聞一多新詩處女作著眼，這 15 首詩都構成一個完備的整體，而不應把這後四首詩劃入《紅燭》來研究。《眞我集》雖然至今仍然是手稿，但我相信，它必將印行問世。

　　《眞我集》寫於 1919 年的「五四」運動以後。青年詩人詛咒著黑暗的社會，表露了他「路漫漫其修遠兮，吾將上下而求索」的精神。它藝術地再現了那社會的黑暗和冷酷：

　　　　幾朵浮雲，仗著雷雨的勢力，

　　　　把一個月亮，和滿天的星，都掃盡了。

　　　　一陣狂風還喊來要捉那些軟弱的樹枝，

　　　　樹枝就拼命地扭來扭去，同風抵抗。

　　　　但是無法躲避風底爪子。

　　　　　　　　　　　　　　　　　　——《雨夜》①

　　　　夜散下許多軟似茸毛似的天花，織成一件大衫，

　　　　暗地裡將乾枯憔悴的世界，連頭帶腳地包起來了；

①湖北版《聞一多全集》Ⅰ，第 172 頁。第 5 句「但是無法躲避風底爪子」一句，據開明版增添。第三冊，226 頁，湖北版刪掉了這一句！

他又加了死人一層殮衣；

他將一片魚鱗似的屋頂埋起了，

卻埋不住那屋頂上的青煙縷縷，

彷彿死人的靈魂似的，從墳土裡吐出，直向天堂邁往。

──《雪》①

太陽辛苦了一天，才賺得一個平安的黃昏，……

黑暗像一陣無聲的雨絲，

慢慢往世界上洒著……

──《黃昏》②

詩人採用象徵的手法，以含蓄的筆調，藉描述自然界的黑夜來烘托出舊世界的黑暗。在《真我集》中，經過了偉大的「五四」運動反帝反封建洗禮的聞一多，第一次喊出了「看著現在這牢獄的世界裡無事不是痛苦」的憤怒的呼聲。這就是聞一多對黑暗社會鮮明的態度。從聞一多這些最初的新詩裡，就可以看出他愛憎分明、嫉惡如仇的優良品德。《真我集》就是在這樣的時代背景和思想狀況之下，展開了具有社會典型意義的詩情描畫。

第一節　他喊出了「真我」的口號

在年輕的詩人看來，這個黑暗的社會的特色之一，便是狡詐和欺騙，因此他歌詠做人的誠實，對事的真實，在《月亮和人》（即《睡者》）一詩裡就是歌詠睡著了的人，目的是在含蓄地表現他傾慕的是那種不存虛偽的人的靈魂：「真色相」。

---

①湖北版《聞一多全集》Ⅰ，第 177 頁。

②湖北版《聞一多全集》Ⅰ，第 184 頁。

　　燈光滅了，

　　月娥把銀潮放進窗子裡，

　　射到睡覺的人的雙靨上。

　　把他臉上的感情的表象都掃淨了，

　　只有那寂靜靈幻的天真，

　　籠罩在那連耳目口鼻也分不清的素面上。①

我們能從這首小詩的背面發掘它的哲理性，那就是眞實的不存虛僞的靈魂，「我只愛聽這自然底壯美底回音」，這是詩人純正品質的表現。面對黑暗的現實，詩人唱的是什麼：

　　人說：「月兒，你圓似彈丸，缺似弓弦；圓時雖美，

　　缺的難看！」／我說：「月兒，圓缺是你的常事，你別

　　存美醜底觀念！／你缺到半規，缺到娥眉，我還是愛

　　你那淸光燦爛。」

　　　　　　　　　　　　　　　　　　　——《忠告》②

依然強調的是一個「眞」字。在對月亮提出的《忠告》裡，他認爲月亮圓的時候是美的，缺的時候也是美的，反正是露出「淸光燦爛」本相就是美的，而躲在烏雲後面就談不上美了。「自然底眞美，這是何等的美！」還是強調一個「眞」字。甚至連詩題也強調一個「眞」字，如《率眞》。詩人如此強調「眞」字，不僅是針對「眞我」而發，而且是針對社會而發，具有反抗性，具有反壓迫、反欺騙的民主主義性質。

---

①湖北版《聞一多全集》Ⅰ，第 173 頁。

②湖北版《聞一多全集》Ⅰ，第 177 － 178 頁。

第二節　他又喊出了解放的呼聲

　　《眞我集》中的《一個小囚犯》表現了詩人反封建並要求解放的強烈思想感情；這首詩憑藉一個被家長關在房子裡而要求出來的孩子，來表現作者這種心境，詩中寫道：

> 「放我出來，
> 這無期的幽禁，我怎能受得了？
> 放我出來，把那腐朽渣滓，一齊刮掉，
> 還是一顆明星，永做你黑夜長途底嚮導，
> 不放我出來，待我鬱發了酵，更醉得昏頭昏腦，
> 莫怪我撞破了監牢，鬧得這個世界東顛西倒！
> 放我出來！」①

聞一多寫這首詩的時間是 1921 年 5 月，是在「五四」運動以後，這首詩是在清華園中寫的，當時清華園內對學生參加愛國運動是加以各種各樣的限制的。「五四」運動以來，雖然在國際革命形勢蓬勃發展和國內進步思想影響下，全國革命運動都在風起雲湧，但是，「在清華園裡，帝國主義分子極端害怕中國青年進步，訂立森嚴的校規，不准學生參加校外活動；用繁重的功課壓得許多同學成天忙於作業和應付考試，總之就是要學生不去關心國家憂患苦難。②因此聞一多喊出「放我出來」，可以說是清華園中具有革命性的學生的共同呼聲。實質上，這是黑暗現實壓迫的結果，這種呼聲，不只是一般的要求個性解放，矛頭所向，而是要摧毀整個的教育制度，要刮掉「腐朽渣滓」，

---

①湖北版《聞一多全集》Ⅰ，第 183～184 頁。
②參見王康：《聞一多傳》第三章考驗，《新文學史料》1978 年第 1 期。

要撞破這世界「監牢」，態度是何等堅決，立場是何等堅定，這說明
那時聞一多的民主主義思想是革命的，儘管他當時並沒有找到出路，
儘管他當時還是自發的，但是他和魯迅和郭沫若的方向是一致的。詩中
唱道：

> 「從此以後，我便天天站在窗口喊：
> 『唱歌的人兒，我們倆一塊兒出來罷！』
> 不曉得唱歌的人兒聽見沒有。」①

這個「唱歌的人」，實際就是指「五四」運動反帝反封建的革命者，
他「天天站在窗口喊」他們，要同他們一塊兒出去革命，表達了詩人
對革命嚮往的心情。

第三節　表現了改造中國社會的決心

《眞我集》中，聞一多借景抒情而又借題發揮他那對革命的嚮
往，和對改造舊的中國社會的心理。例如那首《雪》，絕非一般的詠
雪之作，全詩分三段，第一段寫的是世界的寒冷而黑暗，寫青煙突破
了雪壓的屋頂，青煙是代表「詩人向上的靈魂」，它已經戰勝了「自
身的軀體」，也就是說已經決心捨棄了個人的生命，「直向天堂邊
往」，這個天堂不是在天上，而是在地下。第二段，抒寫森林中千千
萬萬戰鬥的眾生（包括糞土）終於戰勝了「高視闊步的風霜」。第三
段，寫「仁愛」的春天，帶來了光明：

> 啊！自然底仁愛底結晶！

———————————

① 湖北版《聞一多全集》Ⅰ，第 184 頁。

> 他底足跡所到，就是光明。
>
> 世界底百惡，一經他底齋戒沐浴，
>
> 都可以重見天日，再造生命！①

這就是說，詩人化做一縷向上的青煙，衝破了嚴寒而黑暗的社會，給世界帶來了春天，冬天舉起白旗投降。實質上，這正是「五四」運動以後先進的青年們要求衝破帝國主義和封建主義的藩籬，要改造中國，改造社會的決心和意志。

這種革命的決心究竟是傾向於人民還是傾向於統治者？詩人在詩中表現的是傾向於前者，例如《朝日》這首詩，以新穎的藝術構思寫早晨的太陽：

> 偷偷地走到各個窗子前來，
>
> 喊他的睡覺的驕兒起來做工。
>
> 啊！這樣寂靜靈幻的睡容，
>
> 他那裡敢驚動呢？
>
> 他不敢驚動，只望著他笑，
>
> 但他的笑散出熱炙的光芒……②

詩中的思想是豐富而熱烈的，朝陽對做工的人非常愛護和尊敬，看著他們「這樣寂靜靈幻的睡容」，想著他們做工的辛苦和疲倦，「不敢驚動」，也不忍驚動他們，只是望著他們笑，「但他的笑散出熱炙的光芒」來，將這些甜睡的做工的驕兒擁抱。詩以巧妙的藝術構思，描寫了詩人猶如朝陽般滾燙的心胸，暢敘了詩人同情勞動人民的思想感情，整首詩充滿了濃郁的浪漫主義的色彩，表現了詩人早期卓

---

①湖北版《聞一多全集》Ⅰ，第 177 頁。

②湖北版《聞一多全集》Ⅰ，第 176 頁。

越的藝術才華。

　　從上述對《眞我集》主題思想的剖析可見，詩人已經深切地感到社會的黑暗和感到受到了黑暗的壓抑，他急切地要衝破一切藩籬，但他看不見出路。怎麼辦？難道要束手待斃嗎？不！他在上下而求索，摸索著救國救民之路，他要走自己獨特的發展道路，在《率眞》一詩中描寫他唾棄那學舌的鸚哥，形象的刻劃了詩人這種心境：

　　　　咦！鸚哥，鳥族底不肖之子，
　　　　忘了自己的歌兒學人語。
　　　　若是個個鳥兒都像你，
　　　　世界上哪裡去找音樂呢？①

詩人借這種形象來批判當時頑固而反動的封建統治者的遺老遺少們。他要走的道路，一方面像《雪》中所說，要「冬投降」，像《一個小囚犯》中所說，要掃除「腐鏽渣滓」，另方面，像《朝日》所刻劃的以自己「熱炙的光芒」，去擁抱沉睡中的人民，去把中國喚醒，去把東亞的睡獅喚醒。毫無疑問，聞一多早期詩歌中所反映出來的民主主義思想是有革命意義的。

────────────

①湖北版《聞一多全集》Ⅰ，第178頁。

第五章　《紅燭》的主題思想

如何來理解《紅燭》？《紅燭》的主題思想是不是健康的，先進的？我們需要全面的加以論述和概括。對《紅燭》，有些新文學史著作直到今天對它仍持完全否定的態度。例如，有這樣一種說法：

> 「由於聞一多接受的是資產階級的教育，在藝術思想上又受到唯美主義的影響，所以也在清華讀書期間的大部分詩作都程度不同地流露出不健康的情調。」①（1979 年江蘇人民出版社出版的大院校《中國現代文學史》，148 頁）

這對《紅燭》做了完全否定的結論。因為聞一多「在清華讀書期間的大部分詩作」，正是《紅燭》，《紅燭》既然「都」「流露出不健康的情調」，那麼它的主題思想還談得上什麼健康的和先進的呢？這樣來貶低《紅燭》是不公允的。事實恰恰相反，下面我們將把《紅燭》主題思想概括為四個大部分，可以看出，聞一多在清華讀書期間的大部分詩作都程度不同地表現了革命的民主主義思想傾向，表現了作者為祖國為人民獻身的精神。

《紅燭》（1923 年 9 月初版）思想內容是健康的、先進的。從《女神》（1920）到《死水》（1928）這八年間，《紅燭》是中國詩壇代表作之一。閱讀《紅燭》，再閱讀 1923 年前後聞一多寫的許多有關新詩的理論大章，如《冬夜評論》（1922 年 11 月）、《女神之時代精神》（1923 年 6 月）、《女神的地方色彩》（1923 年 10 月）、《

---

①點為引者後加。

泰戈爾批評》（1923 年 12 月）等等，可見他之所以能寫出銜接《女神》之時代精神的《紅燭》，而且在藝術上別具一格，那是同他具有朝氣蓬勃的思想傾向、精深的藝術造詣，和正確的新詩見解有著十分密切的關係。

第一節　對生命青春的愛戀
對光明前途的追求

　　《紅燭》的主題思想之一：歌頌青年人對生命青春的愛戀，對光明未來的確信，對廣闊前途的追求。

　　詩人對現實生活有健康的人生觀，具有進化論的革命的民主主義觀點，對整個人生採取積極向上、奮發有爲的態度。讀《紅燭》後，足以使人受到生的鼓動。他批判泰戈爾的詩脫離人生和生活，他在《泰戈爾批評》一文中說道：「泰戈爾底文藝底最大的缺憾是沒有把捉到現實。文學是生命底表現，便是形而上的詩也不外此例。普遍性是文學底要質而生活中的經驗是最普遍的東西，所以文學底宮殿必須建在生命底基石上。」①

　　他又說：「人生也不是泰戈爾底文藝底對象，只是他的宗教底象徵。」②相反，聞一多要求他的詩「燒破世人底夢，／燒沸世人底血──／也救出他們的靈魂，／也搗破他們的監獄。」③（序詩：紅燭）即和泰戈爾相反，要把詩建在生命和生活的基石上，有作爲於人生，這幾行詩是他對《紅燭》思想意義的概括。他正確地回答了人生一個大問題，即把快樂帶到人間：「紅燭啊！／流罷！你怎麼不流

①湖北版《聞一多全集》II，第 126 頁。
②湖北版《聞一多全集》II，第 127 頁。
③湖北版《聞一多全集》I，第 8 頁。

呢？／請將你的脂膏，／不息地流向人間，／培出慰藉底花兒，／結成快樂的果子！」①（序詩：紅燭）這也是他一生追求的目標、生活的意義。

《劍匣》頗富象徵性地說明他夜以繼日地在「人們都睡去，我還做著工」，是為了他的寶劍雕琢劍匣，一當寶劍有了歸宿，他便唱著「結晶的快樂」，大功告成死去。這首詩恰好像詩人聞一多為人民壯烈犧牲的伏筆，高真同志就以《劍匣》、《紅燭》兩詩來概括他的一生：「早年，在《劍匣》一詩中，一多曾寫過：『晨雞驚聳地叫著，我在蛋白的曙光裡工作，夜晚人們都睡去我還做著工。』然而，他已不是在刻著那支光怪陸離的劍匣，而是在為人民一點一滴地做著老黃牛的工作了。正像他自己詩中的紅燭一樣，將他的膏脂，『不息地流向人間，培出慰藉的芯兒，結成快樂的果子。』直到蠟燒成灰……」②正由於這樣，他不需要上帝賞給他的「腥穢的軀殼」。（《志願》）

詩人朝氣蓬勃，帶來強烈的進取心，在《青春》裡他讚美生命的甦生，在《宇宙》詩裡他歌唱生命的「目的在革新」，他愛那陽光下的《稚松》，他愛那生命中多樣的《色彩》，「我要過個色彩的生活」（《秋色》）。在《太平洋舟中見一明星》一詩裡，他呼喚著生活，嚮往著為人生「傾出我的一腔熱血」：

> 生活呀！蒼茫的生活呀！
> 也是波濤險阻的大海喲！
> 是情人底眼淚底波濤，
> 是壯士底血液底波濤。

---

①湖北版《聞一多全集》Ⅰ，第 9 頁。
②見《新文學史料》1979 年第 2 輯，《一多犧牲前後紀實》。

鮮艷的星，光明底結晶啊！

你又喚醒了我的大夢——

夢外包著的一層夢！

生活呀！蒼茫的生活呀！

也是波濤險阻的大海喲！

是情人底眼淚底波濤，

是壯士底血液底波濤。

生命之海中底燈塔！

照著我罷！照著我罷！

不要讓我碰了礁灘！

不要許我越了航線；

我自要加進我的一勺溫淚，

教這淚海更鹹；

我自要傾出的一腔熱血，

教這血濤更鮮！①

總之是嚮往光明的未來，對快樂人生之確信，詩句優美而動人，宛如夜空晶亮的彗星，向大海墜落，意象奇警，思想雋遠，耐人尋味。詩人確定了生活目標，投入生活「險阻的大海」，怎樣才能不碰礁和不越過航線呢？詩人用他的詩做了回答，即「美即是真，真即美」，全憑一顆赤子之心：「啊！我忘了我自己，春啊！我要提起我全身底力氣，在你那絕妙的文章上，加進這拙笨的一句喲！」（《春的首章》），他歌頌「忠烈的亡魂」，歌頌對自己事業的獻身精神：「啊！『鞠躬盡瘁，死而後已』，真個做了藝術底殉身者！（《藝術底忠臣》），聞一多對生命和人生所進行的詩的概括，為他自己一生光輝的業績所證明，說明他具有言行一致，光明磊落的優秀品質。

---

① 湖北版《聞一多全集》Ⅰ，第83～84頁。

第二節　對黑暗社會的詛咒
對舊有社會的批判

　　《紅燭》的主題思想之二：對黑暗舊社會的詛咒，對資本主義社會的批判。這更加表明了他對光明的熱愛和追求。他從現實生活到社會制度與文化，總之對舊社會都持否定態度。

　　1922年5月，發生了直奉軍閥戰爭，給人民帶來了深重的災難，他寫道：「夕陽將詩人交付給煩悶的夜了」，因爲「眼看著宇宙糟蹋到這樣」，上帝也會寒心，這表明他對軍閥戰爭的不滿（《初夏一夜底印象》）。同年7月他去美國留學，他並不羨慕美國的物質文明，而對資本主義世界加以抨擊，煙囱裡「吐出些罪惡的黑煙」，那個世界是一片「腥臊的屠場」，詩人已經看出了資本「驚悍的霸王」、「喝醉了弱者的鮮血」（《孤雁》）。他把現實比成「雪暗風驕的嚴冬」（《紅豆篇》十六），他只看見什麼呢？「冬天的長夜，好不容易等到天明了，還是一塊冷冰冰的鉛灰色的天宇，哪裡看得見太陽呢？愛人啊！哭吧！　哭吧！這便是我們的將來嗽！」（《紅豆篇》三十三）。這表現了天眞青年的單純、本能的直覺，描寫了相愛青年細微的心理活動，他們雖然熱愛生命，嚮往光明的未來，但是卻看不見出路，看見的是冷冰冰的世界。詩人用巧妙的詩的藝術構思，塑造了一隻凶惡的鷹要來撲滅紅燭的畫面，來描寫一個青年乍入黑暗社會的恐懼，企圖躲在愛人的懷抱裡度過險惡的歲月，尋找慰藉。

　　　　夜鷹號啕地叫著；
　　　　北風拍著門環，
　　　　撕著窗紙，

撞著牆壁，

掀著屋瓦，

非闖進來不可。

紅燭只不息地淌著血淚，

凝成大堆赤色的石鐘乳。

愛人啊！你在那裡？

快來剪去那烏雲似的燭花，

快窩著你的素手

遮護著這抖顫的燭焰！

愛人啊！你在那裡？

　　　　　　　　　　　　（《紅豆篇》三十五）①

　　正如詩人又說的：「我們弱者是魚肉……供在禮教底龕前。」
（《紅豆篇》二十五）這是舊社會千萬青年既不滿黑暗社會，又未找
到光明的革命之路，只有鑽到個人小天地去，這樣一種典型的感情。
所以詩人歌詠《紅荷之魂》，歌詠那種出污泥而不染的精神，一再囑
咐，「不必在污泥裡久戀了」，他讚美荷葉「看那顆顆坦張的荷錢
啊！可敬的——向上底虔誠，可愛的——圓滿底個性。花魂啊！佑他
們充分地發育吧！」寫的是荷葉，實際卻是敘述人的不屑與舊社會同
流合污的精神，敘述人的心理活動。同樣，他警告著「不要讓菱芰、
藻荇底勢力，蠶食了澤國底版圖」，實際卻是象徵著，提防不要讓帝
國主義勢力，蠶食了我國的版圖。說明這些純潔的青年，雖未找到革
命之路，但心裡仍憂國憂民，這一類青年，比那些甘心當帝國主義和
軍閥的青年，或封建的遺少不知好多少倍。

----

①湖北版《聞一多全集》Ⅰ，第 118～119 頁。

第三節 對祖國的熱愛
對家鄉的眷念

《紅燭》的主題思想之三：對祖國的熱愛，對家鄉的眷念。

《紅燭》裡有一部分詩是在美國寫的。李廣田先生曾說：「他在給友人的書信中所說的，『現實的生活時時刻刻把我從詩境拉到塵境來。』在當時，所謂『詩境』與『塵境』之間是不可調和的，是極端矛盾的。這所謂現實生活中的『塵境』，最重要的乃是民族的歧視，於是民族主義的情緒激動起來，生長起來，他變成了一個愛國主義者。」①事實雖說是如此，如在美國感受到的華僑洗衣所受的歧視，寫成了《死水》中的《洗衣歌》，對他愛國思想有所促進，但是，這只是其中一個原因，這所謂現實生活中的『塵境』，最重要的乃是古老的中國文化，和在苦難中的中國大地，使他時時刻刻懷念著。他原有的東方色彩說到底乃是一種愛國的本能。試看他 1923 年發表的《女神之地方色彩》就強調「更應了解我們東方底文化。東方的文化是絕對的美的，是韻雅的。」他又說：「我愛中國固因他是我的祖國，而尤因他是有那種可敬愛的文化的國家。」他在《紅燭》中《憶菊》，他是從中國式的花瓶吟詠起的，再吟詠千姿百態不同種類色彩的菊花，因為菊花是「東方底花」，等於是中國的國花。經過他詩的概括，把《憶菊》詩昇華到一個崇高的充滿詩意的典型境界，表面上他讚美的是菊花，實際上他讚美的卻是如菊花般美麗的祖國和祖國數千年高超的歷史，逸雅的風俗：

> 你不像這裡的熱欲的薔薇，

---

① 《聞一多選集》序。

那微賤的紫羅蘭更比不上你。

你是有歷史，有風俗的花。

啊！四千年的華冑底名花呀！

你有高超的歷史，你有逸雅的風俗！

啊！詩人底花呀！我想起你，

我的心也開成頃刻之花，

燦爛得如同你的一樣；

我想起你同我的家鄉，

我們的莊嚴燦爛的祖國，

我的希望之花又開得同你一樣。

習習的秋風啊！吹著，吹著！

我要讚美我祖國底花！

我要讚美我如花的祖國！①

我們的祖國多麼美啊！而這詩句，字字都好像亮晶晶的寶石，使我們莊嚴燦爛的祖國的形象更加光彩奪目，讀了這樣愛國主義詩篇，既受教育，又是最大的美的享受。它是形象化的愛國主義的教材。

　　如果說《晴朝》只是一篇懷鄉文章的「引子」，那麼《太陽吟》就是正文了，詩中有著對於祖國徹夜難眠的熾熱的思念，這是中國新詩代表作之一。它是一首光輝的愛國主義詩篇：

太陽啊，這不像我的山川，太陽！

這裡的風雲另帶一般顏色，

這裡鳥兒唱的調格外淒涼。

太陽啊，生命之火底太陽！

①湖北版《聞一多全集》Ⅰ，第96～97頁。

但是誰不知你是球東半底情熱，
同時又是球西半底智光？

太陽啊，也是我家鄉底太陽！
此刻我回不了我往日的家鄉，
便認你為家鄉也還得失相償。①

詩人從各種不同的方面來表現熱愛祖國之情，上面引的三段也是這樣，首先它通過對資本主義的「格外淒涼」來顯示對祖國的格外親切。另外，充滿對祖國文化的自豪，最終把太陽比做祖國的化身。這樣感情就顯得更深厚。聞一多在給吳景超信中曾談到《晴朝》和《太陽吟》，他說：「不出國不知道想家的滋味」，「我想你讀完這兩首詩，當不致誤會以為我想的是狹義的『家』。不是！我所想的是中國的山川，中國的草木，中國的鳥獸，中國的屋宇——中國的人。」（《聞一多全集》III）不錯，他在《秋色》一詩中就想到了中國的「黃浦江上林立的帆檣」，想到了中國的槐樹，中國北京紫禁城的琉璃瓦，中國的桔子高粱。他雖然身在國外，但他終日「想著祖國，想著家庭，想著母校，想著故人。」（《秋深了》），《二月廬》是刻畫家鄉的詩情畫意、美麗的風景，以寄託思念家鄉的深情。

《紅燭》中的引詩都具有中國地方特色。如《紅燭》前引的是李商隱的詩。《李白篇》引的是李白的詩。《雨夜篇》引的是黃庭堅的詩。《孤雁篇》引的是杜甫的詩。《青春篇》引的是陸游的詩。《紅豆篇》引的是王維的詩。不僅如此，詩中還大量採用了中國古代的典故，中國的長江黃河，洞庭西子，三百篇楚騷……等等。

聞一多曾批評《女神》薄於地方色彩，而《紅燭》的中國地方特色之多，正加深了詩集的愛國的意義，這樣就使它區別於《女神》而

---

①湖北版《聞一多全集》I，第93～94頁。

具有特殊的中國地方色彩，具有獨特的風格。

　　總之，聞一多在《紅燭》詩集中暢敘了熱烈的愛國思想。朱自清教授第一個評論聞一多詩具有顯明的愛國性，他在 1935 年寫的《中國新文學大系‧詩集》序言中說：「他又是個愛國詩人，而且幾乎可以說是唯一的愛國詩人。」四○年代，他又在《新詩雜話》中補充他上述的說法：「我們願意特別舉出聞一多先生，抗戰以前，他差不多是唯一有意大聲歌詠愛國的詩人。」在聞一多先生為人民壯烈的捐軀以後，他又在《中國學術的大損失》一文中，指出聞一多的《紅燭》和《死水》：「這些集子的特色之一，是那些愛國詩。在抗戰以前，他也許是唯一的愛國新詩人。」朱自清教授這樣再三強調聞一多在二、三十年代「差不多」、「也許是」和「幾乎可以說」是「唯一」的愛國詩人，並不是對聞一多失之偏愛，而是因為聞一多的愛國詩是他詩歌個性，我們在上面論證了《紅燭》的地方特色之多，就足以說明這種特點的鮮明性。

第四節　對愛情的嚮往
　　　　對封建禮教的反抗

　　《紅燭》的主題思想之四：歌頌青年們對愛情的嚮往，對封建舊禮教的反抗，表現愛情的堅貞，它充分反映了五四時代反封建的精神。

　　有必要來敘述一下聞一多青年時代的婚姻。1911 年年初，聞一多以優異的成績考取了清華留美預備學校，他姨父高志先生看中了這位有為的少年，決定把他的女兒，聞一多的姨妹高真（又名高孝貞）許配給他。1922 年春天，聞一多結束了他在國內的學習階段，當時高真是湖北女師的高材生，也是一位接受了新文化洗禮的女性，他倆舉行了婚禮，成了家。「雖然兩個人不曾有過直接的來往，但彼此的熱愛並不為那傳統的隔離所阻。他倆都對於上一代人包辦的婚姻感到

滿意。從五四以後的標準來說,這樣的婚姻多少是帶著賭博意味,但聞先生瞭解他自己的時代,新的風習還沒有正式形成。他用著真心去熱愛一個人,他就得到了別人的熱愛」(史清《聞一多的道路》,生活書店 1947 年版)結婚只五個月,聞一多就出國留學了。他倆真摯的相愛著。《紅豆篇》四十二首愛情詩就是在熱戀她的感情基礎上寫成的。據他給梁實秋第五封信所說,原寫了五十首,刪了九首,又加上一首舊作,才湊成四十二首,那刪去的九首現在已看不見了(見《聞一多全集》III)。他倆忠誠相愛直到生命的終止。愛情詩就必須這樣,建立在詩人高尚的道德品質的基礎上,這樣的愛情詩才是真、善、美的,這樣的愛情詩才是有價值的。愛情詩首先要用詩人實際的品質來做鑑定。

　　歌詠愛情的永久性是鑑別愛情詩中感情的真假的一個標準。是愛情就不能是朝三暮四的。關於這一點詩人的藝術構思異常巧妙:

> 我的心是個沒設防的空城,
> 半夜裡忽被相思襲擊了,
> 我的心旌
> 只是一片倒降;
> 我只盼望——
> 他恣情屠燒一回就去了;
> 誰知他竟永遠佔據著,
> 建設起宮牆來了呢?

　　　　　　　　　　　　　　　　　(《紅豆篇》七)①

這樣的構思就顯得不一般,形象而又新奇,生動地體現了愛情的永久性。他還祝「愛情」「萬壽無疆」(香篆)。

------

①湖北版《聞一多全集》I,第 109 頁。

愛情的堅貞，為愛情捨棄一切，自然是詩人歌詠的主題。

> 有兩樣東西，
> 我總想撇開，
> 卻又總捨不得：
> 我的生命，
> 同為了愛人兒的相思。

> （《紅豆篇》八）①

生命和愛情是結合在一起的。《紅燭》中有一首《死》，歌詠的也是愛與死的主題。它不是單純地歌頌死，那樣來理解這首詩就錯了。它每句歌詠死，實際每句歌詠愛，為愛情可捨棄一切。

愛情絕不可能隨著愛人榮華的永逝而永逝，面容的憔悴而憔悴，現在請聽聽詩人對自己崇高心理的剖析吧！

> 只要靈魂不滅，記憶不死，縱使
> 你的榮華永逝，（這原是沒有的事）
> 我敢說那已消的春夢底餘痕，
> 還永遠是你我的生命底生命！……

> 所以不怕花殘，果爛，葉敗，枝空，
> 那縝密的愛底根網總沒一刻放鬆；
> 他總是絆著，抓著，咬著我的心，
> 他要抽盡我的生命供給你的生命！

> 愛呀！上帝不曾因青春底暫退，

①湖北版《聞一多全集》Ⅰ，第109頁。

就要將這個世界一齊搗毀，

我也不曾因你的花兒暫謝，

就敢失望，想另種一朵來代他！

（《花兒開過了》）①

這是何等高尚的愛情的傾訴，使人想起了李商隱那兩句千古佳句：「春蠶到死絲方盡，蠟炬成灰淚始乾」，不！它比這兩句概括的愛情還要豐富些，它還包容著為愛而犧牲和用我的生命援救你的生命兩類精神，即使愛人生命「花殘果爛葉敗枝空」，但是仍要「抽盡我的生命供給你的生命！」絕不會「另種一朵來代他！」

在堅貞、忠誠的基礎上詩人採用多種詩的藝術構思歌詠了熱烈而純潔的戀情。他把自己的愛情比作一只小鳥，「他竟不覺忘卻了自己，一心只要飛出去找你；把監牢底鐵檻也撞斷了」，「兩翅灑著滴滴的鮮血」（《美與愛》）；他又把自己的愛情比做一只船艘，「你的心還是一個涸了的海港，我悄悄地等著你的愛潮膨脹，好浮進我的重載的船艘」（《貢臣》）；他又把自己和愛人比做經線和緯線，織成了婚姻的綿（《紅豆篇》九）；他又把自己和愛人心作東半球和西半球，結合得和地球一般圓滿（《紅豆篇》十）；他又把自己比做一隻驚弓的斷雁，嘴裡還要不斷地叫著愛人（《紅豆篇》十九）；他又把自己和愛人比做兩片浮萍，能看出風兒、浪兒的大小（《紅豆篇》二十三）；他又把自己和愛人比做魚肉，供在禮教的龕前（《紅豆篇》二十五）；他又把自己和愛人比作一對紅燭，照著人們吃喜酒，燒盡自己的生命（《紅豆篇》二十六）；他又把自己的愛情比做一個狂怒的海神，把愛人連人帶船一齊吞了下去（《紅豆篇》二十四）；他又把自己的愛人比做一個下象棋的國手，自己的靈和肉輸得乾乾淨淨（《國手》）。聞一多從客觀生活的邏輯中提煉出了表現熱烈愛情

---

①湖北版《聞一多全集》Ⅰ，第51～52頁。

的豐富多彩的比興手法，這是《紅燭》集子中的愛情詩鮮明的特點。

聞一多能寫出這些出色的愛情詩，這是他高尚道德品質的表現，也在於他對愛情詩有一個健康的觀點，他認爲：「嚴格的講來，只有男女間戀愛的情感，是最烈的情感，所以是最高最眞的情感。」但是，他指出必須反對詩中出現「穢褻不堪設想」的語言，他在抨擊了《冬夜》詩集中愛情詩裡的下流語言以後指出：《冬夜》裡所含的情感的質素，十之八九是第二流的情感。……以至流爲劣等的作品」（《冬夜評論》）。這是他在《紅燭》尚未出版時寫的評論，代表了當時他思想的高度。上述看法總的說來並不錯，也指導了他自己的愛情詩的創作。

從上述四個方面《紅燭》的主題思想剖析，我們可以看見《紅燭》在五四以後的中國新詩壇是一本熱愛生活、追求進步、歌頌祖國、反對封建的健康、先進的詩集。

第六章 《死水》的主題思想

　　《死水》（1928 年 1 月出版）思想內容也是健康的、先進的。但是它的思想內容比起天真爛漫的《紅燭》來說，明顯地複雜了。它是開創新詩格律詩的代表作。閱讀《死水》，再閱讀 1928 年前後聞一多寫的有關新詩的理論文章，如：《詩的格律》（1926 年 5 月）、《鄧以蟄「詩與歷史」題記》（1926 年 4 月）、《詩人的橫蠻》（1926 年 5 月）、《文藝與愛國——紀念三月十八日》（1926 年 4 月）、《論「悔與回」》（1930 年 12 月）等等，他在上 述文章中反映出的詩的見解，和他的詩創作有著十分密切的關係。《死水》使人明顯地感到，在藝術上，詩人成熟了，成為中國新詩壇格律詩的開山祖；在思想上，詩人感情明顯地複雜化，詩集的思想內容比《紅燭》更為深廣。

第一節 傾訴祖國人民的苦難

　　《死水》的主題思想之一：傾訴祖國人民的苦難，對祖國人民深切同情。

　　他在《文藝與愛國——紀念三月十八日》一文中就說過：「偉大的同情心——藝術的真源。」他抨擊了那種見到人民的苦難而無動於衷的冷漠態度：「同是一個熱烈的情懷，犀利的感覺，見了一片紅葉掉下泥漿了，反而漠然無動於中。這是不是不近人情？」這篇文章發表在 1926 年 4 月 1 日，是在《紅燭》出版的三年之後，這表明他面對現實的精神。這對他來說無論如何是一個思想上的躍進，因此也必然帶來了他詩的藝術上的躍進。於是《死水》詩集中有了荒涼的中國

農村和苦難的中國人民之形象，他的筆觸，開始寫到了中國下層的人物。《罪過》中的窮苦的老頭兒使人難忘：「老興兒和擔子摔了一跤，滿地是白杏兒紅櫻桃。老頭兒爬起來直打哆嗦，」；「我知道我今日的罪過！」；「手破了，老頭兒你瞧瞧。」；「唉！都給壓碎了，好櫻桃！」通俗，動人，塑造了人民的形象。

　　可見，詩人已經脫出了純粹《死水》式的浪漫主義的窠臼，詩集中開始閃起現實主義的光芒。《荒村》就是當時臨淮農村現實的寫真。《洗衣歌》也是當時美國華僑受污辱生活的寫真。再來讀《飛毛腿》全詩：

> 我說飛毛腿那小子也真夠彆扭，
> 管包是拉了半天車得半天歇著，
> 一天少了說也得二三兩白乾兒，
> 醉醺醺的一死兒拉著人談天兒。
> 他媽的誰能陪著那個小子混呢？
> 「天為啥是藍的？」沒事他該問你。
> 還吹他媽什麼簫，你瞧那副神兒，
> 窩著件破棉襖，老婆的，也沒準兒，
> 再瞧他擦著那車上的兩大燈罷，
> 擦著擦著問你曹操有多少人馬。
> 成天兒車燈車把且擦且不完啦，
> 我說「飛毛腿你怎不擦擦臉啦？」
> 可是飛毛腿的車擦得真夠亮的，
> 許是得擦到和他那心地一樣的！
> 嗐！那天河裡飄著飛毛腿的屍首，……
> 飛毛腿那老婆死得太不是時候。①

---

①湖北版《聞一多全集》Ⅰ，第 162 頁。

這是五四時期中國新詩現實主義代表作之一。如果說《紅燭》中的我國地方色彩是區別於《女神》的一個重要標誌，那麼《死水》中的嚴格的現實主義精神是區別於《女神》純粹浪漫主義精神的又一個重要標誌。

詩人運用北京群眾方言入詩取得了成功，加深了他所描寫的現實主義詩歌的逼真性。自然，詩的語言不單純是一個技巧問題。有一位作家說過：「語言實際就是群眾生活的一部分。」（孫犁《文學短論》第4頁，作家出版社1963年版）這是一個精闢的見解。如果詩人對舊社會北京的黃包車夫的生活不了解，不和黃包車夫們在思想感情上息息相關，不深深同情人民的苦難，將無法提煉出他們的語言。「因為你同群眾一起考慮問題，一同把精神深入一個事件裡去，生動的群眾的語言，有力的表現手法，附帶她收獲到了。」（《文學短論》第9頁）《飛毛腿》的成功就是一個典型的例子。

《飛毛腿》寫得相當凝煉。集中寫一點而概括了一般。全詩就有十六句，句句的生活份量都很重。全詩結構分為四層，頭四句寫了車夫的苦悶，因為「拉了半天車得半天歇著」，因此心中苦悶而借酒澆愁，於是喝得醉醺醺的。後四句就寫了車夫的窮困，由於閑著無事只好找人聊天，借吹簫來吹出心中的憂鬱，重點：男人竟穿著老婆的棉襖，可見窮到什麼地步了！再四句寫了車夫的骯髒，他兢兢業業地把車燈車把擦得雪亮，生怕沒有老爺太太小姐少爺來坐他的人力車，「怎不擦擦臉啦？」這一問，內容的意思就十分豐富了，表示臉很髒，表示因窮困、苦悶不想擦；表示忙於擦車注意乘客顧不得擦。最後四句寫了車夫和他妻子因活不下去而自殺了，詩中特地指出她的車擦得很亮，和他的心地一樣亮，寄予了詩人無限的同情。《飛毛腿》一詩是對舊社會罪惡的控訴，結構緊密，藝術精巧。全詩四句一段，四大段都以「談天兒」做為聯結線，這是舊社會勞動人民因窮困潦倒而產生的畸形的性格，用它來聯結全詩更加深了詩意的典型性。

《飛毛腿》的語言凝煉樸素，通俗易懂，流暢明快。聞一多不僅

善於使用北京方言，群眾俗語，而且善於吸收他精通的古典文學語言中有生命的成分，這些語言在詩人的犀利的筆下，完全熔於一爐，不露痕跡，這是他下苦功錘鍊詩句的結果。

聞一多傾訴人民的苦難寫法是多種多樣的。《飛毛腿》採取的是一種剪接式，像影片一樣，選擇多種場面聯綴成篇。《春光》自然的和諧與社會的矛盾是次要的，重要的是採取的是點睛式，先描寫春天，最後一句畫龍點睛，寫出同情人民的主題。《夜歌》則採取的是象徵式，只描寫黃土堆上披頭散髮的婦人號咷大哭，在形象中傾訴了詩人的同情，結論由讀者根據生活實際去聯想。從這種多樣的寫法裡，我們可以看出他寫詩所下的苦功，所具有的匠心。

1926 年冬天，聞一多的大女兒聞立瑛不幸夭逝。這位聰明伶俐的小姑娘才四歲，他常把自己的詩篇讀給她聽，「那聰明的孩子竟也為她父親的聲音所感動，或者凝視著父親的表情而顯出一種驚人的領悟。這使他對於人生增加了許多憧憬和希望。」（史靖《聞一多的道路》23 頁，1947 年開明版）可是她在故鄉不幸染上了時疫。在醫藥缺乏的中國農村，沒有合理治療夭逝了。他回到家裡，對著死去的女兒和悲傷成病的妻子，不由自主地放聲大哭。他在安葬了愛女以後，寫下了《死水》中著名的《忘掉她》：

> 忘掉她，像一朵忘掉的花——
> 　那朝霞在霜瓣上，
> 　那花心的一縷香——
> 忘掉她，像一朵忘掉的花！
>
> 忘掉她，像一朵忘掉的花！
> 　像春風裡一齣夢，
> 　像夢裡的一聲鐘，
> 忘掉她，像一朵忘掉的花！

忘掉她，像一朵忘掉的花！

聽蟋蟀唱得多好，

看墓草長得多高；

忘掉她，像一朵忘掉的花！

忘掉她，像一朵忘掉的花！

她已經忘記了你，

她什麼都記不起；

忘掉她，像一朵忘掉的花！

忘掉她，像一朵忘掉的花！

年華那朋友真好，

他明年就教你老；

忘掉她，像一朵忘掉的花！①

（引時刪去最後兩段）

這不只是詩人個人不幸的哀歌，而是對祖國人民的苦難的傾訴的一部份。愛女的夭折，是由於傳統的重男輕女的惡習，由於舊家庭的無知，更是由於中國農村的貧窮和落後，這使他的精神上受了絕大的打擊，「他明年就教你老」，催他悲傷和憂慮。在《死水》中寫了一些消沉哀傷的詩篇，從其內在因素來說，不無緣由。就在《死水》詩集出版的 1928 年 1 月的幾個月之後，他的二女兒聞立燕也夭逝了，又是一次沉重的打擊。十分了解聞一多的著名史學家吳晗認為他愛女立瑛的夭折，對他晚年思想的革命化有著重要的影響，吳晗為此做了精闢的分析，他說：「（聞一多）在寫《洗衣歌》時，也只是孤立地看窮人，喊出了被侮辱的呼聲，而現在，他已經懂得一個女孩子的死，和無數農民的死，絕不是一個家庭或一個地方的問題，而是整

①河北版《聞一多全集》Ⅰ，第 143 頁。

個的社會問題，整個的政治問題，是天賦人權的被剝奪，是人民政權的被篡竊，是家長制度的流毒，是宗法觀念在作祟，這一切都是醜惡的、骯髒的，得要好好地洗，徹底地洗。」（吳晗：《聞一多的道路》序）吳晗將《洗衣歌》、《忘掉她》結合起來和他晚年思想一起來考察，從而也顯現了這兩首詩在他全部詩歌當中的重要性。

第二節　否定黑暗　剖析自我

《死水》主題思想之二：對黑暗社會的詛咒，對軍閥賣國賊的反抗。他在《鄧以蟄「詩與歷史」題記》一文說道：「詩這個東西，又當專門以油頭粉面，嬌聲媚態去逢迎人，她也應該有點骨格，這骨格便是人類生活的經驗，便是作者所謂『境遇』」。《死水》中的詩沒有逢迎反動派的媚態，有的是中國人民的骨氣，對黑暗社會的詛咒，和抨擊軍閥賣國賊的罪惡行徑，有的是和魯迅一致的「橫眉冷對千夫指，俯首甘爲孺子牛」的精神，因此周恩來同志在聞一多先生犧牲時，在這一點上將他同魯迅並提是非常英明的，這在《死水》中已經明顯地表現出來了。

1926年3月，他寫《天安門》一詩，抗議軍閥賣國賊屠殺青年的罪行。在這首詩裡，他運用了豐富和生動的群眾語言，寫出人民在劊子手屠殺青年時相互冷嘲熱諷的問答以表示抗議，並概括古都「北京滿城都是鬼」。這首詩對反動派的反抗性，比1922年直奉軍閥戰爭時寫《初夏一夜底印象》更加鮮明，更加進步。

《死水》一詩是用象徵性的手法對黑暗社會徹底地否定。「這是一溝絕望的死水」，指的是客體不是自我，將黑暗社會比喻成一溝令人絕望的死水，「這裡斷不是美的所在」，「清風吹不起半點漪淪」，這裡有什麼呢？在這個黑暗的死水塘裡，只有醜惡而骯髒的東西，例如：破銅爛鐵、剩茶殘羹、油膩霉菌、臭酒酸水，這一切都是詩人運用的隱喻。既然這個黑暗的死水塘裡絕不是美的所在，那麼，

不如讓我們冷眼旁觀這些醜惡的魔鬼，看他們橫行到幾時。《死水》
是對黑暗社會的挑戰書。詩人在當時雖然並未看見中國光明的出路，
但是已經認清了軍閥的專橫、政治的腐敗、人民的苦難，並且對此深
惡痛絕。《死水》詩集的裝幀是他自己設計的，漆黑的封面上印著
《死水》二字，當時他書房的四壁也蒙上黑色，這就是說，他用黑色
和死水來象徵那個時代，毫無疑問《死水》一詩是對黑暗社會的詛
咒，也是對軍閥專橫的反抗。

　　詩人不僅否定著黑暗社會，而且剖析著自己的陰暗思想，揭示著
自己的矛盾感情：既充滿對祖國的愛，又苦痛徬徨於絕望之中，這就
是《口供》。他唱道：

> 我不騙你，我不是什麼詩人，
> 縱然我愛的是白石的堅貞，
> 青松和大海，鴉背馱著夕陽，
> 黃昏裡織滿了蝙蝠的翅膀。
> 你知道我愛英雄，還愛高山，
> 我愛一幅國旗在風中抬展，
> 自從鵝黃到古銅色的菊花。
> 記著我的糧食是一壺苦茶！
>
> 可是還有一個我，你怕不怕？——
> 蒼蠅似的思想，垃圾桶裡爬。

（《口供》）①

《口供》和《春光》的結構和構思都相彷彿。都是前八句概括光明
面，然後畫龍點睛在末二句突然寫出黑暗面，使人心**驚**和醒悟。「蒼
蠅似的思想，垃圾桶裡爬。」並不是「以**醜**爲美」，把不美的事物寫

---

①湖北版《聞一多全集》Ⅰ，第 126 頁。

進詩裡，故意地「化腐朽爲神奇」，「五四」以來對此詩都有這樣的誤解，誤解詩人是故弄玄虛和技巧。其實不然。

《口供》把內心感情物質化，使抽象以形象體現，具有含蓄性、詩味，避免直、白、顯、露，使人能產生聯想，把詩中的青松、大海、夕陽、蒼蠅、垃圾等等客觀形象，拓展爲藝術之想像廣闊的天地。《春光》在末一句點題，是象徵性的表示春天裡仍然有冬天；《口供》在末一句點題，是象徵性的表示人的好思想裡仍然有陰暗的一面。是詩人否定著黑暗社會而又愛國，是矛盾的另一種表現形式，即一種自我否定的表現形式。結合著《死水》來看，他自我否定了自己陰暗的思想，目的還是在於面對現實，他冷眼旁觀看世界，看它橫行到幾時的反抗態度，絕不是只要把自己關到象牙之塔去，他仍在前進，只不過不在直線前進罷了。我們只要讀了《靜夜》全詩就可以了解《死水》最後一段詩，茲引《靜夜》全詩如下：

> 這燈光，這燈光漂白了的四壁；
> 這賢良的桌椅，朋友似的親密；
> 這古書的紙香一陣陣的襲來；
> 要好的茶杯貞女一般的潔白；
> 受哺的小兒接呷在母親懷裡，
> 鼾聲報道我大兒康健的消息……
> 這神祕的靜夜，這渾圓的和平，
> 我喉嚨裡顫動著感謝的歌聲。
> 但是歌聲馬上又變成了詛咒，
> 靜夜！我不能，不能受你的賄賂。
> 誰稀罕你這牆內尺方的和平！
> 我的世界還有更遼闊的邊境。
> 這四牆既隔不斷戰爭的喧囂，
> 你有什麼方法禁止我的心跳？

最好是讓這口裡塞滿了沙泥，

如其他只會唱著個人的休戚！

最好是讓這頭顱給田鼠掘洞，

讓這一團血肉也去餵著屍蟲，

如果只是為了一杯酒，一本詩，

靜夜裡鐘擺搖來的一片閑適，

就聽不見了你們四鄰的呻吟，

看不見寡婦孤兒抖顫的身影，

戰壕裡的痙攣，瘋人咬著病榻，

和各種慘劇在生活的磨子下，

幸福！我如今不能受你的私賄，

我的世界不在這尺方的牆內。

聽！又是一陣炮聲，死神在咆哮，

靜夜！你如何能禁止我的心跳？①

　　《靜夜》是《死水》最後一段最形象的註腳，或者說《靜夜》是《死水》最好的補充。從解放前直到解放後，《死水》一詩最後一段總被評論者引來說明聞一多落後的思想面貌。幾乎都是這樣寫道：把世界「讓給醜惡來開墾」，而自己則鑽進「古書堆」，去追尋「美的所在」②，這樣一來就形成了這段詩似乎是詩人投降和屈服的自白書了。

---

①湖北版《聞一多全集》Ⅰ，第 151～152 頁。現版已改名為《心跳》，開明版
　仍為《靜夜》。

②見一九四七年，開明版《聞一多的道路》（史靖著）：把一溝絕望的死水，「讓
　給醜惡來開墾」，自己則浸在詩歌藝術的欣賞裡，去追尋「美的所在」。（27
　頁）又見 1957 年，作家版《中國新文學史初稿》（劉綬松著）：「把世界『讓
　給醜惡來開墾』，自己索性在『古書的紙香』裡度過了十多年不問外事的『學
　者式』的生活。」（158 頁）

事實上情況如前所述，完全相反，《死水》是對黑暗社會的詛咒，對腐敗勢力反抗的挑戰書。《死水》是一座未爆發的火山。詩人所以對黑暗社會採取冷眼旁觀看世界的態度，是嫉惡如仇，並不是爲了鑽古書堆追求「美的所在」。

《靜夜》的前十四句說明雖然詩人生活在「渾圓的和平」中，但是他並不如某些人說的「仍然保留了『牆內尺方的和平』，度過十多年學者生活」①，詩人自我剖析道，如果只是自私自利地追求「牆內尺方的和平」，「最好是讓這口裡塞滿沙泥」，「最好是讓這頭顱給田鼠掘洞，讓這一團血肉也去餵屍蟲。」一句話，爲自己活著倒不如死。哪裡有一點追求個人安適「美的所在」之思想呢？詩人向祖國人民訴說著自己的悲痛：「如果只是爲了一杯酒，一本詩，靜夜裡鐘擺搖來的一片閑適，就聽不見了你們四鄰的呻吟，看不見寡婦孤兒抖顫的身影，戰壕裡的痙攣，瘋人咬著病榻，和各種慘劇在生活的磨子下。」還是那句話，爲自己活著倒不如死。如不把這兩首詩聯繫起來讀，就會產生上述曲解詩人原意的見解。

那麼十幾年來詩人是否就鑽到象牙塔裡去兩耳不聞窗外事，一心只教聖賢書了呢？完全不是，《死水》集子出版三年以後，正像徐志摩說的那句有名的話那樣：「我們要說《奇跡》是一多『三年不鳴，一鳴驚人』的奇跡。」有人認爲「1931 年發表《奇跡》一詩，但表現的是幻滅的情緒，意義不大。」②這樣評價《奇跡》是錯誤的。《奇跡》是詩人寄期望於祖國人民的勝利之自白書。這首詩裡充滿了對祖國光明未來的憧憬、期待、企望、羨慕的熱烈感情，詩人向他莊嚴燦爛的祖國、勤勞勇敢的人民盡情傾訴著自己的嚮往和追求。他又回到了《紅燭》那絢麗的青年時代，用浪漫主義的筆觸，象徵性的勾勒了自己對祖國人民深沉的愛。

①《中國新文學史初稿》，第 159 頁。

②九院校編寫組：《中國現代文學史》，第 151 頁。

什麼樣的奇跡？「我要的本不是火齊的紅，或半夜裡桃花澤水的黑，也不是琵琶的幽怨，薔薇的香，我不曾真心愛過文豹的矜嚴，我要的婉孌也不是任何白鴿所有的。我要的本不是這些，而是這些的結晶，比這一切更神奇得萬倍的一個奇跡！」這就是他在臧克家（烙印）序中讚揚的那個「在生活上有意義的詩」，「捫一下臉來一個奇性的變」；也就是他在《死水》中預言的，爆一聲：咱們的中國。這個神奇得萬倍的一個奇跡就是祖國人民勝利之時。這就是《奇跡》前六句所表現的思想。

那麼現在究竟應該怎麼辦呢？我是「等不及奇跡的來臨」，「這靈魂是真餓慌，我又不能讓他缺著供養」，我只有堅持在平凡的教學崗位上，「天知道，我不是甘心如此」「最無所謂的平凡」，「一樹蟬鳴，一壺濁酒，算得了什麼；縱提到煙巒、曙壑，或更璀璨的星空，也只是平凡，最無所謂的平凡」，對於中國人民的勝利之奇跡，在它尚未來臨以前，「犯得著驚喜得沒主意，喊著最動人的名字，恨不得黃金鑄寫，給裝在一隻歌裡」嗎？自然我要是聽到了一闋人民勝利的的驚歌也會「噙不住眼淚」，但是現在（正是中國人民大革命的低潮時期）這樣「未免太支離，太玄了，簡直不值當」，「可以不妨明說，只要你，只要奇跡露一面，我馬上就拋棄平凡」。就是說詩人在等待奇跡的來臨，雖然在看不見光明的時刻，他仍然相信奇跡的出現。這就是第七句到第二十四句表現的思想。

於是詩人表白了自己真誠的希望，雖然自己在《死水》裡表白過要橫眉冷對千夫指，看醜惡的魔鬼們橫行到幾時，但現在「我也不再去鞭撻著「醜」，逼他要那份背面的意義」，現在「我只要一個明白的字，舍利子似的閃著金光，我要的是整個的正面的美。」儘管詩人並未認識到社會主義革命在中國的必然勝利，但是詩人卻渴望著能看到一個自由、民主、獨立的新中國的誕生，正面的美就是詩人所衷心讚美的如花的祖國，「我們的莊嚴燦爛的祖國」（《憶菊》）。這就是《奇跡》第二十五句到第三十四句所表現的思想。

　　最後，詩人用詩句向人民宣誓，獻出他一顆最熱烈的赤子之心，為人民獻身：

> 我等著，不管得等到多少輪迴以後——
> 既然當初許下心願時，也不知道是多少
> 輪迴以前——我等，我不抱怨，只靜候著
> 一個奇跡的來臨。總不能沒有那一天
> 讓雷來劈我，火山來燒，全地獄翻起來
> 撲我……害怕嗎？你放心，反正罡風
> 吹不息靈魂的燈，情願蛻殼化成灰燼，
> 不礙事：因為那——那便是我的一刹那，
> 一刹那的永恆：——一陣異香，最神祕的
> 肅靜，（日，月，一切星球的旋動早被
> 喝住，時間也止步了，（最渾圓的和平……
> 我聽見閶闔的戶樞春然一響，紫霄上
> 傳來一片衣裙的綷縩——那便是奇跡——
> 半啟的金扉中，一個戴著圓光的你！①

　　這是《奇跡》裡最後一段，彷彿是對他的後半生做的預言，句句都實現了。他等著爲奇跡而獻身，「不管等到多少輪迴以後」，「我不抱怨，只靜候著」，爲了它呀！「讓雷來劈我，火山來燒」，全地獄的魔鬼都翻過來撲我。「願這蛻殼化成灰燼」，「害怕嗎？你放心。」寫得多麼好啊！

　　這種寧下地獄也要獻身的精神，使我們想起文天祥那有名的詩句：「人生自古誰無死，留取丹心照汗青」。詩人爭取的是那「一刹那的永恆」，何止是「一刹那的永恆」呢？爲人民而死，永垂不朽。

---

①湖北版《聞一多全集》Ⅰ，第 261 頁。

人民英烈，終於為自由獨立的新中國交付了自己的頭顱，是的，聞一多先生，當凶殘的國民黨反動派的特務射穿您的頭顱之時，日、月，一切星球的旋轉都停止了，都來哀悼您的犧牲。您雖然倒下了，但是，在那「半啓的金扉中」已看到光輝燦爛的新中國，有如朝陽一樣升起！

第三節　熱烈的愛國思想

《死水》的主題思想之三：熱烈的愛國思想。這一點是和他的同情苦難的人民，以及對黑暗社會的詛咒是緊密地聯繫在一起的。

他在《文藝與愛國——紀念三月十八日》一文中已經提出愛國運動要同新文學運動同時發軔，「他們原來是一種精神的兩種表現。」「合起來便能夠互收效益，分開來定要兩敗俱傷。」對此他做了兩點對當時詩壇來說頗有影響的結論：

第一，「我希望愛自由，愛正義，受理想的熱血要流在天安門，流在鐵獅子胡同，但是也要流在筆尖，流在紙上。」

第二，「我們覺得諸志士們 3 月 18 日的死難不僅是愛國，而且是偉大的詩。我們若得著死難者的熱情的全部，便可以追他們的蹤跡，殺身成仁了。」

應當說，聞一多先生這兩點都做到了，第一點他貢獻了一本名著《死水》，第二點他貢獻了他的生命，真正做到了殺身成仁。有這樣的愛國思想，寫出《死水》中愛國主義詩篇是理所當然的。更確切地說，他對人民的深愛以及對軍閥賣國賊的反抗，同他的愛國思想是三位一體的。

他在詩裡暢敘了對中國和中華民族的愛戀，表現得最鮮明的是《祈禱》：

　　請告訴我誰是中國人，

啟示我，如何把記憶抱緊；
請告訴我這民族的偉大，
輕輕地告訴我，不要喧嘩！

請告訴我誰是中國人，
誰的心裡有堯舜的心，
誰的血是荊軻、聶政的血，
誰是神農黃帝的遺孽？

告訴我那智慧來得離奇，
說是河馬獻來的饋禮；
還告訴我這歌聲的節奏，
原是九苞鳳凰的傳授。

誰告訴我戈壁的沉默，
和五岳的莊嚴？又告訴我
泰山的石霤還滴著忍耐，
大江黃河又流著和諧？

再告訴我，那一滴清淚
是孔子吊唁死麟的傷悲？
那狂笑也得告訴我才好，——
莊周、淳于髡、東方朔的笑。

請告訴我誰是中國人，
啟示我，如何把記憶抱緊；
請告訴我這民族的偉大，

　　　　輕輕地告訴我，不要喧嘩！①

　　在這首詩裡詩人用提問的方式，用詩的形式歌詠出他愛國主義的標準，他強調要有堯舜、神農、黃帝那樣愛人民的心，也要有荊軻那樣反抗暴政的精神，也象徵了愛我國悠久光榮的歷史，接受它的智慧和鳳凰傳授的永遠不滅的歌聲；他也強調要愛祖國的山山水水，愛那戈壁的沉狀，五岳的莊嚴，和那泰山、長江和黃河，詩人用詩的語言爲我們勾勒了中國的版圖。這首詩在反帝鬥爭中起了很好的鼓舞人心的作用，鼓舞我們必須保衛我國光輝的歷史和每寸領土。

　　詩人在《一個觀念》中歌詠的祖國，完全再現了《紅燭》中歌詠祖國的浪漫主義精神。「一個觀念」自然指的是熱愛祖國的觀念，這首詩完全採用象徵性的手法，它有兩個特點：

　　第一，就象徵性的比喻提問：

　　　　你雋永的神祕，你美麗的謊，

　　　　你倔強的質問，你一道金光，

　　　　一點兒親密的意義，一股火，

　　　　一縷縹緲的呼聲，你是什麼？②

　　一連用七個象徵性的比喻，然後提問？這種寫法在中國新詩的藝術構思裡絕無僅有。自然，這七個比喻都指的是祖國，詩人是從物質到精神這兩個大的方向來對祖國在我們心中的意義進行詩的藝術概括的。對比《祈禱》中將祖國的歷史、文化、版圖進行詩的藝術概括，又是另一番詩的創造。

　　第二，用象徵性的比喻總結：

―――――――

①湖北版《聞一多全集》Ⅰ，第 154 頁。

②湖北版《聞一多全集》Ⅰ，第 152～153 頁。

啊，橫暴的威靈，你降伏了我，
你降伏了我，你絢縵的長虹——
五千多年的記憶，你不要動，
如今我只問怎樣抱得緊你……
你是那樣的橫蠻，那樣美麗！①

這完全是一種爆發式的愛國熱情。橫暴、橫蠻、威靈這樣的字眼概括了祖國的威嚴而不可戰勝；絢縵的長虹，五千多年的記憶，概括了祖國久遠的歷史光輝燦爛。詩人用一種降伏式的口吻襯托出祖國的偉大、莊嚴、美麗，寫得懾人心魄。

在《發現》以及《一句話》中詩人歌詠祖國又換了一種表現方式。（這留待詩的藝術構思一章進行分析），《發現》是詩人回國後看見祖國政治的腐敗發出的痛苦的呼喊。《一句話》則是對時代作出的預言，和對軍閥反動派提出的警告，表示總有一天人民的憤怒會像火山一樣爆發，爆一聲：「咱們的中國！」表現了對祖國光明前途的確信。

值得一提的是詩人在美國回國前所寫的那首愛國主義詩歌：《我是中國人》，這首詩雖然在《死水》出版前就發表在 1925 年 7 月《大江》季刊創刊號上，但是未見收入《死水》也未見收入《聞一多全集》，這卻是一首優秀的愛國主義詩篇。

詩人熱情地歌頌了我們偉大的民族：

偉大的民族！偉大的民族！
五岳一般的莊嚴正肅，
廣漠的太平洋底度量，

---

①湖北版《聞一多全集》Ⅰ，第 153 頁。

春雲的柔和，秋風的豪放！①

詩人歌頌不朽的中華民族，對於鴉片戰爭後中國就淪為半封建半殖民地來說，對於各帝國主義欲亡我中華、滅我民族來說，是有進步意義的。詩人用一種豪放明快的語調歌詠出來就格外感人，莊嚴宣布「我們的歷史可以歌唱」，就更具戰鬥性。

詩人也熱情地歌頌了我國對人類的貢獻：

我們將來的歷史是一滴淚，
我的淚將洗盡人類底悲哀；
我們將來的歷史是一聲笑，
我的笑驅盡宇宙底煩惱。②

這是他樂觀主義精神的表現。這個「我」是指的全中國這個「大我」。像前段說明的「廣漠的太平洋的度量」、「洗盡人類底悲哀」，「驅盡宇宙底煩惱」，也表現了他的預見性，他的心願；烈士的心願現在實現了，我國在偉大的黨領導下正在建設有中國特色的社會主義，對人類做出最大的貢獻。

詩人也熱情地表示自己對祖國的忠誠：

我沒有睡著！我沒有睡著！
我心中的靈火還在燃燒；
我的火焰它越燒越燃，
我為我的祖國燒得發顫。

---

①湖北版《聞一多全集》Ⅰ，第 232 頁。
②同上。

　　讀了這段，使人想起郭老的《爐中煤》，和那首詩一樣充滿了眷戀祖國的感情。他在詩中還說：「我要修葺這歷史底舞台，預備排演歷史的將來。」正是表現了他沒有睡著而要對祖國的歷史有所建樹、有所貢獻，他正是充滿了這種熱愛祖國的思想，留美回來，而投身於我國的文化事業。

　　他在《論文藝的民主問題》一文中說：「做一個中國人比做一個文藝家更重要。」（開明版《聞一多全集》三）正由於他把愛國擺在做人的第一位，他才能夠寫出這樣好的愛國主義的詩篇。他的強烈的愛國主義思想，通過他當時對友人的談話和給家人的信件中看得很清楚，劇作家熊佛西曾回憶：「記得 1924 年我們在美國求學的時候，你對於回來是那樣的關切，你對於當時的軍閥當道是那樣的痛恨……你常對我說：「詩人主要的天賦是「愛」，愛他的祖國，愛他的人民。』」（《文藝復興》二卷一期）在美國時，他曾給聞家駟一信，他說：「現在春又來了，我的詩料又來了。我將趁此多做些愛國思鄉的詩。這種作品若出於至性至情，價值甚高。恐怕比那些無病呻吟的情詩又高些。」（引自《聞一多全集・年譜》）聞一多這種看法是準確的，也是正確的。有怎樣的思想情感才能夠寫出怎樣的思想情感的詩論，正由於他充滿了強烈的愛國主義思想，他寫下了愛國主義的不朽的詩篇。

　　上述《死水》主題思想剖析證明，它是一部愛國主義的現實主義的傑作。

第七章　反帝反封建的戰歌

第一節　聞一多 1928 年新詩的特點

　　聞一多在 1925 年發表的新詩，在他全部詩歌中佔有極為重要的地位。但是，聞一多自己沒有來得及把它們收入第二本詩集《死水》，1948 年開明版《聞一多全集》也沒有收入，這就使得這幾顆晶瑩的明星掩埋在歷史的長河中達 55 年之久，直到 1979 年下半年，才看見北京三院校編的《新詩選》（第一冊），收入聞一多 1925 年發表於《小說月報》上的《漁陽曲》全文；年底，才看見上海文藝出版社編印的《中國現代文藝資料叢刊》第四期，收入聞一多 1925 年發表在《現代評論》上的《醒呀！》、《七子之歌》、《愛國的心》、《我是中國人》四首，和《漁陽曲》。①不過，聞一多著名的三首長詩：《長城下的哀歌》、《南海之神》、《園內》依然在歷史的長河中沒有發掘出來。

　　聞一多 1925 年在《大江季刊》和《現代評論》上發表《醒呀！》、《七子之歌》、《愛國的心》、《我是中國人》、《長城下的哀歌》、《洗衣曲》這一組詩主要的目的是反帝。對這幾首詩他有一段聲明：

　　　　這些是歷年旅外因受盡帝國主義的閒氣而喊出的不平的呼
　　聲；本已交給留美同人所辦一種鼓吹國家主義的雜誌名叫《大

---

①這一組詩是武漢大學中文系陸耀東同志最先輯錄付印的。

江》的了。但目下正值帝國主義在滬漢演成這種慘劇，而《大
江》出版又還有些日子，我把這些詩找一條捷徑發表了，是希
望他們可以在同胞中激起一些敵愾，把激昂的民氣變得更加激
昂。我想《大江》的編輯必能原諒我這番苦衷。①

　　這一組詩在他離美前夕已經寄給即將在北京創刊的《大江》季
刊，並且將於 1925 年 7 月同讀者見面，但是，當他五月裡和余沆、
趙太侔兩位先生同船自美返國後，正趕上偉大的「五卅」愛國反帝運
動的高潮，為了抗議帝國主義慘殺我上海、武漢愛國人民，他立即決
定將在美國寄給《大江》季刊的《我是中國人》、《愛國的心》，
再加上他在美國時寫的《醒呀！》、《七子之歌》，提前在《現代
評論》上自 6 月 27 日至 7 月 25 日分期刊出，表示對五卅反帝愛國運
動的支持。陸耀東同志認為《醒呀！》一詩是聞一多「有感於帝國主
義在 1925 年 5 月慘殺我上海、武漢愛國人民而做。」②把這首詩的
寫作日期定在他回國以後恐怕是不正確的。管見以為《醒呀！》依然
是在美國時做的，因為他的關於這幾首詩的發表聲明中有「這些是歷
年」幾字，是指這些詩都是歷年來在美國所做，又說「本已交給」
《大江》，查「本已交給」的日期也是在美國歸國前。
　　這幾首詩有高度的思想性，又有深刻的社會意義，表現了聞一多
不妥協的鮮明而堅決的反帝立場，這種反帝立場的特點是濃厚的愛國
主義的思想感情。這一組詩思想性上的特點有下面幾點：
　　第一，為了抗議各帝國主義瓜分我國海棠形的國土，聞一多提出
了堅決維護祖國領土完整的呼聲。在《愛國的心》這首八行小詩中是
這樣寫的：

---

①《現代評論》2 卷 29 期，1925 年 6 月出版。
②見陸耀東《關於聞一多的幾首逸詩》，刊於《武漢大學學報》1978 年第 1 期。

　　我心頭有一幅旌旆，

　　沒有風時自然搖擺；

　　我這幅顫抖的心旌，

　　上面有五樣的色彩。

　　這心腹裡海棠葉形，

　　是中華版圖底縮本。

　　誰能偷去伊的版圖？

　　誰能偷得去我的心？①

　　這首詩構思巧妙，把自己的心寫成中華版圖海棠葉形的形狀，目的是針對帝國主義掠奪我領土而發。

　　《七子之歌》也是如此，他把被帝國主義強占的澳門、香港、台灣、威海衛、廣州灣、九龍、旅順大連等七個地方，比喻成祖國的七個兒子，感人肺腑地喊出「母親！我要回來，母親！」表現了中國人民爲了維護自己的領土完整的堅強信念。在詩前小引中說道：

　　　吾國自尼布楚條約迄旅大之租讓，先後喪失之土地，失養於祖國，受虐於異類，臆其悲哀之情，蓋有甚於《凱風》之七子。因擇其與中華關係最親切者七地，爲做歌各一章，以抒其孤苦亡告，眷懷祖國之哀忱，亦以勵國人之奮興云爾。

　　從這篇小引中能看到中華民族絕不屈服於侵略者的骨氣！詩人特地提出滿清和沙俄帝國主義簽定的賣國的尼布楚條約，提出被帝國主義至今仍霸占去的威海衛：

---

①引自《現代評論》2 卷 31 期，1925 年 7 月 11 日出版。又據湖北版《聞一多全集》Ⅰ，第 236 頁。

再讓我看守著中華最古的海，
這邊岸上原有聖人的丘陵在。
母親，莫忘了我是防海的健將，
我有一座劉公島做我的盾牌。
快救我回來呀，時期已經到了。
我背後葬的盡是聖人的遺骸！
　　母親！我要回來，母親！

今天讀著聞一多的詩感到更具有現實的意義。慘痛的「璦琿條約」我們至今仍未忘記，沙皇帝國主義至今在我新疆、東北邊境練兵百萬，亡我之心不死，我們仍需要讀聞一多的《七子之歌》，「眷懷祖國之哀忱，亦以勵國人之奮興」，「精誠所至，金石能開。」加緊建設現代化，才能永遠立於不敗之地。值得注意的還有對台灣的歌唱：

我們是東海捧出的真珠一串，
琉球是我的群弟我就是台灣。
我胸中還氤氳著鄭氏的英魂，
精忠的赤血點染了我的家傳。
母親，酷炎的夏日要晒死我了；
賜我個號令，我還能背城一戰。
　　母親！我要回來，母親。①

台灣自古是中華民族的領土，今天讀聞一多的詩也具有現實的意義，因為我們正努力使台灣省重新回到祖國的懷抱，讓台灣這串東海

---

① 《七子之歌》，見《現代評論》2 卷 30 期，1925 年 7 月 4 日出版，現收入湖北版《聞一多全集》Ⅰ，第 221～224 頁。

的眞珠，永遠在祖國——母親的頸上閃閃發光。

> 偉大的民族！偉大的民族！
> 我是東方文化的鼻祖；
> 我的生命是世界的生命。
> 我是中國人，我是支那人！

唱出了我國悠久的輝煌的歷史！也唱出了做爲一個中國人民的自豪感，以抵制帝國主義宣傳機器宣揚的奴化性格。詩人特地描述了我們民族的覺醒：

> 我的心頭充滿戈壁的沉默，
> 臉上有黃河波濤的顏色，
> 泰山的石霤滴成我的忍耐，
> 崢嶸的劍閣撐出我的胸懷。

> 我沒有睡覺！我沒有睡覺！
> 我心中的靈火還在燃燒；
> 我的火焰他越燒越燃，
> 我爲我的祖國燒得發顫。①

詩人選擇了戈壁、黃河、泰山這些富有中國特徵的地名，形象地勾勒了中華民族高大的形象。用火焰一樣的語言，唱出了令人感到無比溫暖的詩句，振奮了中華民族的精神，使我們能堅決地「橫眉冷對千夫指」！

第三，針對帝國主義污蔑中國人民生性笨拙、愚昧無知，聞一多

---

① 《我是中國人》，見《現代評論》2卷33期，1925年7月25日出版。

放聲歌唱我國悠久的文化傳統。《長城下之哀歌》一詩歌頌的萬里長城，是做爲中國文化的象徵提出來的，詩人這樣唱道：「啊！五千年文化底紀念碑喲！偉大的民族底偉大的標幟！」詩人這樣形象地顯現祖國壯麗的文化奇跡，正是爲了喚醒人民的自信力，擦亮人民的眼睛；還唱道：

> 啊！鴻荒的遠祖──神農，黃帝！
> 啊！先秦的聖哲──老聃，宣尼！
> 吟著美人香草的愛國詩人！
> 餓死西山和悲歌易水的壯士！
> 啊！二十四史裡一切的英靈！
> 起來呀！起來呀！請都興起──①

　　詩人不是爲了藝術而藝術，不是爲了寫長城而寫長城，而是大聲疾呼中華民族並不生性笨拙和愚昧無知，堅決地呼喊：起來呀！人民！詩人憤怒地寫道，長城守不住中華燦爛的文化，倒不如：「長城啊！讓我把你也來挖倒！……這墮落的假中華不是我的家。」「挖倒長城」顯出詩人的悲憤何等深刻，昔日孟姜女挖倒長城是爲了找尋自己的丈夫，聞一多採用了這一傳統的挖倒長城的構思，賦予了新的意義，他在1923年2月18日一封信上說「詩人碰死於長城之前」，是爲了「悲慟已逝的東方文化」，這是說，他寫這首詩是爲了表達誓死保衛祖國的悠久文化的決心。他告誡人民，帝國主義時刻在覬覦著我們：

> 哦，銅筋鐵骨，嚼火漱霧的怪物，
> 運輸著罪孽，散播著戰爭，……

---

① 《長城下的哀歌》，見《大江》季刊創刊號，1925 年 7 月出版。

　　哦，怕不要撲熄了我們的日月，

　　怕不要搗毀我們的乾坤！①

　中國絕對不要忘記了保護爲我們的乾坤！我們的文化！

　　第四，爲了粉碎帝國主義說我們是東亞病夫的讕言，聞一多把中
國比喻成一頭「熟睡的神獅」，他在《醒呀！》一詩中呼喚道：

　　天雞怒號，東方已經白了，

　　慶雲是希望開成五色的花。

　　醒呀！神勇的大王，醒呀！

　　你的鼾聲真和緩得可怕。

　　他們說長夜閉熄了你的靈魂，

　　長夜的風霜是致命的刀。

　　熟睡的神獅呀，你還不醒來？

　　醒呀！我們都等候得心焦了！②

　　「天雞怒號，東方已經白了」，表現了詩人的樂觀主義精神，這
說明，隨著詩人年歲的增長，在國內外，特別是在五卅反帝愛國運動
前後，他接觸到了洶湧澎湃的反帝洪流，也接觸到了浩浩蕩蕩的勞苦
大眾，他才會有對於祖國光明未來的確信，他才會有對於人民未來幸
福的樂觀。所以他才在最後一節把祖國叫成「威武的神獅」。

　　《醒呀！》具有深刻的思想性，強烈的戰鬥性。他用「神州給虎
豹豺狼糟蹋了」形象的詩句，控訴了帝國主義的侵略罪行。他用「扯

──────────

①湖北版《聞一多全集》Ⅰ，227頁。

②《醒呀！》見《現代評論》2卷29期，1925年6月27日出版。湖北版《聞一
　多全集》Ⅰ，219頁。

破了夢魘的網羅」，召喚人民起來戰鬥。

　　更為難能可貴的是，詩人用漢、滿、蒙、回、藏歌唱對自己祖國的熱愛，從而召喚著中國各族人民的大團結。詩人告訴我們，只有中國各族人民團結起來，我們熟睡的神獅才會被團結、集體的吼聲喊醒，他才會變成「神明的元首」、「勇武的單于」、「偉大的可汗」、「神聖的蘇丹」、「莊嚴的活佛」和「威武的神獅」。①

　　從上述四個方面，聞一多愛國主義的詩歌內容，貫穿了反帝的精神。反帝，在聞一多全部詩歌中，以這一組表現得最濃烈。

　　聞一多 1925 年在《小說月報》上發表《漁陽曲》長抒情詩，這首詩具有鮮明的反封建的精神。《小說月報》編者在十六卷二期《最後一頁》中曾說：「漁陽曲，聞一多君著，是一首不易見到的長詩。」在聞一多的較長的抒情詩中，它確是別具一格的。

　　《漁陽曲》這首詩中，寫一個與眾不同的鼓手，他借用鼓聲和動作來表現對封建軍國的反抗和仇視、咒詛和嘲弄，顯示了鼓手抨擊封建軍閥無比的英勇，體現了詩人自己對黑暗的社會憤怒之情和反對軍閥賣國賊的愛國熱誠。

　　顯然，《漁陽曲》取材於古代著名的鼓曲《漁陽參》，這首詩的情節與《後漢書》下卷七十《禰衡傳》中敘述的禰衡擊鼓罵曹的情節完全一樣。

　　　　（孔）融既受衡才，數稱述於（曹）操。操欲見之，而衡素相輕疾，自稱狂病，不肯往，而數恣言。操懷忿，而以其才名，不欲殺之。聞衡善擊鼓，乃召為鼓史，因大會賓客，閱試音節。諸史過者，皆令脫其故衣，更著岑牟單絞之服。次至衡，衡方為「漁陽參撾」，蹀躞而前，容態有異，聲節悲壯，聽者莫不慷慨。衡進至操前而止，吏訶之曰：「鼓史何不改裝，而輕敢進乎？」衡曰：「諾」。於是先解衵衣，次釋餘服，裸身而立，徐取岑牟單絞著之，畢復參撾而去，顏色不

怍。操笑曰：「本欲辱衡，衡反辱孤」。

這件事對後世有廣泛的影響。許多詩人為之寫詩，引它做典，如王僧孺詩云：「散度廣陵音，參寫漁陽曲」，庾信《夜聽搗衣詩》云：「聲煩廣陵散，杵急漁陽參」，李商隱《聽鼓》云：「欲問漁陽摻，時無稱正平」等，《世說新語》中也有諸如此類的記載：「禰衡被魏武帝謫為鼓吏，試鼓，衡為漁陽摻撾，座客動容。」明朝徐渭編的雜劇《狂鼓史》就寫的是禰衡半裸體傲然擊鼓罵曹操的事，以後昆劇、皮簧劇、京劇等都有《擊鼓罵曹》戲。可見《漁陽曲》中的鼓手自古以來就是傳統戲目中的反抗者的形象。

聞一多這首長詩是 1925 年 3 月在《小說月報》上發表的，這時他正在美國馬上要回國了，留學三年，國內的革命形勢有了很大變化，工農革命運動在中國共產黨的領導之下，迅猛發展，掀起了反帝反封建軍閥的新高潮，就在聞一多《漁陽曲》發表兩個多月後，震驚世界的五卅反帝愛國運動爆發了。這時，在美國留學三年的聞一多，雖然對黨所領導的第一次國內革命和國內城鄉的反帝反封建軍閥的高潮缺乏具體了解，但是憑他一顆赤誠的愛國的心和他那堅決的民主主義思想，他寫出了這首反抗封建軍閥的長詩《漁陽曲》，實際上配合了當時高漲的革命動向。他寫這首詩的目的，是激勵人們愛祖國和反封建的鬥志，毫無疑問，這首詩反映了詩人思想上的進步，他把自己對祖國的希望寄託在國內的反抗軍閥統治上，事實上當時中國東西南北軍閥都在各自為政，把祖國弄得四分五裂。他們對內鎮壓，對外投降帝國主義，這些反動的軍閥們正是帝國主義豢養的走狗，號召反抗封建軍閥，正是聞一多反帝反封建政治立場的集中表現。

全詩共分為十三個自然段。一、二兩段，通過鼓聲寫主人，首先對封建軍閥們的「白日底光芒照射著朱夢」，予以蔑視和嘲弄，進而對他們搜刮來的民脂民膏，「銀盞玉碟——嘗不遍燕脯龍肝，鸕鶿杓子瀉著美酒如泉……」予以揭露和抨擊，表明虎踞在高堂之上的封建

軍閥是人民的敵人。三、四、五段，通過憤怒的鼓聲寫鼓手，從他與眾不同的外貌、服裝，寫到他與眾不同的靈鼉鼓和動作，再寫到他與眾不同的鼓聲，嚇壞了「滿堂縮瑟的豬羊」和當中「磨牙的老虎」，層層深入，不是歌功頌德，而是抨擊和詛咒。六、七、八段，通過換衣定鼓手，從他被班吏污辱寫起，不准他走進主人席旁，要穿號衣；再寫他雖接過號衣，但他不穿而赤身露體，雙眼射出憤怒的反抗的光芒；最後寫他憤然飛上前去，正義的氣勢壓倒了座上的群奸，「滿堂是恐怖，滿堂是驚訝」。九、十、十一段，寫鼓手又恢復了擊鼓，但是鼓聲更為猛烈，「像狂濤打岸，像霹靂騰空」；位置又有了變換，「在主人底席前左右徘徊」，「主人底面色早已變做死灰」，把主人的威風卡在咽喉，「把他的怒火撲滅在心頭」，「鼓聲在庭中嘶吼」，壓倒了主人，使之威風掃地。十二、十三兩段，最高潮；嚇破了奸雄的膽子，「懲斥了國賊，庭辱了梟雄」。這首《漁陽曲》大長了人民的志氣，大滅了封建軍閥賣國賊的威風。

聞一多在《漁陽曲》中塑造的鼓手是一個對於封建官僚具有強烈反抗性的江湖藝人的形象，他不畏強暴、不怕犧牲，他蔑視權貴，善於鬥爭，他不是一個一般的反封建的知識分子形象，而是一個對封建剝削階級十分痛恨的老百姓的形象，是人民的化身。

聞一多所以選擇一個鼓手來做為戰鬥者的形象，是有深意的，因為「提起鼓，我們便想到了一串形容詞：整肅、莊嚴、雄壯、剛毅和粗暴、急躁、陰鬱、深沈……」；「鼓聲，鼓舞你愛，鼓動你恨，鼓動你活著，用最高限度的熱與力活著，在這大地上。」（《時代的鼓手》）可見他塑造鼓手，是為了鼓舞人們去愛莊嚴的祖國，去恨反動的軍閥賣國賊，鼓動大家充滿熱與力的戰鬥！另外，他塑造鼓手還在於：「這是一個需要鼓手的時代，讓我們期待更多的『時代的鼓手』出現。」（《時代的鼓手》）

這首詩的題材雖然是採自「擊鼓罵曹」的歷史故事。但它絕不是為敘述歷史而寫歷史，也不是為藝術而藝術，他沒有寫禰衡和曹操，

而是換了兩個人，一為人民，一為封建賣國賊，完全賦予了這個故事新的思想內容，這樣就加強了這首詩的反帝反封建的現實意義。在當時的情況下，這種古為今用，易於為人民所接受，而引起共鳴，具有實際教育作用。

在語言上，運用疊字疊句，正是繼承和發展我國古代民歌（如詩經）傳統的表現手法。

第二節　聞一多與《大江》關係的探討

1925 年，聞一多發表了《醒呀！》、《七子之歌》、《愛國的心》、《我是中國人》、《長城下之哀歌》、《漁陽曲》這一組以反帝反封建為主題的新詩，大部分是發表在《大江》季刊上。

從這些詩強烈的革命民主主義思想內容，我們可以看見，聞一多參加《大江》學會的目的在於救國和救民。有些同志認為：「他的國家主義含義並不太明確，實際上，就是他一貫的愛國主義，愛祖國、愛祖國的文化，他的《我是中國人》等詩，特地在當時當地在標榜國家主義的《大江》上發表，無非表明這樣的思想。」①為什麼說聞一多的「國家主義」含義並不太明確呢？總感到把聞一多的愛國主義只概括為「愛祖國、愛祖國的文化」，顯得太抽象和太狹窄了。在 1925 年聞一多發表的全部詩歌中，包括以上六首以外的《一句話》、《洗衣歌》、《發現》……等詩，已為我們描繪了他的「國家觀」，無疑包括：維護祖國的全權和領土完整；中國人民能過幸福的的生活；中國各族人民的大團結（漢、滿、蒙、回、藏）；發揚光大祖國的歷史和文化；堅決地反帝反封建。這種「國家觀」的思想基礎是徹底的革命民主主義觀點，只差接受中國共產黨的領導這一項，聞一多就必然能躍進到無產階級革命戰士的高度。

---

①王康：《聞一多傳》，湖北人民出版社 1979 年 5 月出版，第 93 頁。

　　但是，當時的客觀條件即阻礙了詩人不停頓地向革命的和馬列主義的方向發展：

　　一方面，他受複雜的社會關係的制約。他在為祖國人民上下而求索，探討著救國救民的道路，可是，在他留美的同學當中，現在我們還沒有聽說過，當時有什麼人在思想上已達到了聞一多這樣革命民主主義者的高度，聞一多參加了大江學會，像一顆珍珠落進了一堆石子當中，就說那至今聞名的《大江》季刊雜誌，除了因為它發表了聞一多的《醒呀！》、《愛國的心》、《我是中國人》、《長城下的哀歌》、《七子之歌》、《洗衣曲》等詩而著名，而使人去尋找它，閱讀它，談論它，在這些雜誌中的文章，又有什麼能再值得我們去研究它？由於聞一多的加入大江學會，使這個自稱為「國家主義」的團體，有了革命性的一面，這一面包括了聞一多思想上的革命民主主義觀點，反帝反封建的立場，愛國主義的熱忱。聞一多的「國家主義」有他自己特定的內容和含義，已在他的詩中有所體現，總的傾向是：國家獨立，領土完整，人民幸福。但是，在大江學會的留美學生當中到底有誰真正願意信仰聞一多的愛國主義，很使人懷疑，大江學會的壽命特別短，《大江》季刊人出了兩期，這個聞一多寄予了莫大希望的想要革命的團體，便分化了，解散了。主要原因是大江學會許多人的「國家主義」含義與聞一多完全相反，他們愛的是北洋軍閥的「國家」，或者愛的是反動的國社黨的「國家」，或者愛的是反動的青年黨的「國家」，國民黨反動派的「國家」，也就必然的和聞一多背道而馳，大家各奔前程了。除了聞一多以外，許多人後來都投靠了北洋軍閥和國民黨反動派，最終發展到與聞一多，與人民為敵的地步。

　　可是，聞一多和革命的發展卻受到了這些社會關係的制約，聞一多的一顆赤子之心，受到了這些雞犬之輩的影響，是他們蒙蔽了他的革命的良知，跟著他們，暫時地不接受共產主義，也不接受十月社會主義革命的影響。

另外一方面，1925 年他也受了中國共產黨幼年時期那種「左」的或「右」的錯誤的制約。開明版《聞一多全集》三‧書信類的第十封信收入聞一多 1926 年 1 月（回國九個月）給梁實秋、熊佛西的信，上面說：

> 「前者國家主義團體聯合會發起反日俄進兵東省大會，開會時有多數赤魔溷入，大肆其搗亂之伎倆，提議案件竟一無成立者。結果國家主義者與偽共產主義者隔案相罵，如兩軍之對壘然。罵至夜深，遂椅凳交加，短兵相接。有女同志者排眾高呼，痛口大罵，有如項王之叱吒一聲而萬眾皆瘖。於是兵荒馬亂之際，一椅飛來，運斤成風，僅斷鼻端而已。女士嘗於五卅遊行時，揭旗衝鋒，直搗東交民巷，故京中傳為 Chinese Jeanne D'Arc 焉。」（《聞一多全集》，40，庚）

同年 1 月 23 日在給梁實秋的信中還說過這樣的話：

> 國內赤禍猖獗，我輩國家主義者際此責任尤其重大，進行益加困難。國家主義與共產主義勢將在最近時期內有劇烈的戰鬥。……我輩已與醒獅諸團體攜手組織了一個北京國家主義團體聯合會，聲勢一天浩大一天。若沒有大批生力軍回來做實際的活動，恐怕要使民眾失望。醒獅社的人如李璜乃一書生，只能鼓吹主義，恐怕國家主義的實踐還待大江。（《聞一多全集》，38，庚）

上面的事實說明了，聞一多抱著救國救民的理想，參加了自稱是「救國救民」的大江學會，而大江學會卻把他引到了和革命相反的方向，他由於絲毫不了解共產主義在中國的傳播和發展，也就大信了大江成員的話，從實質看聞一多的愛國主義和中國共產黨的國家主義是

一致的，如，雙方都要求，國家獨立、領土完整、人民幸福、民族大團結。但是，聞一多當時卻錯誤地把他的國家主義與共產主義相對立，阻礙了他不停頓地向革命發展。就一位二十六歲的青年人說，這一方面是受騙上當，另方面，就其自身而言，是由於他的「要親身赤手空拳打出招牌來」，「要一鳴驚人」，「轟動一時」，反映了詩人此時尚未克服個人英雄主義的思想侷限。

又由於當時中國共產黨才成立四年多，才在創始時期，各種類型的假革命者，以「左」的或「右」的形式都自稱是共產主義的代表，連當時的總書記陳獨秀都是如此。例如，當時有「工人無祖國」這樣的口號，現在看來也並不完全正確，修正主義可以利用這樣的口號「輸出革命」去佔領捷克斯洛伐克和入侵阿富汗，越南的黎笋也可利用這個口號入侵柬埔寨。更不用說受盡帝國主義入侵的中國人民在二〇年代可以接受這貌似正確實際是侵略別國的代名詞。因此聞一多說的「國家主義與共產主義勢將在最近時期有劇烈的戰鬥」，「國家主義者與偽共產主義者隔案相罵」，也有其正確的一面，應該做具體的分析，不應當一概說聞一多當時說這個話是完全沒有道理和完全錯誤的。自然我們並不是否認這個口號在十月革命時期的正確性，我國無產階級自然是不要沙皇的「祖國」，而要列寧的「祖國」。但是對於半封建半殖民地的中國來說，儘管當時的政府並不在人民之手，要是「工人無祖國」，不去反抗帝國主義入侵，國家就要淪喪，民族就要滅亡。因為把十月革命時代「工人無祖國」口號不問具體時間、地點、條件，搬到半封建半殖民地的中國來顯然是錯誤的。20世紀是一個空前複雜的時代，在世界上罕見的複雜的中國，革命千變萬化，不可能也從來沒有一個事事都做得正確的革命者，因此，1925年聞一多對待共產主義的態度，主要是客觀原因造成的，本人的侷限我們完全可以理解。

關於無產階級的國際主義和愛國主義相結合的理論，直到1938年10月毛澤東同志在《中國共產黨在民族戰爭中的地位》一文中才

解決了這個問題，因此可以認為聞一多出於抵制「日俄入侵東北」的
目的，參加「反日俄進兵東省大會」，在 1925 年來說，是無可非議
的。

第八章　聞一多新詩的創作個性
及其藝術風格

　　毫無問題，《眞我集》、《紅燭》、《死水》體現的是革命民主主義思想，它不是民主個人主義的，也不是唯美主義的。聞一多的思想是歷史的產兒。他的詩也是時代的見證。他的思想是現實的反映，他的詩也是現實直接的或間接的反映，革命發展著，現實進步著，時代大步向前，他的思想也跟著前進，他的詩也和著時代的步伐，革命的節奏而譜寫。如果聞一多的新詩只是達到了這樣的要求，這種要求還只是一般的其他的詩人也可以達到的高度，但是，聞一多不只是達到了上述水平，他的新詩已經在思想性和藝術性上，突破了一般詩人所達到的水平，而具備了自己特殊的創作個性及其藝術風格。這就是我們在下面將要探討的問題。

第一節　聞一多創作個性的特點

　　就聞一多創作個性來說，它具有下述幾個特點：
　　創作個性的第一個特點便是它的愛國性。勿庸置疑，在聞一多思想的進步中，他拿起筆來寫詩的時候，以及他的詩發表以後，他的愛國主義對他自己和對時代對人民，都起了強大的推動作用。上面我們已經介紹到，朱自清先生有三次連續稱他是中國唯一的愛國詩人。那意思正是指他創作個性的特點，因爲一提聞一多大家就想起他的愛國詩。直到 20 世紀九〇年代香港澳門回歸，廣大民眾還在唸他的愛國詩，傳之久遠。

這是什麼原因呢？這是因為，聞一多能夠也善於對現實生活對勞動人民進行忠實的親切的觀察，這種觀察是細膩的，動人的，細到連勞動人民睡覺的榜樣（如《朝日》），美洲的勞動華僑在做什麼（如《洗衣曲》），人力車伕為什麼會死的（如《天安門》）……等等都寫了，都反映在詩中了，因此他的詩中所反映出的革命民主主義思想，多少反映了客觀的真理和概括了人民大眾的思想感情。

聞一多的愛國詩與中國革命運動緊緊地連在一起，事實是如此的嚴峻，不管詩人自己當時承認不承認，意識到不意識到，願意不願意把他的愛國主義傑作和中國革命運動連在一起，而事實上他的詩歌已經發揮了強大的愛國鼓動作用，當時許多革命青年迷戀與背誦《口供》、《一句話》、《發現》、《太陽吟》等詩，不亞於對《女神》的迷戀與背誦，這因為，聞一多的愛國主義詩中所體現出來的思想，浸透了中國勞動人民所支持的革命真理，愛家鄉，愛自己古老的國家，為祖國可以捨棄自己的生命，愛我們不朽的中華民族……等等，因此，聞一多成為了中國新詩壇愛國主義的輝煌的明星！

創作個性的第二個特點便是它的自我犧牲精神。《你莫怨我》、《心跳》等詩中矛盾思想因素，那是佔極次要狀況。而自我犧牲精神，它像一根紅線那樣，貫穿在聞一多的三本詩集當中。在《真我集》中，這種無私的自我犧牲精神已露端倪了。試看《雪》這首詩中，「詩人向上的靈魂」，便是要「穿透自身的軀殼，直向天堂邁往」了，就是說，情願犧牲自己的生命，也要投向人民的「天堂」。在《紅燭》詩集中，他表現了強烈的要擺脫那束縛住中國青年的舊世界的因襲力量，他絕不為自己活著，為了祖國和人民，他要像紅燭一樣燒光自己，把光明留給人間，聽聽詩人感人肺腑的自白吧！

> 紅燭啊！
> 既製了，便燒著，
> 燒吧！燒吧！

　　　燒破世人底夢，
　　　燒沸世人底血——
　　　也救出他們的靈魂，
　　　也揭破他們的監獄！……

　　　紅燭啊！
　　　流吧！你怎能不流呢？
　　　請將你的脂膏，
　　　不息地流向人間，
　　　培出慰藉的花兒，
　　　結成快樂的果子！①

可以把它看成是詩人向人民和祖國獻身的誓言，也可以把它看成是詩人對自己寫詩的崇高革命目的的綱領。序詩《紅燭》引用了李商隱《無題》詩中一句「蠟炬成灰淚始乾」，這一句不再是寓意於忠貞的愛情，它被賦予了更爲深刻的思想，即詩人自我犧牲的精神，《紅燭》精神就是「俯首甘爲孺子牛」的精神，就是要把自己的一切都獻給祖國和人民的精神，詩人要像蠟炬般爲祖國和人民而燃燒。

　　在《志願》一詩中詩人更說：

　　　主啊！願這腔珊瑚似的鮮血
　　　染得成一朵無名的野花，
　　　這陣熱氣又化些幽香給他，
　　　爲鑽進些路人底心裡烘著吧！
　　　只要這樣，切莫又賞給我
　　　這一副腥穢的軀殼！②

────────────

①湖北版《聞一多全集》Ⅰ，第7～8頁。
②湖北版《聞一多全集》Ⅰ，第48頁。

這就是說，詩人生活在世界上，並不是追求有「一副腥穢的軀殼」，而是追求有一個崇高的靈魂，並不是自我主義的，而是利他主義的，用詩的說法便是把滿腔「珊瑚似的鮮血」化做「無名的野花」，即做一個無名的英雄，把幽香鑽進千千萬萬的路人的心裡去烘著，給人們以無限的溫暖，這體現了詩人為人民而自我獻身的精神。在《死水》詩集中也表現了這一點，如《靜夜》一詩就說：

> …………
>
> 最好是讓這口裡塞滿了沙泥，
> 如其他只會唱著個人的休戚！
> 最好是讓這頭顱給田鼠掘洞，
> 讓這一團血肉也去喂著屍蟲，
> 如果只是為了一杯酒，一本詩，
> 靜夜裡鐘擺搖來的一片閒適，
> 就聽不見了你們四鄰的呻吟，
> 看不見寡婦孤兒抖顫的身影，
> 戰壕裡的痙攣，瘋人咬著病榻，
> 和各種慘劇在生活的磨子下。
> 幸福！我如今不能受你的私賄，
> 我的幸福不在這尺方的牆內。
> …………①

這很能反映詩人那種執著的創作個性，反映了執著的自我犧牲的精神。這也是他利他主義人生觀的反映，如果一個人只為自己活著，「只會唱著個人的休戚」，「只是為了一杯酒，一本詩」，倒不如死去，「頭顱給田鼠掘洞」，「血肉去餵屍蟲」，假如你還活著，

---

①湖北版《聞一多全集》Ⅰ，改名《心跳》，第151頁。

你就應看看現實，看看人民，關心那「四鄰的呻吟」，「寡婦孤兒抖顫的身影」，看，這仍然是詩人要為人民獻身的精神。為人民獻身和自我犧牲精神是完全一致的。這種偉大的精神，交織著他對舊社會的憎惡，交織著對人民和對祖國的愛，因此，這一點和他前面那愛國性的特點一樣，構成了他的詩歌創作個性的主旋律。歌頌偉大的崇高的思想感情，不要歌唱渺小的自私的思想感情，便是他詩的創作標準。

　　創作個性的第三個特點便是它的堅韌性和曲折性。應該說，從詩中反映出了他愛國主義和為人民獻身意志的堅毅和剛強，曲折與複雜，這在一般詩人的詩中是罕見的。有人認為聞一多「在清華園裡度過了十年『世外桃源』的讀書生活」，「置身於美洲大陸的聞一多是完全不知道」，我國「革命的洪流正在以逐漸增大的威力衝擊著帝國主義和封建主義的統治營壘。一種深刻、巨大的變化正在腐朽崩潰的舊社會內部迅速地進行著。」（見劉綬松《中國新文學史初稿》上卷，北京人民文學出版社 1979 年版，橫排，修訂本，第 145 頁。）這種說法太絕對化了。似乎聞一多在當時尚未接受馬列主義就不能跟著革命的洪流一起反帝反封建，這種邏輯是站不住腳的。事實上在以上三章對他全部詩的剖析中，清楚看見他的詩中具備著反帝反封建的革命精神，這難道能說他「完全不知道」我國革命的洪流正在以逐漸增大的威力衝擊著帝國主義和封建主義的統治營壘嗎？

　　聞一多並不是生活在真空裡，祖國受列強的蹂躪，勞苦人民悲痛的眼淚，在詩人的心中刻上了深深的刀痕，不可能不在聞一多的詩裡鮮明地強烈地反映出來。這是一。我們還做過一個統計，在「五四」運動前短短一年中聞一多在清華學校，就擔任過十幾種學生的社會活動職務，聞一多並沒有「兩耳不聞窗外事，一心只讀聖賢書」①；「五四」運動的浪濤也猛烈地衝擊了清華園，聞一多也在筆頭上（見他發表在《清華周刊》上的許多文章），也在行動上參加了這一波浪

①見拙作《聞一多學生時代的新聞》，《群眾論叢》1980 年第 2 期。

壯闊的革命運動。這是二。因此說他在清華園裡，或置身於美洲大陸便是生活在「世外桃源」中是完全錯誤的。正因爲如此，九年清華、三年留美，並沒有把這樣一個出身於封建地主階級的知識分子變成一個無恥的奴才或凡夫俗子，正好相反，使他在一幕幕現實的血泊中、淚海裡，逐漸認識了社會的黑暗、貧富的懸殊、孤兒寡婦的眼淚和悲痛中的勞苦大眾，使他變成了一個激烈的民主鬥士、偉大的人民詩人、卓越的愛國戰士。這種成長和發展，體現了聞一多何等堅毅和剛強的精神。

聞一多全部的詩歌反映了他思想轉變的艱苦性，典型地反映了半封建半殖民地受帝國主義和封建勢力壓迫的知識分子頑強地要革命的精神。不管詩人承認不承認他是隸屬於革命的營壘，他的愛國主義和歌唱爲人民犧牲一切的詩歌，像炸彈在敵人中間開花，像旗幟在人民中間飄揚。

轉變經歷過波折，前進遇到過險灘，從《紅燭》第一首詩起，他已深刻地認識了他周圍的人物，乃至整個民族、祖國都生活在黑暗之中，用詩人的詩說便是「在黑暗底嚴城裡，恐怖方施行他的高壓政策」（《紅燭‧寄懷實秋》），而在《死水》中，他對人生、對祖國、對苦難中的人民、對國外資本主義的世界，都經歷了一個更深刻的多方面的觀察過程，這過程表現得如此細密，他將自己和美國華僑所受的痛苦和民族的人民的苦難結合起來，並且進行了反覆地思考和分析，一方面，他對舊社會的殘酷進一步熟悉和看得更加透澈，另方面他對勞苦大眾表示了深切的同情。

聞一多在他最初發表的新詩裡，猛烈地抨擊了封建專制主義，可以看出，1913 年他進入清華時，還對資產階級民主主義革命——辛亥革命的成果，懷著一定的光明的期待。然而在「五四」運動以後，他逐漸悟出，辛亥革命早已被葬送，代之而起的是軍閥的統治，這種轉變明顯地在他第一首發表的新詩《西岸》中表現出來，他在詩中含蓄地描述他的心理和思想：

> 滿河一片淒涼，
> 太陽也沒興，捲起了金練，
> 讓霧簾重往下放；
> 惡霧瞪著死水，一切的
> 於是又同從前一樣。①

依然是「惡霧瞪著死水」，半封建半殖民地的社會，「一切的……又同從前一樣」，這使他無比悲憤，感覺到社會變得無比黑暗了，這種感覺也是由於他早期尚未大量接觸到浩浩蕩蕩的革命的勞苦大眾，因此使他感到黑暗，也使他對生活失望。但是這只是一方面，另方面，他的詩歌中更表示「戰也是死，逃也是死，降了我不甘心。」（《紅燭・深夜底淚》）明顯地躍動著那種不甘心被黑暗吞沒的積極的反抗精神，這也是聞一多的新詩曲折複雜之一面。

　　也必須指出，即使在他用失望的眼光看取社會的黑暗時，他也並沒有真正地為他在《死水》那一首詩中所說的，把世界「讓給醜惡來開墾」，因為他並沒有掩藏他追求中華民族解放的熱誠，他在1925年的詩創作中，高舉起了反帝反封建的大旗；他呼喚著中國人民革命的鬥爭，他說他是一座火山，祖國更是一座偌大的沒有爆發的火山，地火在球心運行，總有一天這世界要爆一聲：「咱們的中國」。

　　倘若說，在《洗衣歌》中歌頌的是高度的民族自尊心，那麼在《一句話》裡，便表現高度的民族自信心。這說明，聞一多是以勞苦大眾的憎愛為他的憎愛，以後他雖然很少寫詩了，但是，他用自己的生命在為祖國人民寫詩，他對人民，對祖國，對偉大的中國共產黨投射了比以前更明確、更深刻的熱愛，經過了近三十年的探索歷程，他才從一個一般的革命民主主義者躍進到一個聽從偉大的中國共產黨指揮的有馬克思主義覺悟的戰士，為新中國的誕生獻出了自己寶貴的生

---

①湖北版《聞一多全集》Ⅰ，第30頁。

命。①

總之，在聞一多特殊的創作個性裡，表現著愛國主義的本質，自我犧牲的精神和艱苦曲折漫長的轉變歷程。聞一多新詩思想的起點並不低，他早期的《紅燭》一出版，不管詩人自己是不是已經認識到了，這本詩集已經隸屬於無產階級領導的革命的新文學範疇裡了。我們毫不懷疑，《紅燭》和《死水》閃耀著革命民主主義思想的光輝，聞一多在這兩本詩中不僅表現了一般的反封建反專制的革命民主主義思想內容，而且也帶有反帝國主義、反異族壓迫的革命民族主義的特點，這種革命民族主義加入「反對壓迫的一般民主主義內容」（列寧），聞一多的詩生動、深刻地反映了這一思想特徵。還必須指出一點，儘管聞一多感到社會無限黑暗，他在《死水》中還說過：「這是一溝絕望的死水，春風吹不起半點漪淪。」是不是就真的「絕望」呢？並沒有，革命的春風還是刮進了他的心裡，實際上他深信中國是可以改變的，深信祖國、人民的未來是光明的，因為他同時歌唱著「咱們的中國」必然要「爆」出來，這不再是軍閥儈子手的中國，而是人民的中國，聞一多的愛國詩實際也表現了民族樂觀主義精神。

第二節　聞一多詩的藝術風格

聞一多的詩也具有獨特的藝術風格。概括地說來它具有下述幾個特點：

一、火山爆發的詩情。聞一多自己說「我只覺得自己是座沒有爆發的火山，火燒得我痛，卻始終沒有能力炸開那禁錮我的地殼，放射

---

①參見王康著：《聞一多傳》第15～18章，這部著作揚棄了《聞一多的道路》（1948年版）的某些缺點，比較真實地再現了聞一多從革命民主主義轉變到馬列主義的過程。（湖北人民出版社1979年版）

出光和熱來。」①說自己是沒爆發的火山，是事實，但要說一點沒「放射出光和熱來」，卻是自謙之詞。事實上他的詩，卻是像一座已經爆發的火山。詩是激烈的感情的產物，但是這種詩的感情是要經過理智思考後，冷靜觀察後，高度集中，烈度膨脹，盡情熔鍊才能夠一起熔鑄在詩的形象裡，它又是通過藝術的語言表現出來的，《紅燭》藝術語言是「濃縟華麗」的，而《死水》的藝術語言又變為「雄渾沉勁」的，但就其詩情來說，則都是火山爆發式的熱烈而磅礴。聞一多在1921 年 6 月《清華周刊》上《評本學年周刊裡的新詩》一文中說過：

> 詩人胸中底感觸，雖則發酵底時候，也不可輕易放出，必使他烈度膨脹，自己爆裂，流火噴石，興石致雨，如同火山一樣。

這段話在相當大的程度上說明了他突出的胸中感觸不可輕易放出的藝術風格，他的詩正是如同火山一樣，流火噴石，興石致雨，但是寫詩前卻有一個醞釀過程，沉思理智的思考過程。像他的《太陽吟》、《憶菊》、《太平洋舟中見一明星》、《天安門》、《飛毛腿》、《洗衣歌》、《我是中國人》、《長城下的哀歌》、《漁陽曲》、《奇跡》、《政治家》、《教授頌》等詩，莫不是將他的詩情壓縮然後爆發在一個火力點上，如火山噴石那樣迸發出來，讀了以後能使你受到鼓舞，掩卷深思，更激發起對祖國的愛意。

　　二、含蓄象徵的形象。聞一多的詩中塑造出的一系列形象都具有典型性，都具有詩意的概括，既含蓄又象徵，給你聯想，使你回味，真有「餘音繞樑，三日不絕」之感。《李白之死》中的李白，追求高潔純美的理想而獻出了自己的生命。這詩講的是李白，但是又何嘗不是含蓄而又象徵地表現了聞一多那種追求中國人民的幸福，為自己高

---

①開明版《聞一多全集》三，給臧克家的信。

潔的理想而獻身的情操？我們在《紅燭》主題思想一章，已經分析過，《劍匣》、《紅燭》可以說象徵了他的一生。《太平洋舟中見一明星》詩句「傾出我的一腔熱血」等句，也是概括了他的晚年，含蓄地表現了他爲革命傾出滿腔熱血的決心。《一句話》又是象徵了中國人民徹底的勝利，這是聞一多詩的預言。《藝術底忠臣》說的是爲藝術殉身，鞠躬盡瘁，死而後已的寫照嗎？《春之首章》表現的內容，難道不也是象徵他在中國人民革命事業的「絕妙的文章上」加進他的一句嗎？而《奇跡》中他所要的奇跡，含蓄地體現的是祖國人民的解放、新中國成立的奇跡，……這一切詩中所表現出的含蓄與象徵的形象，一語雙關的特徵，絕不是偶然的巧合，而是貫穿在他的全部詩歌當中的一個藝術特點，這是聞一多和別的詩人有區別之所在。我們可以發現，聞一多的詩耐讀、耐想、耐人尋味，它們絕不是那些思想和藝術浮淺之作。

　　三、中國地方的特色。我們在《紅燭》主題思想分析時，已指出聞一多引古典詩歌表現了中國地方特色，但是，這種特色不只是表現在引詩中，而是貫穿在他的全部詩歌的藝術形象中。聞一多的詩有偉大的氣魄，在於他選擇大的特殊的形象來概括中國的面貌，就使聞一多的詩具有一看而知的中國風味之特色，例如，他寫河，就抓黃河長江，因爲黃河長江最能體現出中華民族的氣魄；他寫山，就抓泰山，因爲泰山最能象徵中國的高大；寫城市，就抓北京天安門，因爲天安門最能表現中國的形象；寫祖國詩人，就抓李白、杜甫，因爲「神州不去他山石，李杜光芒萬丈長」；寫勞動人民，就寫最能代表苦難的中國人民的形象之黃包車伕（《飛毛腿》）和賣櫻桃的老頭（《罪過》）；寫花，就選最能代表中國特色的菊花，陶淵明的「採菊東籬下」等詩早已表明，菊花是表現我國特色最好的傳統引用的花；寫太陽，就選三足鳥，這又是大家熟悉的中國古代后羿神話中的鳥，……這一切都說明了聞一多的詩充滿了中國的風味，中國的情調、中國的山川、中國的草木、中國的城鄉、中國的鳥獸、中國的屋宇、中

國的人民，有人說他的詩「受西洋詩特別是英國詩的影響」，「的確離開民族傳統遠了一些」①是並不正確的，事實說明，他受的是中國詩特別是唐詩很深的影響，的確是距離民族傳統近了一些了，就其聞一多的詩的筋骨而言，它主要是中國化的。

總之，火山爆發的詩情，含蓄象徵的形象，中國地方的特色，構成了聞一多詩的別具一格的藝術風格。這也就是說，聞一多的詩絕不是「直抒胸臆」的，他曾經在 1928 年給左明的信中，總結過他的以理智控制感情來寫詩的創作感想，即先「初得某種感觸」，不必動筆等「感觸已過，歷時數日，甚至數月以後」；這時可以開始動筆了。因為這時「記得的只是最根本最主要的情緒的輪廓，然後再用想像來裝成那模糊的影響的輪廓。」把抽象的感情轉化為可觸可感的形象物品。②可見聞一多寫詩，有思辨的特色和理智的特色，熱情中有沉思，奔放中有冷靜，絕不感情用事。這是他在 1921 年 6 月《評本學年周刊裡的新詩》說的「不可輕易」放出詩的感觸的最好補充說明。

---

①劉綬松：《中國新文學史初稿》修訂本上卷，北京人民文學出版社 1979 年 11 月版，第 150 頁。

②湖北版《聞一多全集》Ⅰ，第 245、246 頁。

第九章　聞一多詩的藝術構思

　　在新詩這一個藝術領域內，一個詩人要追求自己的詩寫得有「詩意」，關鍵在於要使詩中有別具匠心的藝術構思，但是，詩的藝術構思從來不會獨立存在。詩人總是根據主題思想的要求，根據題材的不同，而採取各樣的詩的藝術構思。現實生活的萬紫千紅、絢麗多彩決定了詩的藝術構思從來就是為其思想內容服務的。詩的藝術構思就是詩如何反映現實生活，如何揭示主題思想的藝術手段和藝術方式的總稱。它包括如何選擇詩的境界，如何安排內容情節，如何組織段落結構，即境界、情節、結構。詩是藝術、生活、感情三者的結晶品，而受正確的世界觀的指導和支配。聞一多的詩之所以寫得好，主要原因在於詩的藝術構思的成功。

　　「四人幫」實行的是一套法西斯的文化專制主義和虛無主義，進行詩創作只強調「政治標準」，詩一律變成形象化的標語口號，連生活真實都不敢也不准提，只准提唯心的「主題先行」；打倒「四人幫」以後，詩歌界堅決撥亂反正，把「四人幫」那套謬論批倒批臭，肅清其流毒，出現了許多好詩歌，成績卓著。現在最為迫切的問題，是如何盡快提高詩的創作水平和詩的質量。現在應當要求詩寫得要有「詩意」，詩要像詩，應當嚴格的同小快板，順口溜劃清界限，也要同散文劃清界限，要探索詩的藝術規律，詩評要著重藝術分析，寫詩要強調一個關鍵問題：要有巧妙的藝術構思。那麼，聞一多的詩中巧妙的藝術構思，他在新詩的藝術領域所取得的成就，就值得我們學習和借鑑了。

　　我們將從四個方面來探索他的詩的藝術構思：

　　第一，他運用創造性的想像來進行詩的藝術構思。

第二，他運用詩的概括來進行詩的藝術構思。

第三，他運用凝神提煉的手法來進行藝術構思。

第四，他運用心理描寫來進行詩的藝術構思。

聞一多相當注重詩的藝術效果。他強調詩的社會價值，但是他認為，這種社會價值需要藝術水平高的詩才能獲得。如他在《詩與批評》一文中說：

> 「詩是社會的產物，若不是於社會有用的工具，社會是不要他的。」他將詩比作工具，就是注意社會價值。他又說：「我們什麼詩人都要，什麼樣的詩都要，只要製造工具的人技術高，技術精。」（《聞一多全集》Ⅲ）

這就是強調詩人要有高的藝術水平，所以我們閱讀《紅燭》和《死水》不要只注意它的主題思想，更要注意它的藝術構思，我們從下述四點來分析聞一多詩的藝術構思。聞一多的詩不只是在主題思想上有深廣的內容，在詩的構思上也有高超的藝術。

第一節　創造性的想像

黑格爾說過：「想像是創造的。」（《美學》第一卷，朱光潛譯，人民文學出版社，1962 年版）詩的想像應當是創造性的想像。只有創造性的想像才能使詩的藝術構思新穎別緻，而不是平鋪直敘，或羅列生活現象。詩創作突出的特點應當就是創造性的想像。因此詩人首先必須具有豐富的想像力以及運用想像力的技能。聞一多就是一位有豐富的想像力而且運用自己的想像力來進行詩的藝術構思的一位詩人。

聞一多創造性想像的才能確是很出色的。他在《紅燭》出版前，於 1922 年，在《冬夜評論》一文中，對於詩的想像就有他獨特的見

解。他針對當時詩壇的情況說道:「觀今詩人除了極少數的——郭沫若君同幾位『豹隱』的詩人梁實秋君等——以外,都有一種極沉痼的通病,那就是弱於或竟完全缺乏幻想力,因此他們詩中很少有濃麗繁密而且具體的意象,陷入了『抽象』與『瑣碎』。」那時他還是一個學生,已經提出了這個相當關鍵的問題了。他認為在詩的藝術構思時,詩的創造性的想像應該「跨在幻想底狂恣的翅膀上遨遊,然後大著膽引嗓高歌,他一定能拈得更加開闊的藝術」。這種對於創造性想像的藝術見解,不僅對當時的詩壇,就是對於今天的詩壇也具有現實意義。結合《紅燭》、《死水》兩本詩集看,他不僅在理論上而且在實踐上,都出色地做出了成績。

臧克家同志說:「聞先生想像力是很強的,強到驚人的地步!他搜盡枯腸,上下求索。」(《聞一多先生詩創作的藝術特色》,《詩刊》1979 年第四期)確是這樣,聞一多張開他創造性的想像的翅膀,盡情地在詩的藝術的天空遨遊。他的想像比孫悟空的七十二變還要變化多端,他將自己變作一粒沙。「我呢?不過那戲弄黃土的女媧,散到六合里來底一顆塵沙。」(《李白之死》)變作一塊石頭,「我覺得我是污爛的石頭一塊。」(《李白之死》)變作一根線(《紅豆篇》九),變作一隻紅燭(《紅燭》),變作一隻孤雁(《孤雁》),變作一隻小鳥(《青春》),變作半個地球(《紅豆篇》十),變作一個果子(《爛果》),變作「一座未設防的空城」(《紅豆篇》七),變作一片浮萍(《紅豆篇》二十三),變作一塊「魚肉」(《紅豆篇》二十五),變作一個「狂怒的海神」(《紅豆篇》三十四),變作一個《海上的漁夫》(《劍匣》),變作一個「無名的農夫」(《劍匣》),變作「一顆星兒」(《詩人》),變作一朵「火樣的花」(《詩人》),變作「一座遙山」(《詩人》),變作「全宇宙的王」(《回顧》),變作一個「貢臣」(《貢臣》),變作一個「流囚」(《我是一個流囚》)……等等,他的想像在詩的藝術的天空翱翔。一忽兒他肩上長出一對翅

膀，遨遊在八極之表（《李白之死》），一忽兒他又把太陽變成一隻「金鳥」，騎上牠每日繞行地球一周（《太陽吟》），一忽兒他又隨鬼魂飄然而去（《末日》），一忽兒他又被擲到黑暗的虛空裡，永無休止的墜降（《李白之死》）。聞一多豐富的想像力猶如一只神奇的篩子，凡經過他想像的篩子濾下來的人物或事情，都被詩化了，變作燦爛多彩的藝術形象。

他創造性的想像正是通過這些複雜的表現手法來進行詩的藝術構思的。

一、比的手法：比，就是比喻。

朱熹云：「比者以彼物比此物也。」詩中運用比喻，是將此物的特徵在彼一物中得到表現，使人能在想像中得到聯想，加深認識，了解內容。聞一多的詩就善於抓住一個比喻來進行詩的藝術構思，發展成篇。例如：

> 愛人啊！
> 將我做經線，
> 你做緯線，
> 命運織就了我們的婚姻之錦；
> 但是一幀回文錦哦！
> 橫看是相思，
> 直看是相思，
> 順看是相思，
> 倒看是相思，
> 斜看正看都是相思，
> 怎樣看也看不出團團二字。

（《紅豆篇》九）①

①湖北版《聞一多全集》Ⅰ，第110頁。

詩人捕捉到將戀人比做經線和緯線這樣一種新奇的想像，對戀人的相思做出了新穎的詩的藝術構思，所採用的就是比的手法。

二、興的手法：興，就是起興。

朱熹云：「興者言他物以引起析詠之詞也。」詩中運用起興，是將某種比喻做為詩的發端，從而引出主要內容。聞一多的詩，就善於借用自然景物，加以想像，做為起興來進行詩的藝術構思，發展成篇。例如：《太陽吟》：「太陽啊——神速的金鳥——太陽！讓我騎著你每日繞行地球一周，也便能天天望見一次家鄉！」《太陽吟》這首詩在十二段，就是用「太陽」起興，以豐富的想像來表達詩人對祖國、對家鄉焦灼難眠的熱愛和思念。

必須指出的是，古代的起興手法：「興者，但借物以起興，不必與正意相關也。」（姚際恒《詩經通論》）說的是起興句子不必與下面詩句的正意相關，只起押韻作用，或形式上的作用，不過，聞一多的起興句自有他的生，總是與思想內容密切相連。

再如下面這首詩，就是借用生活用品加以想像做為起興來進行詩的藝術構思，發展成篇，《紅燭》篇，就是借物以起興，託物以寄情之又一個例證：

　　　　紅燭啊！

　　　　這樣紅的燭！

　　　　詩人啊！

　　　　吐出你的心來比比，

　　　　可是一般顏色？……

　　　　紅燭啊！

　　　　既製了，便燒著！

　　　　燒吧！燒吧！

　　　　燒破世人底夢，

　　　　燒沸世人底血——

也救出他們的靈魂，

也搗破他們的監獄！

（《紅燭》）

這首詩用「紅燭」起興，以豐富的想像來表達詩人對生活的熱愛，對有益於人民生命的嚮往。起興句和下面的句子的意思依然緊密相連。

三、誇張手法：聞一多根據豐富的想像，對人或生活事物的形象、作用、特徵等進行誇張，以加強詩的藝術構思的神奇性：

啊！月呀！可望而不可即的明月！

當我看你看得正出神的時節，

我只覺得你那不可思議的美艷，

已經把我全身溶化成水質一團，

然後你那提挈海潮底全副的神力，

把我也吸起，浮向開遍水鉆花的

碧玉的草場上；這時我肩上忽展開

一雙翅膀，越張越大，在空中徘徊，

如同一隻大鵬浮游於八極之表。

哦，月兒，我這時不敢正眼看你了！

你那太強烈的光芒刺得我心痛。……

（《李白之死》）①

這種想像是多麼奇妙啊！詩人運用誇張手法，想像成月兒能用神力把人變成水質而吸到天上去，然後在肩上突然生出了翅膀，於是翱翔在太空。用誇張手法來進行詩的藝術構思，使詩中形象和感情的特點，更鮮明地體現出來。

———————————

①湖北版《聞一多全集》Ⅰ，第16頁。

我倆是一體了！

我們的結合

至少也和地球一般圓滿，

但你是東半球，

我是西半球，

我們又自己放著眼淚，

做成了這蒼莽的太平洋，

隔斷了我們自己。

（《紅豆篇》十）①

人和淚往大而多的方面誇張，充分表現了戀人的熱烈的愛情。
再如：

哦，這些樹不是樹了，

是紫禁城裡的宮闕——

黃的琉璃瓦，

綠的琉璃瓦，

樓上起樓，閣外架閣……

小鳥唱著銀聲的歌兒，

是殿角的風鈴底共鳴。

哦，這些樹不是樹了，

是金碧輝煌的帝京。

（《秋色》）②

這是詩人在美國芝加哥潔閣森公園裡所寫的抒情詩。他採用誇張

①湖北版《聞一多全集》Ⅰ，第 10 頁。

②湖北版《聞一多全集》Ⅰ，第 100 頁。

　　手法來描繪芝加哥潔閣森公園裡的樹林，把它寫成北京雄偉的故宮，這就充分表現了他懷念祖國和熱愛祖國的心情。另一類是往小的方面誇張：

　　例一：

　　　　秋深了，人病了。

　　　　人敵不住秋了；

　　　　鎮日擁著件大氅，

　　　　像只煨灶的貓，

　　　　蜷在搖椅上搖……搖……搖……

　　　　想著祖國，

　　　　想著家庭，

　　　　想著母校，

　　　　想著故人，

　　　　想著不勝想，不堪想的勝境良朝。

　　　　　　　　　　　　　　　　　　（《秋深了》）①

　　貓是最戀家的一種動物。這首詩是他在美國寫的。為了要表達他思念祖國，思念家鄉，思念親人的愛國主義感情，將人縮小到一隻貓，運用這種誇張手法來進行巧妙的詩的藝術構思，加強了詩的思想性。

　　再如：

　　　　我們是兩片浮萍，

　　　　從我們聚散的速率

　　　　同距離底遠度，

———————————

①湖北版《聞一多全集》Ⅰ，第102頁。

可以看出風兒底緩急，

浪兒底大小。

（《紅豆篇》二三）①

這也是縮小式的誇張。表現生活決定人的聚散。

誇張的想像必須建立在生活真實的基礎上。魯迅曾說：「『燕山雪花大如席』是誇張，但燕山究竟有雪花，就含著一點誠實在裡面，使我們立刻知道燕山原來有這麼冷，如果說『廣州雪花大如席』，那可就變成笑話了。」聞一多是很明白誇張必須建立在事實的基礎上的，如我們引做例子的這幾首詩，因水能蒸發成雲，所以人變為水質而被吸上天才有依據；地球與東西半球，才有化為東、西半球兩個人的誇張，人戀家同貓戀家有共同點，才使人可信。可見聞一多誇張手法並不是主觀臆選，憑空幻想，這些誇張美妙的想像，像一朵朵花，但這些花兒是開放在科學知識的大樹之上的。

四、比擬手法：比擬就是把人比擬為物，或把物比擬為人，或把植物比作動物……等等。

聞一多詩就善於運用豐富的想像，擬人化或擬物化來進化詩的藝術構思，譜寫成篇。在他的詩裡擬人（物）化和比的手法有所不同，比喻是以甲物比喻成乙物，而比擬手法中擬人（或物）化是直接把物當作人，賦於人（或物）以人的性格、動作等。

(1)擬人化，即把物品人格化。例如《聞一多先生的書桌》一詩，把桌上的文化用品全部賦予人的性格、特徵和動作，寫成一首藝術構思很別致的詩：「忽然一切的靜物都講話了，忽然間書桌上怨聲騰沸：墨盒呻吟道『我渴得要死！』字典喊雨水漬湮了他的背；信箋忙叫道彎痛了他的腰；鋼筆說煙灰閉塞了他的嘴，毛筆講火柴燒禿了他的鬚，鉛筆抱怨牙刷壓了他的腿；」……這首詩把物品全部擬人化

---

①湖北版《聞一多全集》Ⅰ，第114頁。

以後，形象生動地表現了詩人自己對現實的態度，很典型地反映了他的豁達的情懷。詩人用擬人化的手法使詩的藝術構思具有典型性和特殊性，達到了從個別表現一般的藝術效果。在舊社會，這種幽默化意味著生活的嘲笑，並不是嘲弄自己，一方面意味著地方狹小，物品擁擠，無人收拾，自然使人聯想到教授生活的艱難；另方面，教授工作十分忙碌，認眞負責，無暇收拾，所以詩最後說：「我何曾有意的糟蹋你們，秩序不在我的能力之內。」那麼，這詩擬人化手法，就使我們從反面窺視了教授生活的勤墾和艱難。

　　(2)擬物化，即把人比擬物的。如：

　　　　　我覺得我是污爛的石頭一塊，

　　　　　被上界底清道夫拋擲了下來，

　　　　　擲到一個無垠的黑暗的虛空裡，

　　　　　墜降、墜降、永無著落，永無休止！

　　　　　　　　　　　　　　　　　（《李白之死》）①

把人比作一塊石頭，這就是人的擬物化。描繪在黑暗的社會裡文人被賤視，如一塊爛石頭，這種擬物化加深了詩意的思想性。

　　又如《愛之神》中描寫的美女、眼、眉、鼻、嘴都分別加以擬物化：

　　　　　啊！這麼俊的一副眼睛──

　　　　　兩潭淵默的清波！

　　　　　可憐屏弱的游泳者喲！

　　　　　我告訴你回頭就是岸了！

────────────

①湖北版《聞一多全集》Ⅰ，第17頁。

啊！那潭岸上的一帶榛藪，

好分明的黛眉啊！

那鼻子，金字塔式的小丘，

恐怕就是情人底塋墓罷？

那裡，不是兩扇朱扉嗎？

紅得像櫻桃一樣，

扉內還露著編貝底屏風。

這裡又不知安了什麼陷阱！①

　　看！把人臉各部分都擬物化了。眼睛——兩潭清波，眉毛——潭岸上的榛藪，鼻子——小丘，嘴——櫻桃，唇——兩扇朱扉，牙——編貝的屏風，就顯得詩味濃郁，描寫得有聲有色，詩句清新，使人愛讀，並給人以美好的藝術享受。

　　第三，把植物比擬成動物。下面就是這樣一首把植物比擬成動物的藝術構思十分完整的風景詩《稚松》：

他在夕陽底紅妙燈籠下站著，

他扭著頸子望著你，

他散開了藏著金色圓眼的，

海綠色的花翎——一層層的花翎，

他像是金谷園裡的

一只開屏的孔雀罷？②

這是一首描寫夕陽下的小松樹的風景詩，看！寫得多麼逼真，唯妙唯

①湖北版《聞一多全集》Ⅰ，第 67 頁。

②湖北版《聞一多全集》Ⅰ，第 104 頁。

肖，他依據這棵小松樹形狀上的特徵，把它比擬成一隻有海綠色花翎的扭著頸子望著人的開屏孔雀，顯得景中又有景，詩意盎然。

總之，聞一多運用比擬手法進行詩的藝術構思，把物變成人，又把人變成物，或把無生物變爲有生物，這樣人世間紛紜多彩的生活，萬千景象，都五光十色地反映出來了。

綜上所述，聞一多就是運用各種複雜的表現手法，根據生的想像來進行詩的藝術構思的。這種創造性的想像從何而來？臧克家同志對此曾作過中肯的分析，他說：

> 他有生活的痛苦經歷，他有漂流海外的異國情思，他有汪洋浩瀚的古典文藝的淵博知識，這一些像詩人的百寶箱，再加上他出眾的詩的才華，所以他的想像能扎上翅膀。他比興的運用得心應手，典故的驅使，無間中外，又能使口語與文言字匯兼容並包，使人感覺和諧、統一。」（《詩刊》1979年第4期）

這就是說，他不僅有直接的生活經驗，而且也有間接的生活經驗，也有社會科學和自然科學裡的淵博知識，還有深湛的藝術造詣。這樣在他的百寶箱裡，才有著豐富的創造性的想像，在生活經驗的基礎上進行的創造性的想像，才使他能夠「寂然凝慮，思接千載；悄焉動容，視通萬里。」（劉勰《文心雕龍・神思篇》）

第二節　詩的概括

詩的藝術構思毫無疑問應該以生活的眞實性爲基礎。詩的藝術構思不管如何巧妙，如果這種構思有損於詩作本身的生活和感情的眞實性，就不能夠取得良好的藝術效果，會使人覺得虛情假意。「四人幫」時期出現過許多長篇大論的專講大話、空話的詩歌，圖解文件，編撰豪言，結果大家不屑一讀，其根本原因是「假」，「假」便顯

得「空」，生活和感情都是假而空的。因此我們講的詩的概括，是指對真實生活的概括和對真實感情的概括。聞一多正是在真實生活的概括和真實感情概括兩個方面進行詩的藝術構思的。這是《紅燭》和《死水》中詩的藝術構思成就之一。

一、在真實生活的概括上，這是形象的概括。這是從現實生活中吸取素材，將它概括到詩裡。

《荒村》由於概括了實際的生活素材，因而構成了解放前荒涼的中國農村的縮影。「他們都上那裡去了？怎麼蝦蟆蹲在甑上，水瓢裡開白蓬；桌椅板凳在田裡堰裡飄著；蜘蛛的繩橋從東屋往西屋牽？門框裡嵌棺材，窗櫺裡鑲石塊！這景象是多麼古怪多麼慘！鐮刀讓它鏽著快鏽成了泥，拋著整個的魚網在灰堆裡爛。」這是一幅多麼可怕的荒涼的村景。選取的生活素材是嚴格的現實主義的。

《洗衣歌》則是對以洗衣為職業的美國華僑之痛苦生活所做的概括。「我洗得淨悲哀的溼手帕，我洗得白罪惡的黑汗衣，貪心的油膩和慾火的灰，……你們家裡一切的髒東西，交給我洗，交給我洗。」幾句詩便勾勒了洗衣華僑的苦難。一年到頭，一天到晚，都在痛苦之中，「年去年來一滴思鄉的淚，半夜三更一盞洗衣的燈」，也寫出了他們對祖國的懷念。這首詩裡也概括了洗衣華僑對種族歧視，對階級壓迫的反抗，「你說洗衣的買賣太下賤，肯下賤的只有唐人不成？你們的牧師他告訴我說：耶穌的爸爸做木匠出身，你信不信？你信不信？」這樣，經過詩的概括以後，《洗衣歌》不只是喊出了被侮辱的洗衣華僑的呼聲和他們的反抗，已經又昇華到另一個具有典型意義的境界，就是被侮辱者要把世界上一切醜惡而骯髒的東西，都來好好地洗，徹底地洗，正如吳晗同志所說的：「他從有字的洗衣歌寫出了一首無字的洗衣歌，勇敢地勤勞地為新中國做洗衣人。」（《聞一多的道路‧序》）

《死水》詩集中另外一些詩，如《天安門》、《罪過》、《飛毛腿》等等，也都是真實生活的概括。經過詩人把具體的生活素材加

以詩的概括以後，就形成了有完整的詩的藝術構思的詩篇，這些詩篇塑造了詩的藝術畫面，詩的概括使它具有了典型的思想意義。聞一多用實際的作品向我們表明，在眞實生活的基礎上進行詩的概括，是詩歌塑造典型形象和典型情感的很好的途徑。

二、在眞實感情的概括上，這是抽象的概括。這是詩人從自己的思想感情裡，或者是從所要描寫的人物的思想感情裡吸取素材，將這些抽象的思想感情概括到詩裡。《紅燭》中的《色彩》正是詩人概括了自己生命的意義，體現了自己眞實的思想感情，因而是對生命的熱愛動人的謳歌：

> 生命是張沒價值的白紙，
>
> 自從綠給了我發展，
>
> 紅給了我情熱，
>
> 黃教我以忠義，
>
> 藍教我以高潔，
>
> 粉紅賜我以希望，
>
> 灰白贈我以悲哀；
>
> 再完成這幀彩圖，
>
> 黑還要加我以死。
>
> 從此以後，
>
> 我便溺愛於我的生命，
>
> 因為我愛他的色彩。①

這是一首歌詠美麗的生命的小詩。用的是抽象的語言，進行的是抽象的概括，但是它是詩。詩人對自己眞實的感情安排了多麼巧妙的藝術構思，進行了多麼巧妙的詩的概括。紅、黃、藍、白、黑等色

---

①湖北版《聞一多全集》Ⅰ，第 105 頁。

彩，常人想不到的用處，諺語云「事有湊巧」，巧就巧在詩人把每種
顏色都安排了用處，賦予色彩新的意義，用它來概括一個人生命的各
個方面，加深了主題的思想意義。將眞實的感情經過詩的藝術概括以
後，《色彩》一詩，不只是概括了詩人一個人對生命的熱愛，它已經
從點到面，由此及彼，從個別到一般，使主題思想具有了普遍性，已
經昇華到另一個具有典型意義的境界，即人的生命是可愛的，而生活
著是有意義的，成爲一首鼓舞人上進的詩篇。

　　《紅燭》中的《紅豆篇四十一》，這首詩是對自己戀愛過程中各
種眞情實感做的很好的概括：

> 有酸的、有甜的、有苦的、有辣的。
>
> 豆子都是紅色的。
>
> 味道卻不同了。
>
> 辣的先讓禮教嘗嘗！
>
> 苦的我們分著圍圍地吞下。
>
> 酸的酸得像梅子一般，
>
> 不妨細嚼著止止我們的渴。
>
> 甜的呢！
>
> 啊！甜的紅豆都分給鄰家做種子罷！①

　　多麼奇特！酸甜苦辣一般人都用來描寫複雜的感情，而詩人則通
過了巧妙的詩分別給予酸甜苦辣以新的含義，注入新的詩情，詩的藝
術構思就顯得特殊了。這種巧妙的概括緊密了詩的結構。開門見山就
提出酸甜苦辣，當詩將酸甜苦辣各賦予新的含義後，詩就完滿結束
了。這在詩的結構上顯得完整，渾然天成，使詩的藝術構思增加了巧
妙之感。

---

①湖北版《聞一多全集》Ⅰ，第 121 頁。

　　聞一多的詩就是這樣，他運用對形象的生活素材的概括和對抽象的思想感情的概括來進行詩的藝術構思。這使我們看到，這種詩的概括對於詩的藝術構思來說能起到好幾方面的妙用，一是加強了詩的典型意義，如《荒村》和《洗衣歌》。二是加深了主題的積極性，如《色彩》。三是緊密了結構，如《紅豆篇》四十一。詩的概括使得詩的藝術構思出新。詩的概括能起到上述幾個方面的妙用，哪怕只是一個方面的妙用也好，那就是好詩了。

　　巧和妙這兩方面是個辯證統一的關係，光有巧，光有統一，但是沒有妙，沒有辯證法，即使把素材都統一在詩中形成詩的概括，但是卻會使人感到虛情假意，羅列現象，平鋪直敘，不能出新，反而會泯滅了真實動人的生活素材和感情素材，至少不能留給讀者以突出的印象。聞一多的詩好就好在既有巧又有妙。《聞一多先生的書桌》一詩很巧地把桌上的文具做了詩的概括，墨盒、字典、信箋、毛筆、鋼筆、鉛筆、香爐、鋼表等等都統一到了詩中，但是妙在他以新的想像分別賦予各個文具以不同的形象，使藝術構思新穎動人。由此可見，諺語云「無巧不成書」，但是對於詩來說，應當是「無妙不成詩」，諺語又有「妙語驚人」，這「妙語」二字，不僅是指詩句而言，更主要的是指詩的藝術構思而言。聞一多的詩妙就妙在每篇詩中都有新的藝術構思，它或而是創造性的想像，或而是奇巧的詩的概括，讀後使人驚嘆不已。

　　詩人就是應該像聞一多那樣苦苦磨練「妙」的藝術構思的才能。蘇東坡是個詩人，他就知道寫詩要具備這個「妙」的藝術構思的本領，所以他說：「文章本天成，妙手偶得之」，這個「妙手」就是指具有巧妙的藝術構思才能的人，這個「偶得之」，不要理解成「忽然」或「偶而」得到，應該將它理解成：「踏破鐵鞋無覓處，得來全不費功夫」，不先踏破鐵鞋去苦苦尋找，哪能忽然就「偶得之」呢？聞一多正是這樣，他對詩下了苦功夫，具有百改不厭的優良作風和傳統，例如，1922 年 9 月 29 日他給梁實秋、吳景超信中說道：「背面

抄的《紅燭》數首，改得不像樣，太對不起；我看過一次舊作就想改他一次，不知幾時改得完！」請看，這就是他對待寫詩的態度，千錘百鍊，精益求精，這樣他才能夠做到蘇東坡說的「妙手偶得之」。

詩的概括是詩的藝術構思不可忽視的手法。我們研究聞一多的詩時發現，他總是依據時代的要求而提出積極的健康的主題，對生活或感情進行詩的概括。他在《文藝與愛國》一文中竭力主張熱血不僅要流在天安門，而且也要流在筆尖，流在紙上。因而他寫大量的愛國詩便是為了喚醒人們愛國，這些愛國詩是他的熱血流在紙上的具體表現。他的愛情詩也是健康的，引導人向上的，《給左明的信》中提出寫愛情詩要注意「普遍性」，不要使人感到只是兩個人的事情；在《論「悔與回」》中他又提出寫詩要有「暗示性」，不要赤裸地用些不雅的字句，如「生殖器的暴動」等；在《冬夜評論》中，他痛斥色情；於是他的愛情詩就顯得高雅、純真、健康、積極。可見，他是依據現實的需要而對生活素材和感情素材進行詩的概括的，這就是「有的放矢」。聞一多運用詩的概括來進行詩的藝術構思，這一點經驗對我們今天從事詩歌創作來說，也是值得學習的。今天我們也要依據建設四化的時代要求而進行創作，對建設現代化的壯麗的生活與豐富的感情進行詩的概括，使詩的藝術構思的質量大大提高一步，出現更多鼓舞人民同心同德建設四化的好詩。

第三節　凝神提煉

生活實踐（包括今天的和昨天的）總是比詩中所歌詠的美，正由於這點，詩人一定要深入生活，關切生活，熱愛生活，才能夠寫出美的詩，反映出生活的美。但是就詩而言，這是一種特殊的文學形式，要求在簡短的篇幅和字句裡，表現出的內容，容納最多的生活素材和感情素材。這樣寫詩就要求凝神化。它的特點是不拘泥於去刻畫生活的整體形貌，而是用一粒沙子見世界的方式，抓住最有特徵性的典型

形象或細節，把事物神態表現出來；同時又抓住最有特徵性的關鍵時間，把感情神態歌詠出來；或是抓住這生活和感情的整體，凝聚成一句份量很重的詩句，在最後一句爆發出來。這就是詩的凝神化，而詩的凝神是要通過藝術的提煉才能夠達到的，將多采的生活壓縮在一點上表現出來。

　　高度的凝神提煉能夠使詩的藝術構思從個別表現一般，而不至於一般化、概念化。這是聞一多的詩創作中詩的藝術構思又一個成就。

　　首先我們來看看，聞一多不拘泥於刻劃生活的整體形貌，而是抓住最有特徵性的典型形象，把他要描述的對象的神態表現出來。這是凝神提煉的特點之一。1922 年，二十四歲的聞一多離開祖國到世界上最繁榮的國家——美國去留學，儘管他到了著名的芝加哥，但是，勤學向上，奮發有為的聞一多絲毫不欣賞美國這個「金元帝國」，而是懷著「孤寂的流落者」的心情，面對著資本主義的花花世界，眼看著美國人民和華僑的大多數窮困的生活，他「拼著寸磔的愁腸，泣訴那無邊的酸楚。」（《孤雁》）這年 8 月，他寫下著名的懷念祖國的詩篇《孤雁》，傾訴了流落於異國他鄉，遭遇了各種凌辱，終於強烈感覺到了自己是一個痛苦的「失群的孤客」。用的就是凝神提煉的手法來進行詩的藝術構思的：

> 啊！那裡是蒼鷹底領土——
> 那驚悍的霸王啊！
> 他的銳利的指爪，
> 已撕破了自然底面目，
> 建築起財力底窩巢。
> 那裡只有銅筋鐵骨的機械，
> 喝醉了弱者底鮮血，
> 吐出些罪惡底黑煙，
> 塗污我太空，閉熄了日月，

教你飛來不知方向，

息去又沒地藏身啊！①

詩人並沒去描述美國各方面的生活，那樣就會把詩寫得一般化。他只抓住最有特徵的典型形象——鷙悍的霸王蒼鷹，用凝神化的手法，寫蒼鷹如何喝醉了弱者底鮮血，短短的十多行詩句，就以形象敘出了資本主義的罪惡。他用一種想像塑造了一個看來是幻想的境界，講的是蒼鷹，但卻對美國現實生活做了典型詩的概括，它是一個「腥臊的屠場」，抓住一點體現本質便是凝神提煉手法鮮明的特徵。前面談到的《憶菊》也是用這種手法進行藝術構思的。詩人歌頌祖國為了避免一般化，只抓住一個最有象徵意味的中國菊花來塑造莊嚴燦爛的祖國文化的面貌，將菊寫活了，讀後不禁使人掩卷深思，更加熱愛我們的祖國。

再看看《紅燭》中《爛果》這首詩：

我的肉早被黑蟲子咬爛了。

我睡在冷辣的青苔上，

索性讓爛的越加爛了，

只等爛穿了我的核甲，

爛破了我的監牢，

我的幽閉的靈魂，

便穿著豆綠的背心，

笑迷迷地要跳出來了！②

這首詩歌詠在黑暗社會裡奮發向上的靈魂，用凝神提煉手法進行

①湖北版《聞一多全集》Ⅰ，第80頁。

②湖北版《聞一多全集》Ⅰ，第105頁。

詩的藝術構思，把自己比作一個爛果，肉體儘管會被黑蟲子（即黑暗的現實）咬爛摧殘，但他絕不能摧殘得了他的靈魂，他的靈魂將跳出來參加光明的行列。這小詩頗象徵地表現了他一生，詩人最後果然「笑迷迷地跳出來」參加了人民大革命，壯烈地犧牲。

　　現在我們再來看看聞一多又是怎樣抓住最有特徵的關鍵時間，來把感情的神態歌詠出來。這是凝神提煉的特點之二。《紅燭》中有首《死》：

> 啊！我的靈魂底靈魂，
> 我的生命底生命，
> 我一生底失敗，一生底虧欠，
> 如今都在你身上補足追償，
> 但是我有什麼
> 可以求於你的呢？
>
> 讓我淹死在你眼睛底汪波裡！
> 讓我燒死在你心房底熔爐裡！
> 讓我醉死在你音樂底瓊醪裡！
> 讓我悶死在你呼吸底馥郁裡！
>
> 不然，就讓你的尊嚴羞死我！
> 讓你的酷冷凍死我！
> 讓你那無情的牙齒咬死我！
> 讓那寡恩的毒劍螫死我！
>
> 你若賞給我快樂，
> 我就快樂死了；
> 你若賜給我痛苦，

我也痛苦死了;

死是我對你唯一的要求,

死是我對你無上的貢獻。①

　　這首詩裡,有著多麼熾烈的愛情的火焰,讀著它,會燙著天下情人的心。每句詩歌詠的是死,但每句詩表現的是愛情。它是在求愛的時間侷促地讀出來的,一口氣用了十四個排比句,把激烈的感情神態充分地表現出來了。這種凝神的手法,這種在侷促的時間裡一口氣歌詠出激烈的感情,充分表現感情的神態,在郭沫若的《女神》裡也完整地體現過,例如:在《女神》中,《天狗》一口氣喊出三十七個我,《晨安》一口氣喊出二十八個晨安,《太陽禮讚》一口氣喊出八個太陽。這種在侷促的關鍵時間,一口氣把感情神態歌詠出來,就是凝神提煉手法的詩的藝術構思又一個特點。但郭沫若《女神》的詩是自由式的開放的。

　　同時,我們再看看,聞一多又是怎樣在自己的詩歌裡抓住生活和感情的整體,凝聚成一句份量很重的詩句,在最後一句突然爆發出來的呢?這是凝神提煉的特點之三。這最後一行詩通常都是最關鍵性的一句,起著畫龍點睛之功,即是說,他經常是把他的新詩的「詩眼」,或曰「句中眼」,放在最後一句,成為關鍵的「壓台句」,成為開啟全詩光彩奪目感情閘門的一把理智的鑰匙,使你讀到這壓台句以後,感到激動振奮而永遠難忘。而聞一多《死水》的詩卻是格律化的莊重的。

　　下面是他最著名的兩首充滿愛國主義思想的詩篇,從這兩篇詩裡,我們可以看見他是如何來凝神提煉最後一句詩的。

　　先來看《發現》:

---

①湖北版《聞一多全集》Ⅰ,第53頁。

　　我來了，我喊一聲，迸著血淚，

　　「這不是我的中華，不對，不對！」

　　我來了，因為我聽見你叫我；

　　鞭著時間的罡風，擎一把火，

　　我來了，不知道是一場空喜。

　　我會見的是噩夢，哪裡是你？

　　那是恐怖，是噩夢掛著懸崖，

　　那不是你，那不是我的心愛！

　　我追問青天，逼迫八面的風，

　　我問，拳頭擂著大地的赤胸，

　　總問不出消息；我哭著叫你，

　　嘔出一顆心來，──在我心裡！①

　　這是一首短短的十二行的小詩。詩人在這極短的詩行裡，卻寫一個很大的主題：熱愛祖國。詩人以「我的心」做為詩的意境的主體，然後展開細膩動人的心理過程的描寫，前十一句，他高度凝鍊在祖國經歷的半封建半殖民地一步步淪為各帝國的殖民地，空虛、噩夢、死怖、絕望、哭叫，這一系列痛苦的過程，最後到達悲憤的高潮，喊出最關鍵的一句：「嘔出一顆心來──在我心裡。」從而表現了：⑴回到祖國以後所面對的「噩夢掛著懸崖」般的「恐怖」；⑵和他所經歷的痛心疾首的失望；⑶對祖國嘔心瀝血的熱愛。聞一多心理發展過程壓縮在十二行中，這也是倒敘他感情的醞釀，把感情凝鍊在一個爆發點上。排比了三個「我來了」，一下子先聲奪人地把悲憤的愛國熱忱很強烈地推到讀者面前，使人震動、感動，最終行動。

　　再來看《一句話》：

①湖北版《聞一多全集》Ⅰ，第153頁。

有一句話說出就是禍，

有一句話能點得著火。

別看五千年沒有說破，

你猜得透火山的緘默？

說不定是突然著了魔，

突然青天裡一個霹靂

　　爆一聲：

「咱們的中國！」

這話叫我今天怎麼說？

你不信鐵樹開花也可，

那麼有一句話你聽著：

等火山忍不住了緘默，

不要發抖、伸舌頭、頓腳，

等到青天裡一個霹靂

　　爆一聲：

「咱們的中國！」①

　　這是一首歌頌祖國光明未來的小詩。既表現了對祖國「春天裡一個霹靂」一樣的猛烈覺醒，又表現了對祖國強大的熱烈呼喚。這首詩好像一座火山。詩人對軍閥混戰、祖國衰敗、外強欺凌的局面悲憤痛楚，前八句高度凝鍊了五千年中國人民抗爭外來侵略的內容和人民的覺醒，後八句點出鐵樹必將開花，中國定要強大，火山必會爆發。最後一句是最高潮，爆一聲：咱們的中國。何其芳同志曾贊揚聞一多的詩有「熱烈的愛國思想，構思新穎，表現有力。」他特別強調：「好的詩歌首先要有好的構思，沒有新鮮的構思，很有特色的構思，哪能

---

①湖北版《聞一多全集》Ⅰ，第 155 頁。

寫出精采的作品來呢？」（見何其芳《詩歌欣賞》）聞一多的《發現》和《一句話》，最後一句「詩眼」最主要的特點就是建立在新穎別致的藝術構思的基礎上，使他的熱烈的愛國思想更加感人。

　　最後，再來看看《死水》中《春光》這首詩。這首詩在表現凝神提煉的藝術技巧時，也是十分典型的。

　　　靜得像入定了的一般，那天竹，
　　　那天竹上密葉遮不住的珊瑚；
　　　那碧桃；在朝暾裡運氣的麻雀。
　　　春光從一張張的綠葉上爬過。
　　　驀地一道陽光晃過我的眼前，
　　　我眼睛裡飛出了萬枝的金箭，
　　　我耳邊又謠傳著翅膀的摩聲，
　　　彷彿有一群天使在天空中巡邏……

　　　忽地深巷裡迸出了一聲清籟：
　　　「可憐可憐我這瞎子，老爺太太。」①

　　前八句用凝神提煉的藝術技巧，盡情地描述了大好的春光。突然，情況急轉直下，「迸出了一聲」：「可憐可憐我這瞎子，老爺太太。」只是這一句，就點出了在舊社會雖然是在美麗的春天但是人民卻經歷著無邊的苦難。這首詩的藝術構思多麼的奇異別致！

第四節　心理描寫

　　充分的心理描寫是生活的真實反映於詩的真實的核心。這種充分

────────────

①湖北版《聞一多全集》Ⅰ，第148頁。

的心理描寫必須是合乎生活本身的邏輯性，使人易於理解，才能有助於加強詩的真實性，成功地進行詩的藝術構思。充分的心理描寫會使詩的藝術構思細膩動人，必使人感到詩中有真情實意而不是虛情假意。聞一多在詩的藝術構思上是很重視心理描寫的。

一、有一類詩是完全進行心理描寫的。他往往以「我」做為詩中的主人翁，盡情的剖析自己的心理狀態，加以淋漓盡致地描寫。像《口供》、《一個觀念》、《發現》、《祈禱》等詩，詩中有燙人的愛國思想，其所以感人，是因為對「我」的心理描寫細膩感人。「我來了，我喊一聲，迸著血淚，『這不是我的中華，不對，不對！』」（《發現》）面對苦難的祖國，這是一個人多麼痛苦的心理描寫。「啊，橫暴的威靈，你降伏了我，你降伏了我！你絢縵的長虹——五千年我的記憶，你不要動，如今我只問怎樣抱得緊你……」（《一個觀念》）面對有五千年古老文明的祖國，這又是一顆多麼熾烈的熱愛祖邦的心靈。還有《祈禱》，是對古老的中華偉大而光榮的歷史苦苦地追尋，這又是一個愛國者多麼崇高精神的表現。

他又往往以「你」做為詩中的主人翁，從另一個角度來進行心理描寫，詩的藝術構思也就起了相應的變化。如：《你看》、《也許》等詩。「你眼前又陳列著青春的寶藏，朋友們，請就在這眼前欣賞；你有眼睛請再看青山的巒峰，但莫問那山外探望你的家鄉。你聽聽那枝頭頌春的梅花雀，你得揩乾眼淚和他一只歌。朋友，鄉愁最是個無情的惡魔，他能教你眼前的春光變做沙漠。」（《你看》）這裡處處描寫的是「你」的對家鄉的懷念，但是卻處處刻劃的是「我」的心理活動，描寫的角度變了以後，心理活動便突出了，詩的藝術構思就顯得出新。

他也往往以「他」或「她」做為詩中的主人翁，從又一個新的角度來進行心理描寫，使詩的藝術構思別具一格。如：「忘掉她，像一朵忘掉的花！像春風裡一齣夢，像夢裡的一聲鐘。忘掉她，像一朵忘掉的花！」（《忘掉她》）這裡處處描寫的是「她」（不幸夭折的瑛

兒），但是卻處處表現的是「我」對瑛兒的悼念，通篇詩的藝術構思顯得面目一新。

　　請看，聞一多運用心理描寫法來進行詩的藝術構思，也是多種多樣的。他忽兒採用第一人稱，忽兒採用第二人稱，忽兒又採用第三人稱，變化多端，使人眼花撩亂。杜甫說過：「詩清立意新。」聞一多的詩貴就貴在每一篇都有「新」字，構思新，使得詩的藝術常青。

　　二、有一類詩是部分進行心理描寫的。他在描述一幅圖景時，總要穿插上主人翁的話，以剖析主人翁的心理活動。《罪過》這首詩並沒有完全進行心理描寫，但是，在敘述他的苦難的生活時，用老頭兒講的話點出老頭兒心理活動的特徵性，這樣便突出了詩的思想意義：

> 老頭兒和擔子摔一跤，
> 滿地是白杏兒紅櫻桃。
> 老頭兒爬起來直哆唆，
> 「我知道我今日的罪過！」
> 「手破了，老頭兒你瞧瞧。」
> 「唉！都給壓碎了，好櫻桃！」
>
> 「老頭兒你別是病了罷？
> 你怎麼直楞著不說話？」
> 「我知道我今日的罪過，
> 一早起我兒子直催我。
> 我兒子躺在床上發狠，
> 他罵我怎麼還不出城。」
>
> 「我知道今日個不早了，
> 沒想到一下子睡著了。
> 這叫我怎麼辦，怎麼辦？

回頭一家人怎麼吃飯？」

老頭兒拾起來又掉了，

滿地是白杏兒紅櫻桃。①

這首詩關鍵的地方在於老頭兒說的話，這鮮明地反映出他的心理狀態。這樣的藝術構思產生了強烈的藝術感染力，激起了讀者對於老頭兒深切的同情。如果對老頭兒的苦難生活，不同他內心的活動聯繫起來寫，便會顯得一般，而不具備使人憐憫和同情的內在條件。現在，通過他說話，不僅唯妙唯肖地表現了善良的老頭兒悲痛的形象，而且更加突出了他的焦急苦痛的心理活動。這種心理描寫顯然加強了生活的真實性，因而必然增加了感染力。如果聞一多沒有對於解散前北京人民苦難生活細緻入微的觀察，是不可能寫得這麼深刻的。

關於愛情詩，進行心理描寫就更為重要。《紅燭》中的愛情詩，是對戀人們的心理描寫十分成功的作品。

(1)青年追求姑娘時的心理活動：

愛人啊！你是個國手；

我們來下一盤棋；

我的目的不是要贏你，

但只求輸給你——

將我的靈和肉

輸得乾乾淨淨。

（《國手》）②

這首小詩藝術構思新奇，比喻特別，不止是下棋，更重要的是體現了

---

①湖北版《聞一多全集》Ⅰ，第 158 頁。

②湖北版《聞一多全集》Ⅰ，第 58 頁。

追求時的心理活動，處處都順從被追求者。

　　(2)戀人久別重逢時的心理描寫：

> 我們有一天，
>
> 相見接吻時，
>
> 若是我沒小心，
>
> 掉出一滴苦淚，
>
> 漬痛了你的粉頰，
>
> 你可不要驚訝！
>
> 那裡有多少年底
>
> 生了鏽的情熱底成分啊！

（《紅豆篇》十二）①

這種心理活動顯得少年人的溫柔與純眞，在久別重逢時表露出來了！

　　(3)對戀人心心相印的心理描寫：

> 我把這些詩寄給你了，
>
> 這些寫你若不全認識，
>
> 那也不要緊。
>
> 你可以用手指
>
> 輕輕摩著他們，
>
> 像醫生按著病人的脈，
>
> 你許可以試出
>
> 他們緊張地跳著，
>
> 同你心跳底節奏一般。

（《紅豆篇》十四）②

---

①湖北版《聞一多全集》Ⅰ，第 110 頁。

②湖北版《聞一多全集》Ⅰ，第 111 頁。

這首詩使人感到親切、樸素，由於它描寫了戀人的眞情。特別是它的創意出奇的比喻，使人感到妙不可言。戀人們內心細微的變化，都能像按脈那樣發現。

(4)失戀者複雜的心理活動：

> 你指著太陽起誓，叫天邊的寒雁
> 說你的忠貞。好了，我完全相信你，
> 甚至熱情開出淚花；我也不詫異。
> 只是你要說什麼海枯，什麼石爛⋯⋯
> 那便笑得死我。這一口氣的工夫
> 還不夠我陶醉的？還說什麼「永久」？
> 愛，你知道我只有一口氣的貪圖，
> 快來箍緊我的心，快！啊，你走，你走⋯⋯
>
> 我早算就了你那一手──也不是變卦──
> 「永久」早許給了別人，糟糠是我的份，
> 別人得的才是你的菁華──不壞的千春。
> 你不信？假如一天死神拿出你的花押，
> 你走不走？去去！去戀著他的懷抱，
> 跟他去講那海枯石爛不變的貞操！

（《你指著太陽起誓》）①

這裡充分描寫了失戀者矛盾交織心情。起初是完全相信指著太陽發的誓言，然後便深一層地剖析心裡的種種不信任。從描寫失戀者的心理活動入手，將詩所描寫的時間凝聚在兩個戀人分手的一刹那間，採取嚴格的格律詩的形式，這種失戀的愛情詩別具一格。

---

①湖北版《聞一多全集》Ⅰ，第 128 頁。

　　以上四種心理描寫：追求、重逢、心心相印、失戀，寫得多麼天真、爛漫、眞純、樸素，這種心理描寫都是生活中的細節描寫，特別能體現詩中感情的眞實性，如果在愛情詩中沒有戀人的心理描寫，詩就會變成空洞抽象、乾燥無味的「說明書」，感情乾癟，思想僵化，想像缺乏，詩意毫無。現在有的報刊上發表的某些愛情詩，一個通病就是政治加愛情，迴避心理描寫，新式的封建氣味濃厚，不能感人。

　　從上面所引列的詩可以說明，聞一多在進行心理描寫時，注意了詩意的普遍性，不管詩人是用第幾人稱來寫詩，都抓住個別而表現了一般，講的是一個人的心理活動，寫的卻是千萬人的共同心聲。特別是寫愛情詩，更要注意詩意的普遍性，不要使人以爲是兩個人的私事。正像聞一多 1928 年 2 月《給左明先生》一文中說的：「划船姑娘固然可以引起你的愛憐，但是也未始不可引起一般人的愛憐。你若把你和她兩人的關係說得太瑣碎，太寫眞了，讀者便覺得那是你們兩人的私事，與第三者無關。你要引起讀者的同情，必須注意文學的普遍性，然後讀者便覺得那種經驗在他自身也有發生的可能，他便不但表同情於姑娘，並且同情於你。然後讀者與作者契合爲一，──那便是文學的大成功了。」（《聞一多全集》III）由於聞一多有這種見解，因此他寫的愛情詩，就注意到了心理活動的普遍性。

第十章 聞一多錘鍊詩句的藝術技巧

關於運用煉句、煉字的藝術技巧來增加詩人所選的題材的詩意，這一點並不一定為現在寫新詩的人們所認識。有一些同志對錘鍊詩句的藝術技巧並不了解，而只憑個人的好惡，把以聞一多為代表的錘鍊詩句的藝術技巧認為是不可取的和不能提倡的，什麼「刻意追求失去自然」，「濫用古人寫近體詩鍊字的死經驗」，①只用幾句話就把聞一多錘鍊詩句的藝術技巧說得一無是處。但是，任何一個嚴肅認真，一絲不苟的對待自己的詩歌創作的詩人，恐怕沒有一個不是反覆修改，反覆推敲，反覆錘鍊，反覆研磨自己的作品的，從詩的藝術構思，直到每一句詩，每一個字。

「五四」以來新詩的創立有一個優良的傳統，就是以聞一多為代表的錘鍊詩句的藝術作風，他的詩以鍊句鍊字而聞名，它曾經轟動一時，為後來許多詩人所繼承和發展，這一點還沒有引起現今詩人高度的重視。因此在本章中來探索一下詩人聞一多錘鍊詩句的藝術技巧，想引起大家對這個問題的注意。

第一節　鍊句

鍊句是把普遍概念化的語言變成詩的形象化的語言，使之和詩的藝術構思的總體一致起來，並強化詩的藝術構思。這也是提高詩的質量的一個重要方面。

---

①姚雪垠對徐遲同志《關於詩歌的意見的意見》，《詩刊》1978 年 12 月。

　　從《紅燭》和《死水》進行分析，聞一多鍊句包括下述三個方面，第一，對描繪抽象詩句的鍊句。第二，對描繪實際事物詩句的鍊句。第三，一句一畫。茲分述如下：

　　一、對描繪抽象意象詩句的鍊句：

　　聞一多善於把描繪抽象的思想概念的詩句，變成形象的詩的語言表現出來，把概念擬物化，把思想範疇的描述具體化。就是說把不可捉摸的思想概念，變成能看得見摸得著的實物。這是他鍊句的本領之一。

　　⑴把概念擬物化，如：

　　　　青春像隻唱著歌的鳥兒，
　　　　已從殘冬窟裡闖出來，
　　　　駛入寶藍的穹窿裡去了。

　　　　　　　　　　　　（《紅燭‧青春》）

　　　　黃昏是一頭遲笨的黑牛，
　　　　一步一步的走下了西山，
　　　　不許把城門關鎖得太早，
　　　　總要等黑牛走進了城圈。

　　　　　　　　　　　　（《死水‧黃昏》）

　　　　黑暗好比無聲的雨絲，
　　　　慢慢往世界上飄洒……

　　　　　　　　　　　　（《紅燭‧黃昏》）

　　「青春」、「黃昏」、「黑暗」等等都是抽象名詞，但詩人把概念擬物化，青春變成了小鳥，黃昏變成了黑牛，黑暗變成了雨絲，就把抽象的概念寫得有聲有色了。用形象代替了抽象。

(2)把思想範疇的描述具體化了，如：

你那被愛蜜餞了的肥心，人們講，

本是為滋養些嬉笑的花兒的，

如今卻長滿了愁苦底荊棘——

他的根已將你的心越細越緊，越纏越密。

（《紅燭·十一年一月二日作》）

高步遠蹠的命運

從時間底沒究竟的大道上踱過；

我們無足輕重的蟻子

糊里糊塗地忙來忙去，不知為什麼，

忽地裡就斷送在他的腳跟底……

（《紅燭·十一年一月二日作》）

切莫把我們的心，

冷的變成石頭一個

讓可怕的矜驕底刀子

在他上面磨成一面的鋒，兩面的鍔。

（《紅燭·謝罪以後》）

　　上面引的三小段詩有一個共同點，就是對愛情心理的描述，對命運的描述，對友情的描述等這些抽象化的東西逐句的推敲，一齊變成了詩的形象語言，因而給我們以強烈的感染。描寫愛情的用荊棘的根緊緊纏著的形象，用踩死螞蟻的形象比喻命運，用石頭比喻冷酷，用刀子比喻驕傲，這種把抽象的語言轉成形象的語言，而又變得如此出新，是聞一多錘鍊詩句的特色。

　　從下面這些例子，我們會對這一點看得更清楚，例如，他寫寂靜

這樣一種看不見的觀念，「寂靜的重星正壓著池水，連面皮也皺不動。」（《回顧》）用這種具體的寫法，便把寂靜這樣一種看不見的觀念具體化了。再如，他寫記憶這樣一種抽象的論題，「生活底紙可以撕成碎片，記憶底筆跡永無磨滅之時。」（《記憶》）把記憶比喻成筆跡，把生活比喻成紙，總之是把抽象變形象，把空洞變具體，把普通口語錘鍊成詩的語句。三如：前面引到的《太陽吟》，是專門歌詠熱愛家鄉的。其中有這樣幾句：「太陽啊！——神速的金鳥——太陽！讓我騎著你每日繞行地球一周，也便能天天望見一次家鄉！」看！想像何等奇特，把太陽比成金鳥是我國著名后羿射日神話的創造，詩人繼承了人民不朽的想像，具有創造性地發展成騎著太陽繞行地球一周天天望著家鄉，這是純粹中國式的想像，詩人運用了將抽象變形象的藝術技巧，便把熱愛家鄉熱愛祖國的觀念具體化又詩意化了。

總之，青春、命運、黑夜、寂靜、記憶、愛情、愛家等等，這些都是抽象的論題，在詩人的筆下，概念都錘鍊成了可以摸得著的、看得見的、分得清的詩句，給你以想像和回味，鍊句的技巧鬼斧神功，詩行燦爛奪目。

二、對描繪實際事物詩句的鍊句：

上面所述，我們看到他對描繪抽象意思的詩句是採取形象化來錘鍊詩句的，但是他對描繪實際事物的詩句，又怎麼處理呢？這些實際事物本身就是具體的形象的。細讀他的詩，我們才明瞭，他往往把這一種實際事物，不加以正面的單純的描寫，而是把這一種實際事物，用另一種經過詩人的頭腦奇妙構思的詩景套寫出來，使得這一種實際事物格外特殊，使人印象猶深，而讚嘆詩人的細膩的「詩功」。

他在描寫楓葉兒飄落這一個實際情況時，用了另外一個經過奇特構思的燕子掠水的詩景來描寫。不直寫，而是拐一道彎子：「幾張剪形的楓葉，彷彿硃砂色的燕子，直斜地在水面上，旋著，掠著，翻著，低昂著。」（《秋色》）這樣轉一個彎子來寫，就把楓葉飄落的

詩景寫活了，構思別致，詩意盎然。

他在描寫夜間下雪這一個實際情況時，用了另外一個經過奇特構思的穿大衣的詩景來描寫，也是拐了一個彎子：「夜散下了無數茸毛似的天花，織成一片大氅，輕輕地將憔悴的世界，從頭到腳包了起來。」（《雪》）這是轉個彎子套寫，這種將雪寫成大氅，是聞一多這隻神毛獨特的創造。

他在描寫稻田邊的瓦屋這一個實際情況時，也是別出心裁，用了另外一個詩的境界來加以套寫：「面對一幅淡山明水的畫屏，在一塊棋盤似的稻田邊上，蹲著一座看棋的瓦屋，緊緊地被捏在小山底拳心裡。」（《二月廬》）稻田——構思成棋盤，瓦屋——構思成看棋人，小山——構思成拳心，請看他在錘鍊每一句詩句時，都要認真細緻地構思一番，而這些詩句單獨的構思又是何等新穎，千變萬化。

這一種鍊句法也可稱為景套景的方法。這一種藝術技巧在他詩中運用得十分普遍。有兩個特點。第一個特點是重視描寫的角度。聞一多也是一個畫家，頗講究選擇繪畫的角度。如：

> 亭子角上幾根瘦硬的
> 還沒趕上春的榆枝，
> 印在魚鱗似的天上，
> 像一頁淡藍的朵雲箋。

（《紅燭·春之首章》）

他在描寫亭邊的榆枝這一個實際情況時，好比照相，他所選擇的藝術角度是從下向上，以藍天做為整個畫面的背景。上面舉的《秋色》中描寫楓葉飄落用的是燕子掠水的詩景，他所選擇的角度就是從上向下的。

第二個特點是重視事物的比喻。只有比喻才能把事物寫活。如：

　　可是瞌睡像雙秋燕，

　　在我眼簾前掠了一周，

　　忽地翻身飛去了，

　　不知幾時才能回來呢？

　　　　　　　　　　　　　　　　（《紅燭‧睡者》）

　　這裡就是把一個失眠，比喻成一雙秋燕飛去了。沒有比喻也就沒有了詩的特色。上面舉列的《秋色》、《雪》、《二月廬》、《春之首章》等詩中的實際都說明了這一點。

　　總之，他鍊句運用景套景的藝術技巧，即在每一句裡都有構思之功。以重疊式表現出來，在一個實際事物上套寫出一個和幾個詩的境界。

　　三、一句一畫：

　　聞一多鍊句第三個著眼點在於一句一畫的藝術技巧。他對於詩句的分行歷來有他獨特的見解，例如他在 1930 年寫了一篇《論「悔與回」》，說道：「（三）長篇的『無韻式』的詩，每行字數似應多點才稱得住。（四）句子似應稍整齊點，不必呆板地限定字數，但各行相差也不應太遠，因為那樣才顯得有分量些。以上兩點是我個人的見解，或許是偏見。我是受過繪畫的訓練的，詩的外表的形式，我總不忘記。」（《聞一多全集》III）我們可以將此概括成詩句的「份量說」，每行詩既要求份量，那就要有內容，一句一畫，就是他詩句「份量說」的實踐的表現形式。此點現在看來也是可取的，因為詩的外表的形式，也是詩的藝術性的一個組成部分。

　　這樣，他的詩就顯得十分謹嚴和精鍊，每句詩都有份量，一句詩畫出一幅畫，讀一句就能給你一個詩的意境。他對每行詩中所包含的內容，要求極其嚴格。對每一句中的詞彙都要進行選擇和推敲，絕不講一句廢話。他就是運用這種一句一畫的技術技巧，在一首詩中用多種小畫面，來構成一個大的詩的畫面，呈現出一個藝術上十分完整的

詩的意境,他在這方面的鍊句是十分成功的。

他寫天寒地凍,一句畫出了這樣一個詩的畫面:「天寒風緊凍啞了我的心琴」(《花兒開過了》);他寫熱愛祖國,一句詩便把意境托出:「我愛一幅國旗在風中招展」(《口供》);他寫愛喝茶,一句詩就概括出來了:「我的糧食是一壺苦茶」(《口供》);他寫人在松樹下睡覺,一句點出一個詩境:「撐一傘松蔭庇護你睡」(《也許》);他寫夏夜的涼風,兩句描出了兩幅詩的畫面:「陰風底冷爪子剛扒過餓柳的枯髮,又將池裡的燈影兒扭成幾道金蛇」(《初夏一夜的印象》),寫得何等有詩味。第一句,寫涼風這個不可看見的自然現象,用「陰風的冷爪子」這個形象,寫柳絮則用「餓柳的枯髮」奇特的想像,然後用三個字(錘鍊過的動詞詞組:剛扒過),將這兩副詩景配套起來成為絕妙的詩句「陰風的冷爪子剛扒過餓柳的枯髮」,這個詩句給人印象很深。第二句同樣是用兩景重疊的技巧,把燈影和金蛇兩景配套起來,組成一個詩的意境。

《死水》一詩可謂把一句一畫這樣一種鍊句的藝術技巧推到了詩的藝術的高峰。《死水》一詩是詩人的代表作,談聞一多的詩的藝術技巧,不可能不談《死水》。關於《死水》的主題思想已在第二章中分析過,現在側重分析它的藝術性。《死水》是新詩格律詩的典型藝術品。它有很強的韻律,具有鮮明的音樂性,它每一句都由四個音頓組成,聞一多把音頓叫做「音尺」,兩個字的音尺稱為「二字尺」,三個字的立尺稱為「三字尺」,《死水》一詩每句都由四個音尺組成,其中有二個「二字尺」,一個「三字尺」,但前後句的二字尺,三字尺依據內容的變化而變化,並不是規律排列,現將此詩以音尺劃分排列如下:

> 這是 │ 一溝 │ 絕望的 │ 死水,
>
> 清風 │ 吹不起 │ 半點 │ 漪淪,
>
> 不如 │ 多扔些 │ 破銅 │ 爛鐵,

爽性｜潑你的｜剩菜｜殘羹。

也許｜銅的｜要綠成｜翡翠，
鐵罐上｜鏽出｜幾瓣｜桃花；
再讓｜油膩｜織一層｜羅綺，
霉菌｜給他｜蒸出些｜雲霞。

讓死水｜酵成｜一溝｜綠酒，
飄滿了｜珍珠似的｜白沫；
小珠們｜笑聲｜變成｜大珠，
又被｜偷酒的｜花紋｜咬破。

那麼｜一溝｜絕望的｜死水，
也就｜誇得上｜幾分｜鮮明，
如果｜青蛙｜耐不住｜寂寞，
又算｜死水｜叫出了｜歌聲。

這是｜一溝｜絕望的｜死水，
這裡｜斷不是｜美的」所在，
不如｜讓給｜醜惡來｜開墾，
看他｜造出個｜什麼｜世界。①

　　從詩的藝術範疇來看，聞一多在這首詩前十二句運用了一句一畫的藝術技巧，用十二幅小的畫面，盡力刻畫了一個對黑暗社會絕望的心靈，真是入木三分，奇異迭疊。第一句，寫絕望，用絕望的死水來比喻，既詩意，又形象。第二句寫死寂，用清風吹不起半點漪淪來形

①湖北版《聞一多全集》Ⅰ，第 146 頁。

容，既新穎，又別致。第三句到第十二句，一口氣說出十種醜惡而骯髒的事物： 1.破銅爛鐵， 2.剩菜殘羹， 3.銅綠， 4.鐵鏽， 5.油膩， 6.霉菌， 7.發酵， 8.腐敗的水的白沫， 9.腐敗的水珠，10.偷酒，象徵著對舊社會猛烈地抨擊和否定。用這十二個小的詩的畫面組成了一個大的詩的形象：對腐敗而黑暗的舊社會絕望了的心靈。從而把抽象變形象，和一句一畫這樣兩種藝術技巧完全融匯貫通起來。最後兩段，共八句，總結全詩，深入刻畫詩人對醜惡社會的兩種態度，前一段，不管小爬蟲們（如青蛙之類）如何耐不住寂寞地為醜惡歌功頌德，然而死水終是死水，死水裡的歌聲，不可能把死水變活。這表現了詩人對舊社會渣滓的痛恨；最後一段，詩人用藝術的筆觸，刻畫了自己對醜惡世界所持的否定態度，因為這世界「斷不是美的所在」，因而「不如讓給醜惡來開墾，看他造出個什麼世界。」這包含兩重意思，一是對舊社會惡勢力的蔑視，二是對舊社會惡勢的反抗，冷眼旁觀看世界，看它橫行到幾時，所以聞一多說從他這首詩裡能看出他心中的「火」來，「我只覺得自己是座沒有爆發的火山，火燒得我痛……並且就在《死水》裡感覺出我的火來。」（見給臧克家的信，《聞一多全集》III）統觀全詩，看不出詩人有鑽象牙塔逃避現實的意思。沒有《死水》這座沒有爆發的火山，也就不會有《最後一次的講演》那座爆發的火山。

　　像《死水》這樣思想性和藝術性結合得如此完美的新詩，像《死水》這樣經過詩人千錘百鍊而雕琢成功的詩的藝術品，難道不值得今天的詩人們學習嗎？三〇年代出現的「每句字必一定，寫成一長方塊」（《魯迅全集》）10 卷，第 174～175 頁，《書信·姚克》，1934 年 2 月 20 日）這樣的詩後來被稱為「豆腐乾」詩，它一出世就被人嗤之以鼻，幾乎成了老鼠過街人人喊打，被人做為死拼硬湊的嘲笑的對象，但是，豆腐乾詩做為一種詩的形式來探詩，是有價值的，不能一概否定，有優秀的詩作，《死水》就是一例，它是新詩格律詩的典型之作。

第二節　鍊字

　　鍊字目的也是把普通概念化的語言變成詩的形象化的語言。它也有豐富詩句的詞藻，增添細節的複雜性，充滿思想的內容，強化詩的構思之作用，這也是提高詩的質量的一個重要方面。

　　聞一多鍊字包括五個方面，用五個字來概括，即：色、形、聲、物、動。

　　(1)色。他十分重視有關色彩的詞彙的充實。如：

> 鉛灰雲彩（《李白之死》）
> 鵝黃色的菊花（《口供》）
> 黑緞底頭帕，蜜黃底羽衣，赤銅底喙爪。（《黃鳥》）
> 瑚瑚色的一串心跳（《收回》）
> 海綠色的花翎（《稚松》）
> 紫銅色的晚霞（《劍匣》）
> 黃絲似的光芒（《你看》）
> 鳥金的穹窿（《劍匣》）
> 貞女一般的潔白（《靜夜》）
> 石青的天空（《秋色》）
> 棗紅色的瓣兒（《憶菊》）

　　從上面的例子可見，他慣用於用物質名詞來增加色彩的具體性和形象性，從而也就加強了詩的句子乃至整個詩的畫面的形象化。

　　(2)形。即在物質名詞前，加以抽象名詞做定語，構成形象化的詞組：

> 愛底根網（《花兒開過了》）

幸福底朱扉（《我是一個流囚》）

譏誚底銀刀（《我是一個流囚》）

愁苦底荊棘（《十一年一月二日做》）

悲哀的溼手帕（《洗衣歌》）

罪惡的黑汙衣（《洗衣歌》）

緊良的桌椅（《靜夜》）

閑情底蕪蔓（《劍匣》）

　　從上面的例子可見，他也慣於用物質名詞來把感情的詞彙加以具體化和形象化，也同樣地加強了詩的句子乃至整個詩的感情的形象化。愛本是抽象的，愛的根網便把愛形象化了，其餘同此。

　　(3)聲。聞一多重視對聲音的描繪，爲了錘鍊這一個「聲」字，他設計出各式各樣的比喻，例如：

他們的笑聲有時竟脆得像

坍碎了一座琉璃寶塔一般（《春之末章》）

你笑聲裡有銀的鈴鐺（《我要回來》）

鳥聲像露珠樣圓（《荒村》）

鐘聲報得這樣急

時間之海底記水標哦

是記漲呢？還是記落呢？（《鐘聲》）

　　一個「聲」字寫得如此千變萬化，是需要費一番鍊字功夫的。他不得不描寫各色各樣的聲音，並對聲音的來源，也賦予詩的意境，如：「像紗窗裡篩出的琴聲」（《春之末章》）這一個「篩」字便把聲音形象化了。「我一壁工作著，一壁唱著歌，我的歌裡的律呂，都從手指尖頭流出來。（《劍匣》）歌兒從手指尖流出來，想像何等具有詩意。由此可見，他對聲音鍊字的目的，也在於詩的形象化，詩主

要是用形象說話。

(4)物。用比喻物做定語，構成形容詞詞組，是聞一多鍊字的又一特點。他善於用相類似的物質名詞來形容另一物質名詞，如：

> 茸花似的蘆花（《孤雁》）
>
> 魚鱗似的屋頂（《雪》）
>
> 金箭似的光芒（《紅豆篇》四○）
>
> 烏雲似的燭花（《紅豆篇》三五）
>
> 銀箔似的溪面（《志願》）
>
> 熊掌似的橡葉（《秋色》）
>
> 烏鴉似的黑鴿（《秋色》）

用「……似的……」詞型，一頭挑一個物質名詞，對稱，工仗，大部分這種類型的形容詞詞組都是這一結構。也有不一樣的，「一堆爛紙似的雞冠花」（《廢園》），「星星似的小菊花蕾兒」（《憶菊》），這種鍊字功夫必須具有卓越的聯想的能力，詩人深刻而廣泛的生活知識是這種鍊字技巧的基礎，唯有生活知識深廣，文化水平高，才能掌握豐富的詞彙，運用起來才能得心應手。試再讀下例：

> 牙戟齒鋸的大嘴（《十一年一月二日做》）
>
> 嚼火漱霧的毒龍（《初夏一夜底印象》）
>
> 琥珀的雲，瑪瑙的雲（《秋色》）
>
> 剪形的楓葉（《秋色》）
>
> 溶銀的月色（《孤雁》）

這種詞組同上面的詞組同一類型，只不過去了一個「似」字。總之這種物質名詞加在另一相類似的物質名詞前所構成的形容詞詞組，

加強了詩句的形象性，突出了詩句的具體性，更能反映出生活的千變萬化和紛紜複雜。

　　(5)動。聞一多善於錘鍊詩句中的動詞，一個動詞寫活了整個動景。可以用這平一條諺語：「撥亮一盞燈，照亮一間屋」，也就是說，用好一個動詞而詩的意境全出焉！如：

　　　　鴉背馱著夕陽，黃昏裡織滿了蝙蝠的翅膀（《口供》）

　　　　浪舐的不沙（《孤雁》）

　　　　撐著滿天無涯的霧幕（《西岸》）

　　　　霧縫裡又篩出些絲絲的金光（《西岸》）

　　　　月兒底銀潮瀝過了葉縫（《睡著》）

　　　　燈光漂白了的四壁（《靜夜》）

　　　　大鋼錶睡鏽了骨頭（《聞一多先生的書桌》）

　　看！這些動詞用得多麼好！既增加了形象性，又增加了詩的境界。如把「鴉背馱著夕陽」改為「鴉背向著夕陽」，也就取消了詩的境界，其餘動詞如果這樣一改，同樣也就取消了詩味！錘鍊好一個動詞，也是聞一多鍊字技巧的又一特色。

　　總之，從上述色、形、聲、物、動五個方面看一下聞一多鍊字的概括，就知道他確做到了古人所說的「吟安一個字，捻斷幾莖鬚」。從他一絲不苟的鍊字，就可見他「語不驚人死不休」的作風，這是一種非常嚴肅認真的創作態度的表現。

　　從他的鍊句和鍊字這兩個方面，我們完全有理由說，聞一多寫詩是下了苦功夫的，他是一個具有創造性的優秀詩人。他是五四以來新詩格律詩的首創人，他有自己獨創的新詩格律詩的藝術理論，要求新詩具有「音樂的美」（音節），「繪畫的美」（詞藻），「建築的美」（節的勻稱和句的勻齊），這種理論，即使現在看來也不無可取之處。由於他的提倡和創作實踐的影響，廿年代末和卅年代初「豆腐

乾詩」、「方塊詩」曾經盛行一時，但是，第一個創造者是智者，第二個模仿者是蹩腳，「新月派」諸詩人雖然在這方面做出過一點成績，但是，後來竟沒有人像他那樣寫好過「豆腐乾詩」，儘管如此，他的新詩格律詩的理論，他的「語不驚人死不休」的鍊句和鍊字的主張，他的別具一格的《死水》與《紅燭》，後來爲廣大詩人所採納和鑑賞。臧克家就是他的詩歌創作理論和實踐的繼承者和發展者，此後卞之琳、何其芳等，都不同程度地受過聞一多的影響。卞之琳同志在兩篇文章中都提到他受了聞一多的影響。（⑴《雕蟲紀曆（1930～1958）》自序，載《新文學史料》1979 年第三輯；⑵《完成與開端：紀念詩人聞一多八十生辰》，載《文學評論》1979 年第三期）

第十一章　對比《紅燭》與
《死水》的特點

　　在中國新詩史上，聞一多的詩無論在思想性上和藝術性上，都不愧爲新詩的一個高峰。

　　聞一多的《紅燭》和《死水》並不是憑空出現在五四以後的第一次國內革命戰爭時期的中國詩壇的。正如馬克思、恩格斯在《德意志意識形態》一書中所說，作家總「受到他以前的藝術所達到的技術成就、社會組織、當地的分工以及與當地有交往的世界各國的分工等條件的制約」。（《馬克思恩格斯全集》第三卷，第 459 頁）聞一多是中國新詩史上可以與郭沫若媲美的大詩人，我國半封建半殖民地的政治腐敗、經濟衰亡、民生凋蔽，以及他親自經歷的美國貧富懸殊，強者「喝醉了弱者的鮮血」，還有華僑被剝削被壓迫的地位，使他感受到整個時代鬥爭的脈博。使他從充滿美好幻想的浪漫主義的《紅燭》開始，在他與窮苦的人民群眾和軍閥統治的黑暗生活取得了一定程度的聯繫以後，以早年的進化論爲基礎，他具有了進步的民主主義思想，面對生活現實，寫出了深刻的現實主義的《死水》，這就是必然的了。同時兩千多年以來中國古典詩歌，從詩經，到楚辭，經唐詩，到宋詞，而且特別是唐詩所取得的藝術成果，都被聞一多吸收、溶化和發展了，他特別強調我國的地方色彩，他將東方文化色彩凝神提煉在《紅燭》、《死水》的多彩多姿和詩景跌宕的畫卷之中，並被賦予了新的藝術傳統，並爲中國新詩的發展和新詩格律詩的確立，作出了寶貴的貢獻。

　　關於《紅燭》這部詩集，在思想性和藝術性上在當時來說都是具

有代表性的。歷來大家談聞一多的詩，都是抬高《死水》而貶低《紅燭》，而聞一多在生前，由於《死水》實踐了他的格律詩的主張，他自己也錯誤地把《紅燭》否定了，認爲它是「過繼出去的一個兒子」，（見臧克家《聞一多詩創作的藝術特色》，《詩刊》1979 年第四期）認爲它不如《死水》。

第一節　《紅燭》在思想上比《死水》明朗、樂觀

　　《紅燭》出版於 1923 年，當時聞一多才是一個二十四歲的青年學生，在思想上比較純潔，在人生觀上積極而充滿進取心。因而他寫出的《紅燭》較少有灰色的感傷情調，較少有消沉悲觀的論調。《死水》出版於 1928 年，當時聞一多回國三、四年來，經歷了大時代的一系列急驟而充滿鬥爭的過程，在他眼前，暫時看不同明確的政治方向，剛回國時的那種新鮮和激動沒有了，關於政治上的言論也不再發表了，多年來心愛的畫筆也擱下了，詩呢？也不像《紅燭》時代那麼多產，而寫得很少很少了，心情沉悶而消極，即使寫出詩來一看題目就很陰暗，如《淚雨》、《末日》。在《末日》一詩中，竟歌唱起等鬼來勾他走，他等著這個客人來：「我用蛛絲鼠矢喂火盆，我又用花蛇的鱗甲代劈柴」，鬼來的時候陰風慘慘，令人毛骨森然：

> 雞聲直催，盆裡一堆灰，
> 　一股陰風偷來摸著我的口，
> 原來客人就在我眼前，
> 　我眼皮一閉，就跟著客人走。①

―――――――――

① 湖北版《聞一多全集》Ⅰ，第 145 頁。

這樣寫《末日》，確是蠻有詩意，也頗藝術，想像也十分新奇，但是不免太消沉和陰暗了，《紅燭》那令人心醉的青春之火呢？沒有了，熄滅了，變成「盆裡一堆灰」了。《淚雨》也同樣如此，就藝術而言，爐火純青，但就思想而言，消極低沉：

> 他在那生命的陽春時節，
> 曾流過號饑號寒的眼淚；
> 那原是拿生解凍的春霖，
> 卻也兆徵了生命的哀悲。
>
> 他少年的淚是連綿的陰雨，
> 暗中澆熟了酸苦的黃梅；
> 如今黑雲密布，雷電交加，
> 他的淚像夏雨一般的滂沛。
>
> 中途的悵惘，老大的蹉跎，
> 他知道中年的苦淚更多，
> 中年的淚定似秋雨淅瀝，
> 梧桐葉上敲著永夜的悲歌。
>
> 誰說生命的殘冬沒有眼淚？
> 老年的淚是悲哀的總和；
> 他還有一掬結晶的老淚，
> 要開作漫天愁人的花朵。①

---

①湖北版《聞一多全集》Ⅰ，第144頁。

就這首詩的格律而言，眞是充滿音樂性，彷彿彈奏幽怨的琵琶，使人有白居易《琵琶行》中「大珠小珠落玉盤」之感，稍加熟讀，就能背誦，但是就思想性而言卻太低沉了，詩人將一生概括爲「永夜的悲歌」，少年、中年、老年都流苦淚，卻充分反映了他當時消極悲觀的思想，而他晚年的壯烈犧牲和他在這首詩中所概括的完全不同。

總之，《紅燭》和《死水》在思想性上是有區別的，就思想性而言，《紅燭》並不是「一個過繼出去的兒子」，《死水》的某些詩反倒是「一個過繼出去的兒子」。

第二節　浪漫主義與現實主義之別

《紅燭》在浪漫主義精神上超過《死水》，而《死水》在現實主義精神上卻超過《紅燭》。這是兩本詩集鮮明的不同點。

試打開《紅燭》，五彩絢爛，鮮豔奪目，天上飛的（《孤雁》），地上燃的（《紅燭》、《火柴》），水上飄的（《紅豆篇·我們是兩片浮萍》），春夏秋多（《春之首章》、《春之末章》、《初夏一夜底印象》、《秋色》、《秋深了》、《雪》），酸甜苦辣（《紅豆篇》四十一），紅黃藍白（《色彩》）……豐富多彩，應有盡有，都充滿著浪漫主義精神，他的想像盡情地「跨在幻想的狂恣的翅膀上遨遊」。（《冬夜評論》）

但是，當我們打開《死水》，感覺完全不同，謹嚴整飭，音節對稱。人力車伕夫妻倆雙雙自殺（《飛行腿》），「北京滿城都是鬼」（《天安門》），農村凋蔽，「門框中嵌棺材，窗櫺裡鑲石塊！」（《荒村》），美國華僑地位卑賤，整日洗衣（《洗衣歌》），果園中的貧苦老頭摔交壓碎了櫻桃，全家挨餓（《罪過》），那年頭愛國有罪，「說出來就是禍」（《一句話》），這樣一個黑暗的社會，詩人悲憤地呼喊：「這不是我的中華，不對，不對！」（《發現》），「深巷裡迸出了一聲清籟：『可憐可憐我這瞎子，老爺太太！』」

（《春光》），這種悲慘的現實，使他感到「這是一溝絕望的死水」
（《死水》），可見，這時他的詩風有了絕大的轉變，他認真實踐他
的文學主張：「文學底宮殿必須建在現實的人生底基石上」，他批
判泰戈爾沒有「把握住現實」，他向中國的新詩壇呼籲：「於今我
們的新詩已夠空虛，夠纖弱，夠偏重理智，夠缺乏形式了，若再加上
泰戈爾底影響，變本加屬，將來定有不可救藥的一天。希望我們的文
學界注意。」（《泰戈爾批評》）

　　這樣就使得兩本詩集，不僅在思想內容上而且在藝術風格上，都
有了明顯的分野，各有各的特色。《紅燭》是浪漫主義的，《死水》
是現實主義的。從兩本詩集不同的特色來說，很難說哪一本是「一個
過繼出去的兒子」。

第三節　自由詩體與格律詩體之別

　　就形式而言，《紅燭》採用的是自由詩體，《死水》採用的是
格律詩體。《紅燭》的自由詩體是五四以來大家都用的形式，談不上
創造性；《死水》的格律詩體，在中國新詩壇上是聞一多首創，
《死水》的出現，奠定了聞一多是中國新詩格律詩首創者的地位。

　　我們先來看《紅燭》的自由詩體。《紅燭》受到「五四」時期如
冰心的《繁星》、《春水》及其他小詩的影響嗎？回答是否定的。
《紅燭》中的自由詩，並沒有受到《繁星》、《春水》等小詩的影
響。如臧克家同志就說過：「《紅豆篇》，比較自由疏散，受到
『五四』時期小詩的影響，有如冰心的《繁星》、《春水》。」
（見《聞一多先生詩創作的藝術特色》，載《詩刊》1979 年第四
期）

　　五四時期《繁星》、《春水》等小詩，主要是受泰戈爾的影
響。聞一多在 1923 年發表的《泰戈爾批評》一文，剖析了泰戈爾，
也等於剖析了《繁星》和《春水》。他寫道：「我記起中國最善學泰

戈爾的是一個女作家」，這指的就是冰心。他對泰戈爾的小詩有如下幾點批評：

⑴泰戈爾的哲理小詩是「詩人理智中的一些概念，還不曾通過情感的覺識。這裡頭確乎沒有詩。誰能把這些哲言看懂了，他所得的不過是猜中了燈謎底勝利的歡樂，決非審美的愉快。」

⑵泰戈爾的詩「最大的缺憾是沒有把握到現實。」「印度的思想本是否定生活的。」

⑶泰戈爾的詩「是清淡……清淡到空虛了。」「論他的藝術實在平庸得很。」

聞一多對泰戈爾的批評是中肯的，一針見血的，富有現實意義。

《繁星》、《春水》模仿著寫哲理。實踐的結果又如何呢？試引幾首：

《繁星》
六〇
輕雲淡月的影裡，
　風吹樹梢——
　　你要在那時創造你的人格。
七五
父親啊！
　出來坐在月明裡，
　　我要聽你說你的海。
一四七
將來
　明媚的湖光裡
　　可有個矗立的碑？
怎敢這般沉默著——想。

　　以上《繁星》中的三首小詩，確是如聞一多所說宛如三條謎語，誰能猜中這些有哲理的謎呢！沒有較高文化素養的不用想看得懂，更不用說工農群眾了。

　　　　　　　《春水》
　　　　　　　　四一
　　　　　　小松樹，
　　　　　　容我伴你罷，
　　　　　　山上白雲深了！
　　　　　　　　四八
　　　　　　螢兒自由的飛走了，
　　　　　　　無力的殘荷啊！
　　　　　　　　一二四
　　　　　　黃昏了──
　　　　　　　湖波欲睡了──
　　　　　　　走不盡的長廊啊！

　　以上《春水》中的三首小詩，也正如聞一多指出的：猜謎語，脫離當時環境，內容便難懂了。

　　像《繁星》中和《春水》中這些「小詩」，在聞一多看來，實際上並不完全具備現實主義詩的條件，因為它不具備現實主義詩的意境。但按照現在的詩的藝術標準來看，它應是一些形象精巧的哲理句子。像這些純粹哲理的句子，《紅燭》中沒有，又何嘗談得上是受《繁星》和《春水》的影響呢？在《紅燭》中最有嫌疑被懷疑成是受《繁星》和《春水》影響的小詩，是《紅豆篇》四十二首小詩中三、四首三、四行詩句組成的小詩，然而它們是歌詠愛情的，談不上受《繁星》、《春水》影響，更談不上是受泰戈爾影響。

　　一定要說《紅燭》是受五四時代詩歌影響的話，不是受泰戈爾的

影響，也不是受《繁星》、《春水》的影響，而是受《女神》的影響。試讀 1923 年聞一多寫的《女神之時代精神》，此文發表時，《紅燭》尚未出版，他說：

> 「五四」後之中國青年，他們的煩惱悲哀真像火一樣燒著，潮一樣湧著，他們覺得這「冷酷如鐵」、「黑暗如漆」、「腥穢如血」的宇宙真一秒鐘也羈留不得了。他們厭這世界，也厭他們自己。於是急躁者歸於自殺，忍耐者力圖革新。革新者又覺得意志總敵不住衝動，則抖擻起來，又跌倒下去了。但是他們太溺愛生活了，愛他的甜處，也愛他的辣處。他們絕不肯逃脫，也不肯降服。他們的心裡只塞滿了叫不出的苦，喊不盡的哀。他們的心快塞破了，忽地一個人用海濤的音調，雷霆的聲響替他們全盤唱出來了。這個人便是郭沫若，他所唱的就是《女神》。

這一段說的是《女神》，但是實際上也是聞一多思想感情的描寫，也概括了《紅燭》所包含的思想內容，甚至具體到上述每段話都能在《紅燭》中找到相應的詩或者詩句。但是，更應看到，聞一多在《（女神）之地方色彩》中對《女神》也有所批評，他認為《女神》「過於歐化」，應當提倡「中國的新詩」，即要求詩的中國化。另外，郭沫若認為，詩是「自然流露」，「不是做出來的，只是『寫』出來的。」聞一多則提倡詩的感情應當通過理智控制而做出，不要沒有理智的感情。這體現了聞一多的風格。

從第二章中關於《紅燭》主題思想的剖析可見，《紅燭》的時代精神——反帝反封建的精神和《女神》的時代精神，是互相銜接，而各有特點的。《紅燭》雖然是受到《女神》的影響，但主要是接受了《女神》思想感情的影響，並不是說他機械地接受了《女神》哪一首詩，或哪幾行句子的影響，《紅燭》是創造的，它保持了自己的特

色，它又發展了《女神》的時代精神。

那麼，就《紅燭》自由體形式而言，由於它的內容豐富，即使在詩的形式上沒有什麼創造性，也絕不會抵消得了它的高度的社會價值。

我們再來看《死水》的格律詩。聞一多創造的格律詩，無論從它的理論和他的實踐來看，都不是從一個模子裡倒出來的，而是依據內容的不同，而採取多種多樣的外部形狀來予以表現。例如，《死水》是豆腐乾形，《你莫怨我》是橢圓形，《大鼓師》又是波浪形，《靜夜》又是橫幅形了等等。再例如，《祈禱》是頭尾四行對稱，主體是五行體，《一句話》是兩個八行對稱的歌詞體，等等。

我們如果以為《死水》裡的格律詩只是講究這些《建築的美》，這些建築的美只是通過節的勻稱，句的勻齊來表現的，以為《死水》格律詩只是這些外部形狀的特點，那就錯了。

《死水》中的格律詩還講究「音樂的美」，表現在前行和後行的音頓基本一致。聞一多說的「音尺」就是「音頓」；另外，雙行末尾最後一字要押韻，如《淚雨》、《你看》；每段使用疊句，以增加音樂性，如《你莫怨我》、《忘掉她》；四行首尾重複的格式，如《祈禱》、《洗衣歌》；詩句末尾的音頓，可以是雙音節詞，也可以是單音節詞，只要押韻就成功。

我們如果以為《死水》裡的格律詩只是講究「建築的美」、「音樂的美」，其他可以不同，那就又錯了。

《死水》中的格律詩還講究漢語的詞藻，要充分體現中國語言文字的特點，要豐富多采，不能語言貧乏，像個瘟三。這就是，它要體現「繪畫的美」，例如：《天安門》採用北京方言入詩，這種詞藻使「繪畫的美」更加逼真。《罪過》也採用北京方言入詩，如「摔一跤」、「直哆唆」、「你瞧瞧」、「直楞著」、「直催我」等等這些充滿生活味的方言詞藻，繪出的這幅中國北方善良的老農，格外動人。最後，下流語言禁止入詩。

　　我們如果以爲《死水》裡的格律詩只是講究這些純是形式上的「建築的美」、「音樂的美」、「繪畫的美」那就大錯特錯了。

　　從《死水》可見，首先要講究內容的眞、善、美，詩要具有現實意義和社會價值，聞一多最反對「冬夜」式的無病呻吟，他最推荐熱愛祖國，熱愛受苦受難的勞動人民。在豐富的內容、重大的題材、崇高的精神基礎上，才能夠談得上講究格律，寫成具有「建築的美」、「音樂的美」、「繪畫的美」的詩。

　　只有從內容與形式的結合上，思想性和藝術性的結合上，來理解《死水》的格律詩，來理解聞一多格律的理論，才是正確的。孤立地看哪一點都是錯誤的。

　　總之，我們也可以這樣說，撇開《死水》在格律詩上的貢獻不談，單就它的內容之豐富上，它的高度的社會價值和現實意義，就足以能夠和郭沫若的《女神》比美。

　　《紅燭》和《死水》在形式上，一是自由體，一是格律詩，但是兩本詩的共同點是以內容的豐富多彩而取勝。

第十二章　聞一多倡導的格律詩及其貢獻

第一節　聞一多倡導格律詩的內容和特點

　　中國新詩格律詩的首創者是聞一多。1922 年，當他還在學生時代就已寫成《律詩底研究》一文，他系統研究了中國古詩的傳統，指出「抒情之作，宜整齊也」，「中國藝術中最大的一個特質是均齊，而這個特質在其建築與詩中尤為顯著。中國這兩種藝術底美——即中國式的美。」他主張格律，認為「格律是藝術必需的條件。實在藝術自身便是格律。」此文已在強調中國式的新詩了。他在 1926 年 5 月 13 日《北平晨報副刊》上發表了著名的《詩的格律》一文，這是我國新詩運動發展奠定理論基礎的一個重要的里程碑。他總結了新詩發展的規律，系統地提出了建立中國新詩格律詩的創新理論。

　　當時，格律詩的提出，《死水》的出版，從理論到實踐，糾正了當時新詩發展的危機。他在《冬夜評論》中對那些粗製濫造的所謂「新詩」進行了猛烈地抨擊，他在總結了那些烏七八糟專寫「村夫市儈」委瑣小事的所謂「新詩」以後尖銳地指出：

　　　　新詩假若還受人攻擊，受人賤視，定歸這類的作品負責。
　　冬夜裡還有些零碎的句子，逕直是村夫市儈的口吻，實在令人
　　不堪——，例如：「路邊，小山似的起來，是山嗎？呸！」，
　　「枯骨頭……招甚麼？招個——呸！」，「去遠了——噲！回

來吧！」等等。

　　聞一多寫這篇評論時還是一個二十四歲的青年學生，但是他捍衛了新詩寫重大題材嚴肅的作風，和認真的態度。在《詩的格律》和《死水》的發表和出版以後，對當時半文不白的自由詩和泰戈爾影響下出現的令人莫明其妙的「小詩」，打擊很大，逐漸沒有誰理這些「新詩」，確定了新詩的繼續存在和發展。

　　但是，聞一多對格律詩的貢獻一直未得到應有的重視，甚至於有許多誤解，如曾有人認為聞一多在格律詩方面，「壞的一面是專門提倡西洋詩（特別是英國詩）的格律，脫離了民族傳統和民族風格。」①說他在格律詩上的嘗試「是失敗了的」。這是不正確的。聞一多在格律詩上的倡導是有成績的，不能認為是失敗的。他的格律詩理論的提出，並不是總結「西洋詩」的結果，正相反，他是總結「五四」以來幾年間中國新詩在形式上發展的結果，他說，「確乎已經有了一種具體的方式可尋」，注意，這是他發現「五四」以來有了這麼一種形式而加以科學總結，並不是把「西洋詩」脫離了民族傳統、風格，照搬過來。

　　何其芳同志，也是十分貶低聞一多在首創現代格律詩方面所做出的貢獻的。他對聞一多格律詩方面所進行的研究。可以說，基本上得出了否定的結論，但是他對聞一多格律詩的理論多半是誤解和沒有根據的評論，下面，為了澄清這些迷霧，我們將探討和對比他們兩人在格律詩上觀點，以期能得到一個較正確的認識。先來談內容：

　　首先，格律詩這個名稱是聞一多定的。「格律在這裡是 form 的意思。『格律』兩個字最近含著了一點壞的意思；但是直譯 form 為形體或格式也不妥當。並且我們若是想起 form 和節奏是一種東西，便覺得 form 譯作格律是沒有什麼不妥的了。」至此，「格律詩」這

---

①劉綬松：《中國新文學史初稿》，北京作家出版社 1956 年出版，第 159 頁。

名稱便由此確定下來了。

其次，關於格律詩的語言，和何其芳同志曾經誤解聞一多「他的格律詩的主張照顧中國的語言的特點不夠，有些模仿外國的格律詩」①的說法正好相反，聞一多認為格律詩的語言，應當是最照顧中國語言的特點的，最明顯的表現是他認為格律詩中應當採取中國群眾的口語，即具有中國地方特色的土白知，但是，不是一切群眾的土白話都能入詩，而應當經過詩人精心的藝術的「鍛鍊選擇的工作，多面手才能成詩」。

聞一多強調地指出：「我不反對用土白作詩，我並且相信土白是我們新詩的領域裡，一塊非常肥沃的土壤。」我們說聞一多的格律詩具有中國的民族特色，經過詩人藝術錘鍊的土白話入詩就是他所提倡的格律詩的一個顯著的特點。

其三，他精闢地提出：「詩的所以能激發情感，完全在它的節奏，節奏便是格律，莎士比亞的詩劇裡往往遇見情緒緊張到萬分的時候，便用韻語來描寫。歌德做浮士德也曾用類似的手段，在他致席勒的信裡並且提到了這一層。」；「只有不會作詩的才感覺得格律的束縛。對於不會作詩的，格律是表現的障礙物；對於一個作家，格律便成了表現的利器。」

其四，他提出格律詩具體的要求：

(1)「屬於視覺方面的格律有節的勻稱，有句的勻齊。屬於聽覺方面的有格式，有音尺，有平仄，有韻腳；但是沒有格式，也就沒有節的勻稱，沒有音尺，也就沒有句的均齊。」

(2)詩的實力不獨包括音樂的美（音節）、繪畫的美（詞藻），並且還有建築的美（節的勻稱和句的均齊）。

關於上述格律詩的具體的要求，一向為人所誤解和沒有根據地的加以抨擊。有的說聞一多「脫離了詩的更重要的東西——思想內容，

---

① 《關於現代格律詩》，見《何其芳選集》第二卷，第 154 頁。

而來孤立地、懸空地進行對於新詩形式和格律的探求工作。」①有的說「他的關於格律詩的理論是帶有形式主義的傾向的。建立格律詩的必要，他不是從格律詩和詩的內容的一致性方面去肯定，從適當的格律和詩的內容的某些根本之點是相適應的而且能起一種補助作用這一方面去肯定，而是離開內容去講一些不恰當的道理。」②上述說法是具有權威性的並且有廣泛影響力的說法。但是，當我們考察了聞一多的格律詩的主張以後，應當說，十分遺憾，上述說法是沒有根據的，是不符合聞一多格律詩的主張的。與上述說法正好相反，聞一多對格律詩格式的具體要求，主要是甚至可以說唯一是強調內容和形式的統一。他以古代的律詩和他總結出的新詩的格律詩兩者做比較，強調地指出新詩的格律詩在內容與形式的統一性上三個顯著的特點：

一、律詩永遠只有一個格式，但是新詩的格式是層出不窮的。這是律詩與新詩不同的第一點。

二、律詩的格律與內容不發生關係，新詩的格式是根據內容的精神製造成的，這是它們不同的第二點。

三、律詩的格式是別人替我們定的，新詩的格式可由我們自己的意匠來隨時構造。這是它們不同的第三點。

他提示說：「有了這三個不同之點，我們應該知道新詩的這種格式是復古還是創新，是進化還是退化。」

請看，上述三點有哪一點是在所謂「孤立地、懸空地進行對於新詩形式和格律的探求」呢？又有哪一點是在所謂「帶有形式主義的傾向」，所謂「離開內容去講一些不恰當的道理」呢？上面三個特點唯一強調的是格律詩應以內容爲軸心來決定格律詩的格式，而不應當脫

①見劉綬松著：《中國新文學史初稿》上卷，北京作家出版社 1956 年出版，第
　156 頁。

②見何其芳：《關於現代格律詩》，《何其芳選集》第二卷，成都四川人民出
　版社 1979 年出版，第 153 頁。該文作於 1954 年 4 月 11 日。

離內容像古代律詩那樣，孤立地追求新詩格式的新奇。聞一多這種唯物主義的觀點，這種「新詩的格式是根據內容的精神製造成的」見解，可以用五個字來概括，即「內容決定論」。爲了強調他的「內容決定論」，聞一多舉實例雄辯地指出：

> 做律詩無論你的題材是什麼？意境是什麼？你非得把它擠進這一種規定的格式裡去不可，彷彿不拘是男人，女人，大人，小孩，非得穿一種樣式的衣服不可。但是新詩的格式是相體裁衣。例如《採蓮曲》的格式絕不能用來寫《昭君出塞》，《鐵道行》的格式絕不能用來寫《最後的堅決》，《三月十八日》的格式絕不能用來寫《尋找》。在這幾首詩裡面，誰能指出一首內容與格式，或精神與形體不調和的詩來，我倒願意聽聽他的理由。試問這種精神與形體調和的美，在那印板式的律詩裡找得出來嗎？在那亂雜無章，參差不齊，信手拈來的自由詩裡找得出來嗎？

　　格律詩需要內容與形式的統一，用聞一多形象的說法便是「量體裁衣」。這是他強調格律形式的核心。他舉出的六首詩，都是當時內容與形式結合得比較好的格律詩。現在我們不妨舉出三首詩來看一看聞一多的格律詩「內容決定論」的觀點。第一首是朱湘的《採蓮曲》，這首詩刻劃了一幅村姑採蓮的美景：

> 小船呀輕飄，
> 楊柳呀風裡顛搖；
> 荷葉呀翠蓋，
> 荷花呀人樣嬌嬈。
> 日落，
> 微波，

　　　金絲閃動過小河。

　　　　左行，

　　　　　右撐，

　　　蓮舟上揚起歌聲。

　　《採蓮曲》有五段，這是詩的第一段。朱湘依據內容的要求，著意創造了這種自由式的格律詩，五行的排行法都和第一段一樣，字數也相同。

　　第二首是饒孟侃的《三月十八》，這詩具有革命的內容，為紀念鐵獅子胡同大流血而作，一共就有十八句，抗議反動軍閥屠殺人民的暴行：

　　　「平兒，你回來，」「是的，母親。」

　　　「你為什麼走路捲著大襟？」

　　　「那是在路上弄髒了一點，

　　　不要緊，讓我去換上一件。」

　　　「兄弟呢，怎麼沒同你回來？」

　　　「他，也許是沒有我跑得快；」……

　　　「嚇！你大襟上是血，可不？」

　　　「剛才，噯；遇見宰羊髒了衣服。」

　　　「平兒，你，你分明是在說謊；

　　　他，告訴我，他到底怎麼樣？……」

　　這首詩的特點是以對話式的巧妙的藝術構思，來把嚴肅的政治主題體現出來；每行大致是四、五個音節（音尺）。也是一首較為靈活自如的格律詩。

　　第三首是劉夢葦的《最後的堅決》，這是首愛情詩，描寫一位青年向姑娘求愛：

今天我才認識了命運的顏色，

——可愛的姑娘請您用心聽：

不再把我的話兒當風聲！——

今天我要表示這最後的堅決。①

這首詩是通行的四行成一節，每一句字數都差不多的格律詩。共有六節，上引的是第一節。看上面三首詩，《採蓮曲》、《三月十八》、《最後的堅決》格式都是不同的，百花齊放的，按照聞一多的說法，那是「層出不窮」的，它們格式的不同，主要是根據內容的精神而定的，是詩人自己根據內容自由地隨時來構造與眾不同具有匠心的格律詩，是完完全全的內容決定形式論，有一百首內容不同的詩，就可以有一百種不同的格律形式，只要詩人不斷精心地創造各種不同新穎的格律詩罷了。

第二節　相體說、音尺說及聞一多　格律詩理論深遠影響

這樣，就讓我們回過頭來看一看何其芳到底是怎樣向讀者介紹聞一多格律詩的理論呢？他指責聞一多的格律詩的理論說：

他不想強調每行數字整齊，而且還企圖在每一行裡安排上數目相等的重音。……這些過多的不適當的規定是妨礙詩的內容的表達，而且無法為很多的寫詩的人所讚同和採用的。……我們讀他的詩，並不怎樣感到輕重音的有規律的安排。他比較

———————————

①這三首詩均引自北京三院校主編的《新詩選》第一冊，上海教育出版社 1979年版。

　　長一點的詩，並不是頓數和字數都整齊。①

　　使人感到驚訝的是何其芳對聞一多格律詩的指責根本沒有那麼一回事。

　　第一，從聞一多肯定的朱湘、饒孟侃、劉夢葦等人的格律詩可見，他根本沒有所謂「強調每行數字整齊」，恰巧相反，聞一多強調的是「量體裁衣」，強調的是音尺大致相等（注意，不是絕對相等），一句話，聞一多歷來反對用一個模子（如同律詩那樣），要每一首的字數都整齊。不錯，聞一多寫過「豆腐乾」體的《死水》。但他也寫過不是「豆腐乾」體，甚至也不是四行一節體的格律詩，如《你莫怨我》、《我要回來》等等。正像我們走進一家商店一樣，不能因爲看見了一塊豆腐乾就斷定這家商店專賣豆腐乾。而何其芳的看法正同這個方法相類似。

　　第二，何其芳提出的「重音說」，也是一個臆造的幻影。聞一多在《詩的格律》一文中，哪一節哪一行講過「每一行裡安排上數目相等的重音」呢？哪兩個字寫的是「重音」呢？何其芳沒有提出任何一句原話，沒有任何一個科學的依據，便「斷定」聞一多有一個「重音說」，並且用了一頁的篇幅來批這個「重音說」，是不能說服人的。何其芳可能是把聞一多的「音尺說」誤解成「一個音尺便是一個重音了」。現在就來探索一下「音尺說」。

　　第三，聞一多的「音尺說」。聞一多所說的「音尺」，就是他補充說的「音節的方式」，一個音尺，就是一個音節，三個字的音尺，叫「三字尺」，就是一個音節，兩個字的音尺，叫「二字尺」，也是一個音節。這樣看來一個音尺也就是一行詩中音節的基本單位。

　　其實，何其芳同志所說的「頓」，正是二〇年代聞一多總結的

────────────

① 《何其芳選集》第二卷，第 154 頁。成都四川人民出版社 1979 年版，第 154頁。

「音尺」。他對於「頓說」的具體的規定，正是聞一多「音尺說」的翻版，只不過換了一個名詞而已。例如聞一多認為每行的音尺必須相等，如果前一行有兩個「三字尺」和兩個「二字尺」，儘管音尺排列的次序可以是不規則的，「但是每行必須還他兩個『三字尺』兩個『二字尺』的總數。」①這個規定到何其芳手裡就變成了「我說我們的格律詩應該是每行的頓數一樣」②，「音尺必須相等」與「頓數應該一樣」，意思是完全一樣的。

在聞一多「音尺說」中「每行音尺相等」是一個基本要素。這還有兩個特點：

(1)每行最後一個音尺基本上是「二字尺」。

例一：

> 他在那 | 生命的 | 陽春 | 時節，
> 曾流著 | 呈飢 | 呈寒的 | 眼淚；
> 那原是 | 拿出 | 解凍的 | 春霖，
> 卻也 | 兆征了 | 生命的 | 哀悲。
>
> （《死水・淚雨》）

例二：

> 黃昏 | 是一頭 | 遲笨的 | 黑牛，
> 一步 | 一步的 | 走下了 | 西山；
> 不許 | 把城門 | 關鎖得 | 太早，
> 總要等 | 黑牛 | 走進了 | 城圈。
>
> （《死水・黃昏》）

---

①開明版《聞一多全集》III，252頁《詩的格律》。
②四川版《何其芳選集》（二），《關於現代格律詩》，第151頁。

例三：

　　我要回來

乘你的｜拳頭｜像蘭花｜未放，

乘你的｜柔髮｜和柔絲｜一樣，

乘你的｜眼睛裡｜燃著｜靈光，

　　我要回來。

（《死水‧我要回來》）

　　上述引詩每行都可以分成四個音尺，它的顯明的特點是每行末尾最後一個音尺基本上是「二字尺」，（就是句末加了黑點的兩個字的詞。）聞一多的這個規則顯然為何其芳看見，這規則到了何其芳手裡就變成了：「每行的後一頓基本上是兩個字」，或：「每行的收尾應該基本上是兩個字的詞」①，意思和聞一多的完全一樣。

　　(2)只要音尺大致相等，每行最後一個音尺也可以不是「二字尺」。

　　例一：

　　一排雁字｜倉皇的｜渡過天河，

　　寒雁的｜哀呼｜從她心裡｜穿過，

　　「人啊，｜人啊」｜她嘆道，

　　「你在｜那裡，｜在那裡｜叫著我？」

（《死水‧什麼夢？》）

　　例二：

　　一、三兩句，二、四兩句音尺相等，末尾音尺不同。

────────

①四川版《何其芳選集》（二），《關於現代格律詩》，第150頁。

我掛上一面｜豹皮的｜大鼓，
　我敲著它｜遊遍了｜一個世界，
我唱過了｜形形色色的｜歌兒，
　我也聽飽了｜喝不完的｜彩。

（《死水‧大鼓師》）

都是三個音尺，末尾音尺不同。

例三：

我不騙你，｜我不是｜什麼｜詩人，
縱然我｜愛的是｜白石的｜堅貞，
青松和大海，｜鴉背｜馱著夕陽，
黃昏裡｜織滿了｜蝙蝠的｜翅膀。

（《死水‧口供》）

都是四個音尺，末尾音尺不同。

上述引詩每行音尺相等，但末尾一個音尺顯然並不完全一致。（就是句末加了黑點的字。）聞一多格律詩這個更為靈活自如的規則顯然也為何其芳看見，這規則到了何其芳手裡就變成：「我說的是基本上以兩個字的詞收尾……並非說完全不能以一個字的詞收尾。」「但這不是說最後一頓就完全不可以是一個字」①，這和聞一多的音尺也完全一樣。

「音尺說」是現代格律詩的基本內容。從上述對比可見，20世紀五十年代何其芳同志繼聞一多在二〇年代倡導格律詩之後又一次倡導格律詩，他並沒有提出任何新的東西，而是重複了聞一多規定的格律詩的內容，因此可以說，五〇年代中國格律詩的發展，是20年代

---

①四川版《何其芳選集》（二），《關於現代格律詩》，第149頁，第150頁。

中國格律詩運動的繼續，現代格律詩的首創者及其傑出的貢獻，仍然是而且只能是聞一多，任何人也不能代替他。

必須強調指出的是，格律詩並不是聞一多憑空創造的，而是他根據新詩第一個十年的創作實踐，從現成的格式中間總結出來的。何其芳對聞一多倡導格律詩的看法是不正確的，他說：

> 「五四」運動以來，曾經有一些人做過建立現代格律詩的努力。聞一多先生就是其中做得最有成績的一位。他寫出了一些形式上頗為完整的詩。但他所主張的格律詩的形式為什麼沒有能夠為更多的寫詩的人所普遍採用，以至完全解決了建立現代格律詩的問題呢？除了他的許多詩在內容上還不能和廣大讀者的要求一致，沒有發生很大的影響，因而他在形式上的努力和成就也就為人所忽視以外，他在詩的形式上的主張和作法本身還有許多缺點也是一個根本原因。」（四川版《何其芳選集》（二），《關於現代格律詩》，第153頁。著重點為引者所加）

最基本的錯誤在於，由於何其芳認為聞一多的格律詩主張是他憑空建立的，因此他的主張「沒有能夠為更多的寫詩的人所普遍採用」。殊不知聞一多是有實際根據的，格律詩已是客觀存在，格律詩已經做為一種規律在實踐當中發展，並不是寫詩的人採用不採用的問題，不管你承認不承認是在寫格律詩，它事實上已在你的創作實踐中反映出來了。何其芳認為聞一多倡導格律詩「沒有發生很大影響」，其實何其芳在五〇年代倡導格律詩本身就是在重複著聞一多二〇年代總結出的規律，便是受了聞一多的「很大影響」，只不過為他所忽視罷了，確實，他的格律詩理論並未受到應有的重視。那是由於五〇年代以來極左思潮壓制的結果。

何其芳的論斷並不準確，在於聞一多總結格律詩對當時詩壇是有

促進作用的,像郭沫若、蔣光慈、王統照、馮至、朱湘、戴望舒、蹇先艾、錢杏村、朱大枬等等,都寫過格律詩,不能說與之無關,更不用說徐志摩、陳夢家及其他「新月」詩人了。說起來可能有人不相信這些詩人都寫過格律詩,那麼就讓我們舉出實例來看:

郭沫若:《我想起了陳涉吳廣》,1928 年。

> 我想起了|幾千年前的|陳涉,
> 我想起了|幾千年前的|吳廣,
> 他們是|農民暴動的|前驅,
> 他們由|農民出身|稱過帝王。

王統照:《爆竹》,1933 年。

> 誰不是|在掙扎中|裹住一顆|沉重的心?
> 誰不是|喜歡|晴空中|光與聲的|耀動?
> 重壓下|似是|茫昧的|希求?

蔣光慈:《鄉情》,1930 年。

> 從故鄉|來了|一個|友人,
> 向我|報告了|許多|消息,
> 他說|故鄉|已改了|面目,
> 完全|不如那|平靜的|往昔。

馮至:《蠶馬》,1925 年。

> 當著那|天邊|才染了|春霞,
> 當著那|溪旁|開遍了|紅花,

當著｜我的痴情｜化成了｜火焰，
我便｜悄悄地｜走在｜她的窗前。

朱湘：《還鄉》，1926 年。

暮秋的｜田野上｜照著｜斜陽，
長的｜人影移過｜道路｜中央；
乾枯了的｜葉子｜風中｜嘆息，
飄落在｜還鄉人｜舊的｜軍裝。

戴望舒：《獄中題壁》，1942 年。

如果我｜死在｜這裡，
朋友啊，｜不要｜悲傷，
我會｜永遠地｜生存，
在｜你們的｜心上。
你們之中的｜一個｜死了，
在日本｜占領地的｜牢裡，
他懷著的｜深深｜仇恨，
你們應該｜永遠地｜記憶。

蹇先艾：《春曉》，1926 年。

這紗窗外｜低蕩著｜初曉的｜溫柔，
霞光仿佛｜金波抓動，｜風弄歌喉，
林鳥也｜驚醒了｜伊們的｜清宵夢，
歌音裊裊｜囀落槐花｜深院之中。

聞一多在《詩的格律》中總結了這種格式的格律詩,他說:「現在有一種格式:四行成一節,每句的字數都是一樣多。這種格式似乎用得很普遍。尤其是那字數整齊的句子,看起來好像刀子切的一般,在看慣了參差不齊的自由詩的人,特別覺得有點稀奇。他們覺得把句子切得那樣整齊,該是多麼麻煩的工作。……但是字句鍛鍊得整齊,實在不是一件難事,靈感絕不致因為這個就會受了損失。」應該說,聞一多這個總結是相當準確的。上述引到的郭沫若等詩人的作品,就充分說明了聞一多理論概括的正確性。可以說,新詩的格律化,從它產生以來,就形成了一個運動向前發展。不僅是解放以前三十年形成為一股洪流,一個運動向前發展,而且是解放以後三十年也依然如此,試看解放後,何其芳本人、臧克家、聞捷、嚴辰、邵燕祥、公劉、顧工、梁上泉等等,都寫過格律詩,為了說明問題,我們也不妨引證一些「四行一節」體的格律詩來加以說明:

何其芳:《有一隻燕子遭到了風雨》,1956 年。

> 有一隻｜燕子｜遭到了｜風雨,
> 再也｜飛不回｜它的｜家裡;
> 是誰｜理乾了｜它的｜羽毛,
> 又在｜晴空裡｜高高｜飛起?

臧克家:《哭郭老》,1978 年。

> 我天天｜擔心會｜接到｜不幸的｜消息,
> 當我知道｜您健康｜情況｜急劇｜逆轉;
> 昨天下午,｜不幸的｜消息｜終於｜來了,
> 我反而｜驚異它｜來得｜如此｜突然!

聞捷:《夜鶯飛去了》,1955 年。

夜鶯 | 飛向 | 天邊，
天邊有 | 秀麗的 | 白樺林；
年輕人 | 翻過 | 天山，
那裡是 | 金色的 | 石油城。

邵燕祥：《列車上》，1978 年。

左窗外， | 群山 | 如奔馬 | 驅馳，
右窗外， | 群山 | 如巨鯨 | 出沒；
馬蹄可 | 踏中了 | 地下的 | 瑰寶？
鯨魚背上 | 可有石油 | 噴射？

公劉：《誰說這不是武器？》，1979 年。

這一段往事 | 不過是 | 小小的 | 前奏，
它的任務 | 是引導 | 整個的 | 樂章；
革命 | 戰士 | 將以生命 | 做為雷管，
去觸發 | 一聲 | 驚天動地的 | 巨響。

顧工：《秘密》，1979 年。

這祕密 | 也許 | 銘刻著
創作或 | 不幸的 | 遭遇；
這祕密 | 也許 | 融和著
歡樂或 | 甜美的 | 回憶⋯⋯

梁上泉：《為孫健初塑像》，1978 年。

你的｜塑像｜被搗毀了，

搗毀了｜已整整｜十年；

我要｜再塑一座｜雕像，

依然｜立在｜玉門公園。

　　上面引證的解放前和解放後各位詩人的作品，都劃出了「音尺」。說明只要音尺相等，新詩即便格律化。不管詩人是不是意識到他是在寫格律詩，也不管詩人是不是就承認他上述作品都是格律詩，然而，新詩的格律化卻在不以人們意志爲轉移而向前發展著，波瀾壯闊，洶湧澎湃，聞一多的言猶在耳，他說：「這種音節的方式發現以後，我斷言新詩不久定要走進一個新的建設的時期了。」在我們引證了解放前和解放後大量的無可否認的例證以後，我們可以得出這樣一個結論，聞一多上述智慧的預言已經成爲現實。他的這個藝術的發現，啓示了新中國的許多詩歌工作者，在爲中國大陸改革開放和加速現代化並且縱情歌唱的今天，使我們更加懷念聞一多在格律詩的建立上所做出的傑出的貢獻。

　　這裡附帶說一句，我本人所寫的詩集《駱駝的蹄印》、《紅鬃馬》、《孺子牛》，也是繼承聞一多倡導的格律詩理論的傳統的。

論

徐志摩的詩

第一章　徐志摩的生平思想與著作

第一節　徐志摩的生平

徐志摩，原名章垿，浙江省海寧縣硤石鎮人，生於清末光緒二十二年（1896年），卒於民國二十年（1931年），終年36歲。

他的父親徐義忺「銀號的經理」①興辦實業建設，是浙江省出名的大資本家（應當說是民族資本家）。與南通大民族資本家著名愛國人士張謇（1853～1926）友好。因此自幼徐志摩的家世很優裕，五歲即入私塾讀書，天資聰敏。

一、1910年至1915年正是徐志摩15歲至20歲之時，他在杭州第一中學從初一一直讀到高三畢業。這時與他同班同學中有一個後來成為著名文學家的郁達夫先生。徐志摩在中學時代的聰明與才華，給郁達夫留下過深刻的印象。郁達夫後來回憶說：「尤其使我驚異的，是那個頭大尾巴小，戴金邊近視眼的頑皮小孩（指徐志摩），平時那樣地不用功，那樣地愛看小說——他平時拿在手裡的總是一卷有光紙上印著石印細字的小本子——而考起作文來，卻總是分數得得最多的一個。」（見郁達夫《志摩在回憶裡》，載《新月月刊》志摩紀念號）徐志摩在當時杭州一中的校報上發表過文章，如《論小說與社會之關係》（《女聲》一期），還寫過：《挽李幹人聯》（《女聲》二期）。

二、1915年至1918年是徐志摩在國內讀大學的時期，共三年，從二十歲至二十三歲。1915年首先他便考入北京大學預科學習，這

---

①梁實秋：《關於徐志摩》。

年秋天，由父母包辦，他又回硤石與張幼儀女士結婚，當時張幼儀才十六歲。這三年，他在國內轉移了好幾個大學，1916 年春他肄業於上海浸信會學院。1916 年秋又轉入天津北洋大學預科。1917 年秋又轉入北京大學法政系學習，直到他 1918 年夏出國留學。

三、1918 年至 1922 年是徐志摩在英美留學時期，共四年，是從二十三歲至二十八歲之時。當時他是一個愛國青年，出國時印發《徐志摩啓行赴美文》分致諸親友，強調爲國爲民奮鬥：「方今滄海橫流之際，固非一二人之力可以排奡①而砥柱，必也集同志，嚴誓約，明氣節，革弊俗，積之深，而後發之大，眾志成城，而後可有爲於天下，若是乎，雖欲爲不善，而勢有所不能，而況益之以內養之功，光明燦爛，蔚爲世表，賢者盡其才，而不肖者止於無咎，撥亂反正，雪恥振威，其在斯乎？其在斯乎？」充滿愛國熱忱，要爲國，「撥亂反正，雪恥振威」，以及爲民「明氣節，革弊俗」。他在留學期間，1918 年秋入美國克拉克大學社會學系學習，當時是三年制，但他只讀了一年，於 1919 年 6 月即畢業，並得了個「一等榮譽獎」。1919 年 9 月又入紐約哥倫比亞大學研究院學習政治，也讀了一年，1920 年 9 月得哥倫比亞大學碩士學位，離美赴英，又進入倫敦劍橋大學研究院爲研究生，讀了兩年，於 1922 年 10 月回國，在倫敦，住在「康橋六英里的鄉下叫沙士頓，租了幾間的小屋住下……每天一早我坐街車（有時自行車）上學，到晚回家。」（《我所知道的康橋》）徐志摩對於康橋懷有深厚的感情，他說：「我在康橋的日子，可眞幸福，深怕這輩子再也得不到那樣甜蜜的洗禮」（見《巴黎的鱗爪》），由於有這樣的覺悟，他後來寫成了兩首有關康橋的詩，這就是《志摩的詩》中間的《康橋再會吧》和《猛虎集》中的《再別康橋》，這兩首詩以它特有的詩情畫意而動人，成爲中國新詩的經典作品。

他回國前的重大事件，是他在 1922 年 3 月，在德國柏林與張幼

---

①排奡（pài ào），剛勁有力。

儀離婚。胡適之先生《追悼志摩》一文中對此有詳細的記述：

「民國十一年三月，他正式向他的夫人提議離婚，他告訴她，
他們不應該繼續他們的沒有愛情、沒有自由的結婚生活了。
……彼此尊重人格，自由離婚，止絕苦痛，始兆幸福，皆在此
關。」（《新月月刊》4：1）

離婚後，他曾給梁啓超一信，說了一句警言式的對於愛情歸宿的
認識：

「我將於茫茫人海中訪我唯一靈魂之伴侶；得之，我幸；不
得，我命，如此而已。」（同上）

這句話對於正在戀愛中的青年產生過廣泛影響。

他回國途中，有一件事很能說明他具有的愛國心和正義感。

徐志摩回國，先從歐洲回遠東，搭乘的是一艘僅有少數幾間客艙
的日本客貨輪，途徑新加坡，在這裡停泊兩天，上岸來觀光一下，遇
見了同鄉沈松泉先生，在同游新加坡熱帶植物園時，他對沈松泉先生
說，這艘日本遠洋客貨輪，三間客艙只有六位旅客，旅途二十來天，
這六位乘客天天在一起，常常互相交談，彼此都有相當了解。徐志摩
發現有兩個人是從歐洲販運大量的毒品嗎啡去中國銷售的，他便對沈
松泉先生說：「你等我們開船後，去電報局發一電報給香港海關檢舉
這件事，香港海關一定會派人上船來檢查破案，免得這批毒品去毒害
中國人民。」沈先生贊同後，徐志摩便擬好一份英文電報稿，並留下
足夠的電報費。後來香港果然破獲了這起販毒案。

沈先生後來追憶說：

「徐志摩從海外回國途中將在新加坡的這一對壞人檢舉的行動

是正義的，是表現了他的愛國心和對毒害人民的販毒者進行堅
決的鬥爭的高尚勇敢的行動，應當加以肯定，並且實事求是地
寫進他的歷史。」（見沈松泉《詩人徐志摩軼事》，載《新文
學史料》1981：4）

這件事很能說明徐志摩的愛國思想。

　　四、1922 年至 1931 年是徐志摩回國後在文學事業上大發展的時
期，共九年，是從二十七歲至三十六歲之時。首先，他成為國內最負
盛名的僅二十七歲的年輕的教授。

　　1923 年暑假，在天津的南開大學講授「近代英文文學」和「未
來派詩」。1924 年就任北京大學教授。1927～1928 年，又在上海就
任光華大學，東吳大學法學院，大夏大學等校的教授。1929 年～1930
年在上海光華大學開設「英國文學史」、「英文詩」、「西洋詩歌」、「
西洋名著選」等課。1930 年秋又回北京大學任教授。由此可見，在
南北各大學裡，他都澆鑄過自己的心血。

第二節　徐志摩的思想

　　從思想上說，他雖然受過拜倫、雪萊的浪漫主義影響；又受過英
國羅素，印度泰戈爾的影響；也崇拜過哈代、羅曼羅蘭；既歌唱過法
國資產階級革命，又讚美過十月無產階級的社會主義革命。他的思想
是複雜的矛盾的。但是我覺得他愛國、進步、向上，追求真善美，是
他思想上的主導方面，回國後，從各方面事實可見：

　　一、反對軍閥屠殺人民。無論從他的散文《自別》、《落葉》
還是從他的詩《大邁》、《人變獸》、《梅雪爭春》、《毒藥》、
《白旗》等等。表現得太鮮明了，就連臧克家先生在《中國新詩選》
（1919～1949）代序《「五四」以來新詩發展的一個輪廓》中，也
承認他「反對軍閥的黑暗統治，這表現了（徐志摩）資產階級思想向

上的一面」（第 15 頁），儘管說他「向上」是「資產階級思想」也罷！總之這是徐志摩在回國初期在思想上表現的反軍閥特徵。

二、反對帝國主義侵略。隨著他回國越久，愛國情緒越來越高漲，反對帝國主義的思想也就越來越明確，例如，在 1928 年 5 月 3 日濟南慘案發生，徐志摩寫了一篇充滿愛國精神的日記：「日本人當然是可惡，他們的動作，他們的態度，簡直沒有把我們當作『人』看待，且不說國家與主權，以及此外一切體面的字樣，這還不是『欺人太甚』？有血性的人誰能忍耐？但反過來說，上面的政府也真是糟，總司令不能發令的，外交部長是欺騙專家，中央政府是昏庸老朽的收容所，沒有一件我們受人家侮辱的事不可以追原到我們自己的昏庸……」徐志摩反對帝國主義侵略的態度是十分尖銳而堅定的，而且反過來也批判國民黨政府的無能，揭露「中央政府是昏庸老朽的收容所」。

三、反對國民黨政府壓制民主自由。再隨著時間的推移，蔣介石的國民政府的腐敗與反動性日漸明顯，特務政治盛行，也越來越為徐志摩看穿。1930 年下半年，上海民辦光華大學學潮興起了，徐志摩站在進步學生一邊，與國民黨政府尖銳的對立。國民黨特務頭子潘公展想把光華大學納入他們控制的範圍，指使特務學生楊樹春帶頭掀起了學潮，校長張壽鏞，副校長廖世承主持正義，推選七人組成校務執行委員會，徐志摩即為七委員之一，決定把特務學生楊樹春開除，從而得罪了國民黨反動政府，並進行干涉。徐志摩寫信給他朋友，教育部部長郭有守，信上說：

「光華風潮大致知道。最近又有新發展，已告到大部。我們想從你得知一些消息。市黨部於四、五日前有正式公文送光華，提出四條件：

(1)恢復同事被斥黨員學生楊樹春；

(2)辭退廖副校長及教職員會所選出之執行委員七人（內有兄

弟）；

(3)斥退『所謂』共黨學生三人；

(4)整理學校。……此事以黨絕對干涉教育，關係甚大。弟等個人飯碗不成問題。如有內定情況，可否先漏一二？俾窮教授有所遵從。」（見趙家璧《回憶徐志摩和〈志摩全集〉》——紀念詩人逝世五十周年，載《新文學史料》1981：4）

這是徐志摩站在進步學生一面與國民黨反動派鬥爭的絕好的實例，他的愛憎何等明顯，是非何等鮮明，這說明愛國精神在徐志摩思想上進一步發展，不僅在濟南慘案的對外時抨擊了國民黨中央政府的昏庸，而且在光華學潮中繼續反對國民黨反動派壓制民主自由。他既然為此堅決的反對國民黨反動派壓制民主自由，繼而拒絕在中央政府中當官，這也是合乎他進步思想的。例如，在蔣夢麟任教育部長時，曾聘徐志摩為司長，被徐志摩所拒絕，這說明他有出污泥而不染的高潔情操。

四、對革命作家友愛。胡適在《追悼志摩》一文中說：

「朋友裡缺不了他。他是我們的連索，他是黏著性的，發酵性的，在這七八年中，國內文藝界裡起了不少的風波，吵了不少的架，許多很熟的朋友往往弄得不能見面。但我沒有聽見有人怨恨過志摩，誰也不能抵抗志摩的同情心。誰也不能避開他的黏著性。他才是和事的無窮的同情，使我們愛友，他總是朋友中間的『連索』」。

胡適先生這種感想是正確的，他不愧為徐志摩的知己。就拿當時的左翼作家來說，當時儘管魯迅和瞿秋白否定了徐志摩，在革命作家中抨擊徐志摩的同志大有人在，但是，徐志摩並沒有因此而怨恨左翼作家，最明顯不過的例子是，胡也頻烈士在上海龍華就義，沈從文與

丁玲喬裝夫婦結伴去湖南常德，他冒了危險資送了全部旅費、幫助他們離開了上海（見陳從周《記徐志摩》），對革命作家友愛，追求眞理，追求正義，追求眞善美的人生，凝結成詩人良好的品質，令人尊敬。

從上述四方面可見，詩人最後的九年，關鍵是思想的衍變，從1924年的反軍閥，1925年到1928年的反帝，1930年的反蔣，和幫助革命作家。這一條思想發展的線索說明徐志摩愛國與進步的本質，他若活到四〇年代，一定會走聞一多同樣的正義的道路。

第三節　徐志摩的著作

最後，徐志摩在最後的九年裡，留下了中國現代文學史影響久遠的也可以說是將要千古流傳的作品。

他是一個十分勤奮的青年作家、詩人、教授、翻譯家，作品是多種多樣的。詩人創作的九年共出過四個詩集，四本散文集，一本短篇小說集，一個劇本，日記信札共三本，另外還翻譯了四本書。一共出了十七本書。

一、詩集共有四本是：

1.《志摩的詩》，1925年初由中華書局出線裝本，收入新詩55首。

1927年改由新月書店出版平裝本時，刪去了15首，並將《沙揚那拉》的1至17節刪去，只留第18節，並加入《戀愛到底是什麼一回事》。1983年香港商務版《徐志摩全集》增訂爲68首，並恢復《沙揚那拉》18節。

2.《翡冷翠的一夜》，1927年9月由新月書店初版，1928年5月又再版。

集前有一封給陸小曼的信做爲代序。他自從1922年3月與父母包辦的妻子張幼儀離婚，兩年後，1927年與陸小曼相識於北

京。小曼常州人，擅長於書畫詩文，當時 22 歲，戀愛兩年，1926 年在北京結婚。

所以 1927 年時值結婚一周年，在集中代序便說：

「這一詩集算是紀念我倆結婚的一份小禮」，

他把這本詩「鄭重的獻致給」小曼。①

3.《猛虎集》，這第 3 本詩 1931 年 8 月由新月書店出版。

集前有一篇闡明詩人創作經過及經驗的十分重要的「序文」。寫詩對徐志摩來說，是一件艱苦的事，他在序文中說：

「況且寫詩人一提起寫詩他就不由得傷心。世界上再沒有比寫詩更慘的事；不但慘，而且寒傖。就說一件事，我是天生不長鬍鬚的，但為了一些破爛的句子，就我也不知曾經撚斷了多少根想像的長鬚。」②

說明他進行詩的藝術想像和藝術構思是很不容易，詩人懂得創作的甘苦，這是肺腑之言，寫詩絕不是輕而易舉的。但可惜的是 1983 年香港版全集刪去了這篇序文，移至散文丙集了。

4.《雲遊》，這第 4 本詩是詩人死後，於 1932 年 7 月在新月書店出版的。

編《雲遊》詩集的是詩人和後來是考古學家的陳夢家，他曾寫過《雲遊》的編輯經過：

「洵美要我就便收集他沒有入集的詩。我聚了他的《愛的靈

①此代序，1983 年香港商務版《徐志摩全集》已移至第 4 冊散文集丙，第 136 ～137 頁。其他集子的序文都已收入此集中。

② 1983 年香港版《徐志摩全集》(4)散文集丙，第 138 頁。

感》和幾首新舊的創作，合訂一本詩《雲遊》。想起來使我惶恐，這曾經我私擬的兩個字——雲遊——，竟然做了他命運的啟示，看到他最末一篇的手稿——《火車擒住軌》——只彷彿是他心血凝結的琴弦，一柱一柱響著性靈的聲音。」（見陳夢家《紀念志摩》，載《新月月刊》4；5）

這本詩集前由陸小曼寫了一篇序，較詳細地敍述了他倆的愛情是怎樣鼓勵和激發了徐志摩詩創作的靈感的。①

二、文集共有四本，它們是：

5.《落葉集》，1926 年 6 月由北新書店初版，到 1932 年 5 月已印刷了四版。

集前有徐志摩的「序」，這本散文集是研究徐志摩思想重要著作。《落葉》，《守舊與「玩」舊》，還有《列寧忌日——談革命》等文章，都是徐志摩複雜的思想表白。

6.《自剖文集》，1926 年由新月書店初版，1928 年 10 月又再版。

全書分為三輯，自創集第一，哀思集第二，游俄集第三，也是徐志摩複雜思想的表白，是研究他思想轉變的重要著作，特別是《自剖》、《再剖》，是他愛國精神的體現。

7.《巴黎的麟爪》，1927 年由新月書店出版。

徐志摩寫有序文。其中《九小時的萍水緣》，以同情的筆調描寫了一個法國少女兩次被英國人、菲律賓人玩弄拋棄的悲慘經過，揭露了資本主義社會罪惡的本質，徐志摩寫道：「墮落，人生哪處不是墮落，這社會那裡容得下一個有姿色的女人保全她的清潔？」文筆流暢而有特色。

8.《秋》，這是徐志摩最後一篇散文，是研究他的政治思想重

————————

①可惜的是陸小曼這一篇序也未收入 1983 年香港版的《全集》。

要的著作。

是他在 1929 年在上海暨南大學做的講演，1931 年收入良友《一角叢書》第十三種，由良友圖書公司出版，這是他對當時黑暗的中國社會持否定態度的表現，他認為當時黑暗的中國有三種症候——混亂、變態與一切標準顛倒，「我知道還只是那一大堆醜陋的彎腫的沉悶，壓得瘃人的沉悶，籠蓋著我的思想，我的生命。」他的優點是批判黑暗社會，缺點卻是看不見出路。他有個解決方法，與現在的做法有某些類似，他主張打破知識分子和農民的界限，打破江浙人和北方人的界限，他要求大學女同學畢業後嫁給農民做妻子，又要求江浙的男同學找北方女性做對象，他認為這樣一來，「將來的青年男女一定可以兼有士民（即知識分子）和農民的特長，體力和智力得到均平的發展。」（見《秋》72 頁，1936 年良友版）這種想法在當時儘管引得男女大學生哄堂大笑，但不是完全無道理，十年浩劫時期宣傳的「白啓嫻道路」，不正是徐志摩辦法的翻版麼？

三、小說劇本共有兩本：

9.《輪盤小說集》，1929 年 5 月由中華書局初版。

集前有「自序」，收入《輪盤》、《春痕》、《一個清清的早上》、《船上》、《兩姊妹》、《老李的慘史》等。他在「序」中說：「我常常想寫一篇完全的小說，像一首完全的抒情詩，有它特具的生動的氣韻，精密的結構，靈異的閃光。」《春痕》就是如此而寫成的，這篇小說寫了一個留日學生名叫逸的人，愛上了一位日本英語女老師春痕姑娘，十年後逸飛黃騰達了，與春痕再次相會，她已是三個孩子的三井夫人，住在嘈雜寒酸的舊屋裡，逸心中的春痕「只似夢裡的紫絲灰線織成，只似遠山的輕靄薄霧所形成，」這篇小說像一首抒情詩一樣表明了青春的微不足道和短促得令人心疼。

10.《卞昆崗》（五幕劇），與陸小曼合著，1928 年新月書店出版。

據陳從同《徐志摩年譜》說：案日記（未刊），老孚來說，

慰勞會要排演卞昆崗，擬以毛劍佩去李七妹，王泊生去卞昆崗，顧寶蓮去阿明，蕭英去老敢，鄭正秋去瞎子，清（餘）上沅導演。說明這個劇本上演過。

四、信札日記共有兩本：

11.《愛眉小札》，良友在 1936 年，晨光在 1946 年分別出版。

12.《晨光日記》，1947 年晨光出版。

以上兩部書，都是研究詩人思想生平極好資料。

五、譯文共有四部：

13.《渦提孩》（戈塞著）1923 年 5 月由中華書局出版。

14.《曼殊斐爾短篇小說集》，1927 年秋由北新書局出版。

15.《瑪麗瑪麗》（英·占姆士司芬士著，與沈性仁合譯），1927 年 8 月由新月書局出版。

16.《贛第德》（法·凡爾太著），1927 年 6 月由北新書局出版。

從上述 16 部譯著看，徐志摩的十年創作成果是很豐富的，他是一個很勤奮的才華橫溢的作家。他的散文，可以說是晶瑩蘊藉，詞采絢爛，富於情趣。他的詩融和了歐美的詩律，和中國古典詩歌的風格，形成了一種新型的抒情詩體，歌唱著愛國精神，歌唱著人道主義，在奔放的曲折裡能充分運用俗語、民歌的復疊調。他的翻譯，選擇很精，又能做到流暢正確。

不幸的很，徐志摩於 1931 年 11 月 19 日乘飛機回北京，在濟南黨家庄附近遇到大霧，進退兩難，導致飛機觸撞山頂而傾覆，機身著火，機油四溢，燃起熊熊大火，機上兩位飛行師，一位乘客（徐志摩），全部遇難。徐志摩人雖不幸早逝了，但是，他的作品將是永遠的，梁實秋先生曾說過一句中肯的話：

「文藝是有永久性的。好的作品永遠也不會被人遺忘。志摩的作品在他生時即已享盛名，死後仍然是被許多真正愛好文藝的

人所喜愛。」（見《關於徐志摩》，載《古今文選》）

這個評價是合乎實際的。

附帶說幾句，1983 年 10 月香港商務印書館出版了《徐志摩全集》（全五集），這全集是由陸小曼親自主編的《志摩全集》原紙型印成，她將徐志摩的作品從集子中打散了，再按詩集、小說、散文、戲劇、書信等重新編過，全倒是蠻全的，只是這麼抖散了重來，又沒有加注，便使原來出版順序、創作軌跡全給了一個「亂了套」，便給後來研究徐志摩的人增加了難度，故本章特分類詳敘，以明徐志摩創作之軌跡，便於後來鑽研學問者繼續研究。

第二章　徐志摩詩的愛國精神

我們評價徐志摩的詩，應該有一個正確的出發點，我認為卞之琳先生說得對：

> 「做人第一，做詩第二。詩成以後，卻只能就詩論詩，不應以人論詩。詩以人傳，再來也有這種情況。但是做為文學現象，做為藝術產品，詩本身就是一種獨立存在」（《徐志摩重讀志感》，載《詩刊》1959 年：9 月）。

所以評價徐詩主要應以他的詩文為主，他的詩文也就是他主要的政治表現，我們不應當重複過去極左思潮盛行時期那種唯成份論，認為徐志摩出身於封建性和買辦性兼而有之的商業地主家庭，受過英美資本主義國家的教育，他就一定是「反人民」的，這樣未免顯得形而上學了。

時至八〇年代，徐詩幾經浮沉，市面上已有人肯定他了，九〇年代更是大肯定而肯定了，但是有些學者卻是在肯定他「反人民」的前提下進行評論的，

> 「這正如對待某些歷史上的著名詩人，他們的基本思想傾向可能是反人民的，然而在文學史的研究中，對他們的作品卻不能全盤否認一樣，否認了就會割斷歷史的聯繫，看不到文學發展的整個風貌。」（《試論新月詩派》（吳奔星），載《文學評論》，1980：2）

這是另一種偏向，名曰在否定下的「肯定」，其實這種「肯定」

評價還是微乎其微的，很難脫出這「反人民」思想的禁區，我認為這就等於不肯定。

徐志摩其人究竟是反人民的還是愛國的？這是一個根本問題。從現有資料看，顯然得不出他反人民的結論，而只能提為：愛國詩人徐志摩。這不是對他過高的讚譽，而是實事求是對待一個詩人。徐志摩死時才三十六歲，還是一個青年，真是「千古詩人未竟才」，正在熱氣方剛之年，不幸飛機撞著黨家庄的高山而奪走了他的生命。但是，早死也有早死的好處，他的歷史一清二楚，一未加入國民黨，二未在蔣氏政府中擔任過一官半職，即使在解放以後來定他的案，他的問題也不可能是政治問題，充其量只是思想問題。

徐志摩是中國新詩壇的怪傑，怪就怪在他從二〇年代初發表新詩以來即已名震國內外，是個：

「天真純厚、才華驚世的一代詩人」（沈從文《友情)》

解放前，就有人將他與郭沫若並列為中國新詩壇的兩大詩人，但不幸得很，五〇、六〇、七〇年代，他一直都是個被批判否定的對象，新文學界的革命理論家們始終將他視為資產階級反動詩歌權威，抽去他詩歌中愛國、反封建和人道精神，侈談他的詩歌「有限的」一點點「藝術性」，這種剩荣殘看式的賜予，有如對一個乞丐的捨施，真是顯得太寒愴和可憐了，這種評價和定位狀況，我想是值得提出商榷的。

從徐志摩的全部詩文來考察，貫穿了明顯的愛國精神，這是一根內在的紅線，我認為，徐志摩的愛國精神至少表現在以下五個方面。

第一節　他悲憤中國的國難當頭

在他二十三歲時寫的著名愛國文章《徐志摩啓行赴美文》中，

（這是一張用白報紙大號鉛字排印的經折式啓文，陳從周先生將它收入《徐志摩年譜》裡）徐志摩是那樣悲憤地敘述著國難當頭時出國留學，心境難平的狀態：

> 「諸先生於志摩之行也，豈不曰國難方興，憂心如擣；室如懸磬，野無青草，嗟爾青年，維國之寶，慎爾所習，以驕我腦。誠哉，是摩之所以引惕而自勵也。傳曰：父母在，不遠游。今棄祖國五萬里，違父母之養，入異俗之域，捨安樂而耽勞苦，固未嘗不痛心欲泣，而卒不得已者，將以忍小劇而克大緒也。恥德業之不立，遵恤斯之辛苦，悼邦國之殄瘁，敢戀晨昏之小節，劉子舞劍，良有以也。祖先擊楫，豈徒然哉。惟以華夏文物之邦，不能使有志之士，左右逢源，至於跋涉間關，乞他人之糟粕，作無憀之妄想，其亦可悲而可慟矣。」

眞是，一個愛國留學生的形象，躍然紙上，對「國難方興」，他「痛心欲泣」，對祖國的不能獨立，他感到恥辱，到外國去「乞他人之糟粕」，他感到悲慟！到了美國學習，報國雪恥之心時刻激勵著他，他寫道：

> 「所謂青年愛國者如何？嘗試論之；夫讀書至於感懷國難，決然遠邁。方其浮海而東也，豈不慨然以天下爲己任。及其足履目擊，動魄劌心，未嘗不握拳呼天，油然發其愛國之愧，其竟學而歸，又未嘗不思善用其所學，以利導我國家，雖然我徒見其初而已，得志而後，能毋徇私營利，犯天下之大不韙者鮮矣。」

他留學國外，正是「感懷國難」，並且「以天下爲己任」，「以利導我國家」爲目的地來進行學習，充分「發其愛國之忱」。另

外，我們從《志摩日記》（陳從周輯本）中，也可看見當時他的愛國精神何等高漲：「1918 年 10 月 15 日在美和同室四人訂協定章程。」

> 「大目如六時起身，七時朝會（激恥發心），晚唱國歌，十時半歸寢，日間勤學而外，運動跑步閱報。」

1918 年 11 月歐戰停止，

> 「11 月 11 日上午三時停戰消息傳到，霎時舉國若狂，歡動天地……長隊遊行亘二里不絕，方是時也，天地為之開朗，風雲為之霽色，以與此誠潔摯勇之愛國精神，相騰嬉而私慰。」

確實，歐戰結束，舉國若狂的興奮情景，在很大程度上促進了他的愛國熱腸。那時他「激恥發心，晚唱國歌」，正是為了寄託他不願做亡國奴的心聲，這是二〇年代中國愛國知識分子高貴的愛國品質的表現。

他沒有對帝國主義侵略我國無動於衷。從徐志摩的詩文中可見，他對帝國主義在我國劃的「禁地」，是心懷憤怒的，並且他對帝國主義敢恨，而且更不能容忍帝國主義及其代理人在我國發動的反人民的戰爭，這種戰爭給中國人民帶來了無窮的災難，使無數人曝屍野外、妻離子散，家破人亡。他在散文中，表示了對帝國主義在我國「禁地」的蔑視。

例如，他在散文《死城》（北京的一晚）裡有這樣記述：

> 「廉楓正走近東交民港一邊的城根，聽著外國兵營的溜冰場裡的一陣笑響，忽然記起這邊是帝國主義的禁地，中國人怕不讓上去。果然，那一個長六尺高一臉糟斑守門兵只對他搖了搖腦袋，磨著他滿口的橡皮，挺著胸脯來回走他的路。」

　　如果徐志摩不爲半殖民地的中國痛心，絕不會有這種內含憤怒的描述，這是他明顯愛國心，和反帝精神的表露，捨此不可能做出其他結論。眾所周知，解放前北京東郊民巷使館區，是一個典型的「華人與狗，不得入內」的殖民地，任何一個有血性的中國人走過這裡，都不可能不有切膚之痛。在《死城》裡他稱那些外國人爲「洋鬼子」、「糟斑臉的」，對帝國主義者明顯地蔑視，揶揄他們，體現著他的愛國心。他在詩中，揭露軍閥進行的反人民的戰爭，給人民帶來深重的災難，而軍閥正是各個帝國主義國家的走狗。毛澤東曾指出：

　　　「帝國主義和國內買辦豪紳階級支持著的各派新舊軍閥，
　　從民國元年以來，相互間進行著繼續不斷的戰爭，這是半殖民
　　地中國的特徵之一。……這種現象產生的原因有兩種，即地方
　　的農業經濟（不是統一的資本主義經濟）和帝國主義劃分勢力
　　範圍的分裂剝削政策。」（《毛澤東選集》，第一卷，第 129 頁）

　　因此，徐志摩反對軍閥戰爭和它的黑暗統治，並不是「表現了資產階級思想」，而實質正是反對帝國主義在我國劃分勢力範圍的分裂剝削政策造成的戰爭，也是表現了徐志摩的反帝國主義的思想和立場。在詩中，他用血淋淋的事實來揭露這種帝國主義代理人進行的反動的戰爭，《大帥》（戰歌之一）描寫了人民家破人亡的災難，使人們看見了這種反人民戰爭的必須制止和被反對：

　　　大帥有命令，以後打死了的屍體，
　　　再不用往回挪（叫人看了挫氣），
　　　　就在前邊兒挖一個大坑，
　　　　拿癟了的弟兄給往裡擲，
　　　　　擲滿了給平上土，

　　　給它一個大糊塗，

　　　也不用給做記認，

　　　管他是姓賈姓曾！

　　也好，省得他們家裡人見了傷心；

　　　娘抱著個爛了的頭，

　　　弟弟提溜著一支手

　　新娶的媳婦到手個膿包的腰身！①

　　這是多麼令人悲痛的家破人亡的慘狀呵！描寫戰後挖抗埋死人，
「間有夭死者，即被活埋」，這種慘狀，在我國新詩史上，徐志摩這
首詩為首見，畫面很有典型意義。再如，《太平景象》這首詩也是揭
露了帝國主義代理人進行的反動戰爭的，詩人所選擇的物品都是寓意
著深意的，請看：第一觀抽的香煙 ，小販們賣的，士兵們抽的「大
英牌」，這是半殖民地的象徵。「多留幾包也好，前邊什麼買賣都不
成」，因為抽外國牌香煙最終是要去送死當砲灰的。第二觀士兵手上
拿著什麼武器？「這槍好，德國來的，裝彈射時手順」，表明了這
是帝國主義代理人戰爭的實質，帝國主義出槍出砲，中國人民當砲
灰，為帝國主義劃分勢力範圍和瓜分中國而打仗，結果是「前邊稻田
裡的屍體，簡直像牛糞，全的，殘的，死透的，半死的，爛臭，難
聞」，徐志摩用具有特徵性的物品和血淋淋的事實，展示了在半殖民
地的中國，帝國主義導演的反動戰爭的殘酷性。以上例證說明，徐志
摩詩中的愛國精神表現得何其明顯！

　　他在詩中，也公開宣布紀念被帝國主義和軍閥反動派殺害的仁人
志士。例如，1926 年 3 月 12 日至 16 日，由以日本為首的八個帝國
主義國家提出的要我國撤除大沽口國防設備的無理要求引起的「大沽
口事件」，導致了北京人民的反對。3 月 18 日，北京各界人民五千多

────────────

① 《徐志摩全集》(1)，第 247～248 頁。

人在天安門集合，由李大釗（中國共產黨北方區黨委書記）擔任主席，會議通過了驅逐各國公使的最後通牒，還通過了督促帝國主義而戰的決議，但遊行進行中遭到屠殺，段祺瑞在帝國主義指使下開了槍，打死了五十多個群眾，重傷二百人，釀成「三・一八慘案」。徐志摩對帝國主義和軍閥的屠殺極爲憤怒，寫成《梅雪爭春》（紀念三・一八）歌頌了犧牲的人民群眾；與人民一起鬥爭：

　　　南方新年裡有一天下大雪，
　　　我到靈峰去探春梅的消息；
　　　殘落的梅萼瓣瓣在雪裡醃，
　　　我笑說這顏色還欠三分豔！

　　　運命說：你趕花朝節前回京，
　　　我替你備下真鮮豔的春景；
　　　白的還是那冷翩翩的飛雪，
　　　但梅花是十三齡童的熱血。①

　　詩人用象徵性的藝術手法，把烈士們比做高潔的梅花，他們將祖國的秦而與帝國主義及其走狗們代表的冬雪抗爭，終於備下了「真鮮豔的春景」。詩的意境崇高而優美，是徐志摩詩中揚溢著革命感情的不朽之作，其價值是不可抹殺的。

　　以上例證說明，徐志摩詩中的愛國精神表現得何其明顯！在中國國難當頭之時，他悲憤地記下了人民的苦難，喊出了抗議的呼聲，他不迴避也不抹殺帝國主義及其代理人對中國人民犯下的滔天罪行，表現了鮮明的反帝立場。這對剝削階級家庭出身的徐志摩來說，是十分難能可貴的。這代表了他詩的主流。

---

① 《徐志摩全集》(1)，第 251～252 頁。

第二節　他熱愛祖國的山山水水

　　徐志摩是一個愛國知識分子，他到外國去留學與旅遊，應當同那些高等白華們和洋奴們和買辦們有所區別，從徐志摩的許多詩文中反映出來的思想感情可見，我們祖國的一草一木，以及一山一水，都在他心中喚起了深厚的濃烈的情意，即使他身在大西洋的彼岸，看到的是國外的山山水水，但他也會情不自禁的用它來與祖國的名山好水對比，這反映出他對自己祖國的眷戀之情。1925 年他三十歲時，從 3 月到 8 月這半年間，他出國旅遊，到過蘇聯、德國、意大利、法國等國家，寫過大量詩文，充分表達了他對祖國山河的懷念。例如他在途中寫的《翡冷翠山居閑話》，就這樣寫道：

　　「自然是最偉大的一部書，歌德說：在他每一頁的字句裡我們讀得最深奧的消息。並且這書上的文字是人人懂得的；阿爾帕斯與五老峰，雪西與普陀山，萊因河與揚子江，萊茫湖與西子湖，建蘭與瓊花，杭州西湖的蘆雪與威尼斯夕照的紅潮，百靈與夜鶯，更不提一般黃的黃麥，一般紫的紫藤，一般青的青草同在大地上生長，同在和風中波動──他們應用的符號是永遠一致的，他們的意義是永遠明顯的，只要你自己性靈上不長瘡癬，眼不盲，耳不塞，這無形跡的最高等教育便永遠是你的名分，這不取費的最珍貴的補劑便永遠供你的受用，只要你認識了這一部書，你在這世界上寂寞時便不寂寞，窮困時不窮困，苦惱時有安慰，挫折時有鼓勵，軟弱時有督責，迷失時有南鍼。」

　　詩人這一部在寂寞、窮困、苦惱、挫折、軟弱、迷途時使他得到偉大力量的大自然的書中，包容著祖國的五老峰、普陀山、揚子江、

西子湖等等親愛的鄉土，這些才是詩人感到大自然有意義的關鍵所在，是他身在國外而心在國內很明顯的反映。無獨有偶，他身在蘇聯西伯利亞道中，而心卻在祖國的西子湖畔，《西伯利亞道中憶西湖秋雪庵蘆色做歌》一詩，便是一首懷念祖國的優美抒情之作：

> 我撿起一枝肥圓的蘆梗，
> 　　　在這秋月下的蘆田；
> 我試一試蘆笛的新聲，
> 　　　在月下的秋雪庵前。
>
> 這秋月是紛飛的碎玉，
> 　　　蘆田是神仙的別殿；
> 我弄一弄蘆管的幽樂——
> 　　　我映影在秋雪庵前。
>
> 我先吹我心中的歡喜——
> 　　　清風吹露蘆雪的酥胸；
> 我再弄我歡喜的心機——
> 　　　蘆田中見萬點的飛螢。
>
> 我記起了我生平的惆悵，
> 　　　中懷不禁一陣的淒迷，
> 笛韻中也聽出了新來淒涼——
> 　　　近水間有繼續的蛙啼。
>
> 這時候蘆雪在明月下翻舞，
> 　　　我暗地思量人生的奧妙，
> 我正想譜一折人生的新歌，

啊，那蘆笛（碎了）再不成音調！①

　　一首好詩總是含蓄而令人回味無窮的。這首詩的主題思想在詩題中已經點明，是在西伯利亞懷念祖國，祖國的具體形象是西湖秋雪庵，詩人完全沉溺在一種幽深的優美的夢境中，感情極為溫柔而纖細，向自己的故土傾訴著滿腔的愛，他將自己的鄉土形容作「神仙的別殿」，他用蘆笛在秋雪庵為月吹著幽樂，他為鄉土吹著「心中的歡喜」和「生平的惆悵」，他也在自己鄉土秋雪庵前「暗地思量人生的奧妙」，並且為他「譜一折人生的新歌」，小詩寫到此便收尾而回復了，但是詩人熱愛祖邦鄉土之情已經濃情四溢。如果詩人用「祖邦呀！我愛你呀」，這樣口號式的詩句，那它就不成其為大詩人徐志摩，正由於他的詩絕無標語口號，便特別引起一般人的誤解，而簡單的不符事實的說他的詩是「無病呻吟」，但實際上他的詩是意寓著鄉土的深情厚意的。

　　應當強調的指出，徐志摩的風景詩中，滲透了他對祖國山河的讚美與熱愛，十分感染人，也引人深思，例如，他在《翡冷翠山居閑話》中提到的廬山五老峰，便不只一次的出現在他的詩文中，他借五老峰來刻畫祖國莊嚴偉大的形象，充分表現了中華古國的威嚴與永恆，他在《五老峰》一詩中唱道：

　　　　不可搖撼的神奇，

　　　　　　不容注視的威嚴，

　　　　這聳峙，這橫蟠，

　　　　　　這不可攀援的峻險！

　　　　看，那巉岩缺處②，

---

① 《徐志摩全集》(1)，第 262～264 頁。

② 巉（chán 蟬），山勢高險。

透露著天，窈遠的蒼天，

在無限廣博的懷抱間，

這磅礴的偉像顯現！

是誰的意境，是誰的想像？

是誰的工程與搏造的手痕？

在這亙古的空靈中①，

陵慢著天風，天體與天氛！

有時朵朵明媚的彩雲，

輕顫的妝綴著老人們的蒼鬢，

像一樹虬幹的古梅在月下②，

吐露了豔色鮮葩的清芬！……

更無有人事的虛榮，

更無有塵世的倉促與囂夢，

靈魂！記取這從容與偉大，

在五老峰前飽啜③自由的山風！

這不是山峰，這是古聖人的祈禱，

凝聚成這「凍樂」似的建築神工，

給人間一個不朽的憑證——

一個「崛強的疑問」在無極的藍空！④

　　寫得何等神妙啊！《五老峰》是「五四」以來新詩歌頌祖國偉大

---

①亙（gèn 更，舊讀 gèng）亙古——從古至今。

②虬（qiú 求，），古龍。

③啜（chuò 綴），吃喝。

④《徐志摩全集》(1)，第55～58頁。

山河之卓越藝術品，洋溢著愛國主義情思。詩人借用五老峰之景來刻畫我們中華古國的「不可搖撼的神奇，不容注視的威嚴」，在帝國主義列強準備和正在企圖瓜分中國的當時，徐志摩歌頌祖國「在無限廣博的懷抱間，這磅礡的偉象顯現」，是明顯維護祖國獨立的表現。徐志摩還告訴人民「靈魂，記取這從容與偉大」，因為祖國古老的山河已「給人間一個不朽的憑證」，實質上這便是詩人歌頌中華民族不朽的愛國精神的表現！我們應對徐志摩風景詩中這種愛國精神做充分的肯定。總之，徐志摩以他那特有的濃麗細膩的筆觸，描寫了祖國的優美山河，滲透了他對祖國山山水水的愛戀。

第三節　他同情苦難的中國人民

徐志摩與當時一切有正義感的知識分子一樣，與聞一多幾乎同時對苦難的中國人民深為同情，歌頌了人民壯麗的勞動，也傾訴了人民沉重的苦難，為此他寫了大量的詩歌。在徐志摩的筆下，從來沒有出現過讚頌那些大腹便便的有錢人的現象，因為他有一個正直的信念，就是他在《自剖》一文中說的：「我們看不起有錢人」，所以可以理解，有錢人的形象絕不會在他詩中出現。在他詩中首先突出表現的是那些被欺壓受苦難的小人物，《先生！先生！》詩中描寫的小乞丐要錢的場面催人淚下：

> 緊緊的跟，緊緊的跟，
> 破爛的孩子追趕著鑠亮的車輪：
> 「先生，可憐我一大化吧，善心的先生！」
>
> 「可憐我的媽，
> 她又餓又凍又病，躺在道兒邊直呻——
> 您修好，賞給我們一頓窩窩頭，您哪，先生！」……

「先生……先生！」

紫漲的小孩，氣喘著，斷續的呼聲——

飛奔，飛奔，橡皮的車輪不住的飛奔。①

　　在我們眼前，再現了二○年代小乞丐緊跟在人力車後向車裡戴大皮帽的先生要錢的情景，這種嚴峻的現實主義畫面，不論對徐詩如何地貶低，都不能不承認這是一個有正義感的詩人對當時的社會提出的抗議，這種正確的人道主義精神也是任何人無法否定的。《叫化活該》一詩仍然如此，那是一幅 20 世紀二○年代，「朱門酒肉臭，路有凍死骨」的慘狀，但詩人把同情與溫暖寄予那些受苦人：

「可憐我快餓死了，發財的爺！」

　　大門內有歡笑，有紅爐，有玉杯；

「可憐我快凍死了，有福的爺！」

　　大門外西北風笑說：「叫化活該！」②

　　這首詩的高度凝鍊的筆法，只用十四行，集中描繪了一個在大門邊乞丐的慘景，不論從思想性與藝術性哪方面看，這首詩都是一首現實主義的傑作。《誰知道》詩中，著重描繪一個拉黃包車的襤褸的老頭，同情窮苦人之情也洋溢於詩外，並且也藝術地反映了勞動人民的生活。

　　在他詩中同時突出表現的是那些被污辱與被損害的女性，詩人也對她們賦予了強烈的同情與關注。《蘇蘇》這首詩便是描寫現實生活中「痴心女子負心漢」給女性帶來的災難，像一齣暴風雨，摧殘了她的身世，她死去了：

---

① 《徐志摩全集》(1)，第 66 頁。

② 《徐志摩全集》(1)，第 68 頁。

> 這荒草地裡有她的墓碑：
>
> 　淹沒在蔓草裡，她的傷悲；
>
> 　淹沒在蔓草裡，她的傷悲——
>
> 啊，這荒土裡化生了血染的薔薇！①

　　詩人完全用不著描寫蘇蘇被摧殘的過程，通過集中描寫她的墓地，即已典型的概括了慘劇的本質，表達了詩人深切的同情。

　　《蓋上幾張油紙》一詩中描寫了一個在大雪飄飛時痛哭死去兒子的婦人，這在當時那冰冷的社會裡，這種悲慘的哭訴，也在一定程度上配合了詩人對黑暗現實的詛咒與控訴。這種詩在徐志摩詩中是大量存在著。

　　在《人變獸》中，他為那「井邊挑水的姑娘」控訴了軍閥戰爭給她「人變獸」的恥辱，同情了受污辱受損害的少女。

　　在《大帥》中，他同情了在軍閥混戰中死去的或受傷後被活埋的窮苦士兵。在《一條金色的光痕》中，他同情了因凍餓而死的買不起棺材的農民。……

　　事實說明，徐志摩的詩有著豐富而堅實的生活思想內容，他也是一個嚴肅的現實主義詩人，詩中充滿了他對窮苦人民的同情，他有一顆善良的心。

　　通過徐志摩大量的同情苦難人民的詩歌，我們有理由說，徐志摩絕不是反人民的，也絕不是仇視人民的，我們看見的事實正好相反，徐志摩不獨不是反人民的，而且還是愛人民的，愛中國人民，正是他愛國精神的一種具體表見，《拜獻》這首詩，正可確切地說是他愛人民的集中反映：

> 山，我不讚美你的壯健，

---

① 《徐志摩全集》⑴，第 276 頁。

海，我不歌詠你的闊大，

風波，我不頌揚你威力的無邊；

但那在雪地裡掙扎的小草花，

路旁冥盲中無告的孤寡，

燒死沙漠裡想歸去的雛燕——

給他們，給宇宙間一切無名的不幸，

我拜獻，拜獻我胸脅間的熱，

管裡的血，靈性裡的光明；

我的詩歌——在歌聲嘹亮的一俄頃，

天外的雲彩為你們織造快樂，

　　　起一座虹橋，

　　　指點著永恆的逍遙，

在嘹亮的歌聲裡消納了無窮的苦厄！①

　　這首詩的主題思想便是向宇宙間一切無名的不幸者——人民，表示詩人的忠誠祝福和祭拜，為了一切無名的不幸者，詩人決心獻出他「胸脅間的熱，管裡的血，靈性的光明」，一句話，獻出他的生命！這是何等純真的感人肺腑的表白！我想我們對這樣一位剝削階級家庭出身的善良的詩人，絕不應當採取一棍子打死的做法，也不能學未庄趙太爺的做法，不准阿Q革命！只要我們清除了幾十年來文革戰線過左的偏向，並且承認評價有錯誤，同情人民與愛人民的徐志摩，便正經立在我們的門口了。評價一個詩人，應當看看他對人們的態度如何，我認為徐志摩對人民的態度是好的。《廬山石工歌》中，他記錄了勞動號子，在《致劉勉已函》裡記著，他在廬山牯嶺聽到石歌「格外使人感動，那是痛苦人間的呼吁」，他說：「彷彿鄂爾加河沉著的濤聲，表現俄國民族偉大沉默的悲哀，我當時聽了廬山石工的叫

---

① 《徐志摩全集》(1)，第 314 頁。

聲,就想起他的音樂,製歌不敢自信,但那浩唳的聲調至今還在我靈府裡動蕩,我只盼望將來有音樂家能利用那樣天然的音籟譜出我們漢族血赤的心聲!」這個例子很能說明,他愛人民勞動的歌,這正是他有中華民族自信心的表現,也正是他愛國精神的表現。因此他希望有人利用它來「譜出我們漢族血赤的心聲!」這明顯表現了他對人民的愛。而這正與他在上面說,他寫詩是為了「消納」人民「無窮的苦厄」,「為你們(人民)織造快樂」,是互相一致的。

第四節　　他厭惡黑暗的吃人世界

　　徐志摩對黑暗世界是不滿的,無所謂前後期之分,對舊社會的不滿與反抗,一直是他的主導思想之一。由於他愛國、愛中華民族、他有一顆赤子之心,這是他對黑暗社會,對軍閥混戰,對民不聊生的現狀不滿的主要原因。在《自剖文集·再剖》一文中,他曾對自己愛國的「赤子之心」和對黑暗社會的不滿有這樣的解釋:「往理性的方向走,往愛心與同情的方向走,往光明的方向走,往真的方向走,往健康快樂的方向走,往生命,更多更大更高的生命方向走——這是我那時的一點『赤子之心』。我恨的是這時代的病象,什麼都是病象;猜忌、詭詐、小巧、傾軋、挑撥、殘殺、互殺、自殺、憂愁、做偽、骯髒。我不是醫生,不會治病;我就有一雙手,趁它們靈活的時候,我想,或許可以替這時代打開幾扇窗,多少讓空氣流通些,濁的毒性的出去,清醒的潔淨的進來。」這種思想是健康而純正的,在他通過《先生!先生!》、《叫化活該》、《大帥》、《人變獸》、《太平景象》等等諸如此類的悲慘生活圖景,看到人民的苦難,他便反叛。他說:「青年永遠趨向反叛,愛好冒險;永遠如初度航海者,幻想黃金機檬於浩淼的煙波之外;想割斷繫岸的纜繩,扯起風帆,欣欣地投入無垠的懷抱。」(《北戴河海濱的幻想》)這說明他的反叛並不是半途而廢的。從徐志摩詩文本身來看,他對黑暗社會的不滿與反

叛,表現的特點是揭露了中國人民生活在水深火熱的世界,我們這倒運的民族眼下只有兩種人可分,一種是在死的邊沿過活的,又一種簡直是在死裡面過活的:你不能不發悲心不是,可是你有什麼能耐能抵擋這普遍『死化』的凶潮?太淒慘了呀!這『人道的幽微的悲切的音樂』!」(《自剖文集・求醫》)聽!面對人民的苦難,他正是這樣直言不諱的揭露。在《這年頭活著不易》詩中,詩人唱著:「看著淒慘,唉,無妄的災!為什麼這到處是憔悴?這年頭活著不易!這年頭活著不易!」這顯然是表達人民的呼聲。有時,詩人又用詩的形象的語言來描繪萬惡舊社會可憎的面目,在《生活》詩中他唱道:

> 陰沉,黑暗,毒蛇似的蜿蜒,
> 生活逼成了一條甬道;
> 一度陷入,你只可向前,
> 手捫索著冷壁的黏潮,
>
> 在妖魔的臟腑內掙扎,
> 頭頂不見一線的天光,
> 這魂魄,在恐怖的壓迫下,
> 除了消滅更有什麼願望?①

　　這就是鬼域的黑暗社會真實的寫照,像一幅油畫那樣,讀後令人感到悲寒與警惕。這首詩概括的現實具有普遍性。

　　很明顯,徐志摩對黑暗社會的揭露是徹底的和尖銳的。但是,他看不到出路,正如他在《生活》中說的「這魂魄,在恐怖的壓迫下,除了消滅更有什麼願望?」其實,他在《求醫》這篇散文中說過這樣的話:

---

① 《徐志摩全集》(1),第 362 頁。

> 「你彷彿是掉落在一個井裡，四邊全是光油油不可攀援的
> 陡壁，你怎麼想上得來？就我個人說，所謂教育只是「畫皮」
> 的勾當，我何嘗得到一點真的知識？」

　　說得不錯，他批判資產階級教育的虛偽性，「只是個畫皮的勾當」，這也是他厭惡黑暗社會的表現，但他和舊社會大多數知識分子一樣，憎恨舊社會，卻找不到出路，找不到前進的方向，像掉進一口井，「四邊全是光油油不可攀援的陡壁」，這正是徐志摩的悲劇，當時他生活在那一群留學生裡，是一隻鶴，別人（如梁實秋等）都是雞群，但他不知哪裡飛？「除了消滅還有什麼願望？」，因而他感到茫然，這是可以理解的。

　　他厭惡黑暗的吃人世界，是同他同情苦難的中國人民的思想感情緊緊交織在一起的，人民的痛楚與辛酸，會深深觸動詩人善良的人道主義靈魂，使他震動，使他思索，使他不能忍受，最終不得不向黑暗社會提出譴責。《古怪的世界》就是這樣一首同情人民的痛苦，並向黑暗社會提出質問的卓越之作：

　　　　從松江的石湖塘，
　　　　　上車來老婦一雙；
　　　　顫巍巍的承住弓形的老人身，
　　　　多謝（我猜是）普渡山的盤龍藤；

　　　　青布棉襖，黑布棉套，
　　　　　頭毛半禿，齒牙半耗；
　　　　肩挨肩的坐落在陽光暖暖的窗前，
　　　　畏葸①的，呢喃的，像一對寒天的老燕；

━━━━━━━━━━

①葸（xǐ，洗），畏懼。

　　震震的乾枯的手背，

　　霆霆的 皺縮的下頦①，

這二老，是妯娌，是姑嫂，是姐妹？——

緊挨著，老眼中有傷悲的眼淚！

　　憐憫，貧苦不是卑賤，

　　老衰中有無限莊嚴；——

老年人有什麼悲哀，為什麼淒傷？

為什麼在這快樂的新年，拋卻家鄉？

　　同車裡雜沓的人聲，

　　軌道上疾轉著車輪；

我獨自地，獨自地沉思這世界的古怪——

是誰吹弄著那不調諧的人道的音籟？②

　　我所以全引這首詩，因為它最能表現徐志摩恨那古怪的黑暗世界，深深同情痛苦的人民和熱愛自己的鄉親父老。從遣詞造句可見，徐志摩對勞動人民絕無貴人的大架子，相反，他對人民群眾極為尊敬，「憐憫，貧苦不是卑賤，老衰中有無限莊嚴」，這種警言式的詩句，是詩人肺腑之言，正是他對人民高度尊敬的表現。

　　前十二句詩人集中刻畫了兩位老人悲傷的形象，首先在畫面上引起人們強烈的同情。後八句往縱深開掘了全詩的主題思想，在強調指出貧苦老人的莊嚴以後，他們也應享有幸福的晚年，但是他們卻在快樂新年中，拋卻家鄉而外流，詩人一連提了四個問題而結束全詩，顯然，這是指黑暗的吃人世界，腐敗的軍閥政府要負責。

―――――――――

①頦（kě，瞌），下巴頦。

②《徐志摩全集》(1)，第46頁。

《灰色的人生》也是一首構思頗為不凡的詩篇。詩中刻畫的「我」的形象，是一個近乎瘋人的形象，但是這幾乎精神失常的詩人是什麼原因造成了他各種各樣反常的舉動？詩人用最別致的筆法，一層一層的剝開這朵奇花的彩瓣，最終告訴讀者，是民間的痛苦的聲音逼迫詩人的失常，最終告訴讀者，這是他痛恨這黑暗的吃人世界的結果。

我想——我開放我的寬闊的粗暴的嗓音，

唱一支野蠻的大膽的駭人的新歌；

我想拉破我的袍服，我整齊的袍服，

露出我的胸膛、肚腹、肋骨與筋絡；

我想放散我一頭的長髮，

像一個游方僧似的披著一頭的亂髮；

我也想跣①我的腳，跣我的腳，

在巉崖似的道上，快活地，無畏地走著。

我要調諧我的嗓音，傲慢的，粗暴的，

唱一闋荒唐的，摧殘的，彌漫的歌調；

我伸出我的巨大的手掌，向著天與地，

海與山，無饜②地求討，尋撈；

我一把揪住了西北風，問他要落葉的顏色，

我一把揪住了東南風，問他要嫩芽的光澤，

我蹲身在大海的旁邊，傾聽他的偉大的酣睡的聲浪；

我捉住了落日的彩霞，遠山的露靄，秋月的明輝，

散放在我的髮上，胸前，袖裡，腳底……

---

①跣（xiǎn，顯），赤腳。

②饜（yàn，研），滿足。

　　我只是狂喜地大踏步地向前，向前，

　　口唱著暴烈的，粗儉的，不成章的歌調；

　　來，我邀你們到海邊去，聽風濤震撼太空的聲調；

　　來，我邀你們到山中去，聽一柄利斧伐老樹的清音；

　　來，我邀你們到密室裡去，聽殘廢的寂寞的靈魂的呻吟；

　　來，我邀你們到雲霄外去，聽古怪的大鳥孤獨的悲鳴；

　　來，我邀你們到民間去，聽衰老的、病痛的、貧苦的、殘毀

　　的、受壓迫的、煩悶的、奴服的、懦怯的、醜陋的、罪惡的、

　　自殺的──和著深秋的風聲與雨聲，

　　──合唱的「灰色的人生！」①

　　很顯然，這「灰色的人生！」，是確指在黑暗的吃人世界裡，人民過著「衰老的，病痛的，貧苦的，殘廢的，受壓迫的，煩悶的，奴服的，懦怯的，醜陋的，罪惡的，自殺的」生活，詩人一口氣喊出重複的十一個「的」字，把控訴與痛恨黑暗的吃人世界的思想感情推向了最高潮，因而這「灰色的人生」字眼，絕不會使人誤會是詩人自己灰色的人生觀，相反，它給人一種反抗舊社會的思想力量。詩人在最後這個：「來，我邀你們到民間去」，畫龍點睛地把前面刻畫的所有形象都調動起來，點出了莊嚴的主題思想。

　　這首詩不僅構思高超，主題思想正確，而且藝術性也很卓絕。想像十分奇特，「我一把揪住了西北風問他要落葉的顏色；我一把揪住了東南風，問他要嫩芽的色澤」，這種常人不易寫出的好詩句，表現了徐志摩驚人的才華。象徵含蓄，令人回味無窮，如「我蹲身在大海的旁邊，傾聽他的偉大的酣睡的聲浪」，給人以聯想，那時的中國，正好比那「偉大的酣睡的」大海，一當革命的暴風雨來臨，便會必然推翻這「灰色的人生」！總之，從上面所有例子，均能說明徐志摩的

────────────

① 《徐志摩全集》⑴，第92～94頁。

詩充分表現了他對黑暗的吃人世界的憎恨，從而也體現了他的愛國精神！

第五節　他堅信光明的社會必將來臨

徐志摩雖然看不見他的政治出路在哪裡，他始終走著舊社會一般知識分子所走的那種超政治的道路，但是，大量事實說明，他仍在追求人生的幸福和中國光明的未來，他仍然堅信光明的社會必將來臨，在《徐志摩啟行赴美文》中，他便表示「以天下為己任」，在「時勢造英雄，還是英雄造時勢」這個問題上，他表示：

> 「況今日之世，內憂外患，志士貧興，所謂時勢造英雄也。時乎時乎？國運以苟延也今日，做波韓之續也今日，而今日之事，吾屬青年，實負其責，勿以地大物博，妄自誇誕，往者不可追，來者猶可諫。夫朝野之醉生夢死，固足自亡絕，而況他人之魚肉我耶？」

在中國內憂外患，帝國主義魚肉我國之時，他表示絕不能「足自亡絕」，去過醉生夢死的生活，而應急起直追，在時勢中去造就英雄。可見，徐志摩的歷史觀是具有唯物主義成分的，因此他對生活持積極態度就並不是偶然的。他堅信光明的社會必將來臨，也就是必然的了。

中國現代史上的「五卅」反帝愛國運動，對當時的中國人來說是判別他是愛國還是賣國的分水嶺。當時真是涇渭分明地劃清了擁護者與反對者，革命派與反革命派極為鮮明的界限。徐志摩是愛國的，他站在了人民的一邊，對帝國主義及其代理人的暴行提出了強烈的譴責，從而表現了他堅實的毫不含糊的反帝立場。他說：

　　屠殺的事實不僅是在我住的城子裡發現，我有時竟覺得是我自己的靈腑裡的一個慘象。殺死的不僅是青年們的生命，我自己的思想也彷彿遭著了致命的打擊，好比是國務院前的斷腕殘肢，再也不能回復生動與連貫。但這深刻的難受在我是無名的，是不能完全解釋的。這回事變的奇慘性引起憤慨與悲切是一件事，但同時我們也知道在這根本起變態作用的社會裡，什麼怪誕的情形都是可能的。屠殺無辜，還不是年來最平常的現象。自從內戰糾結以來，在受戰禍的區域內，那一處村落不曾分到過遭奸污的女性，屠殘的骨肉，供犧牲的生命財產？這無非是給冤氛圍結的地面上多添一團更集中更鮮艷的怨毒。再說哪一個民族的解放史能不濃濃的染著 Martyrs。（烈士們——藩注）的腔血？俄國革命的開幕就是二十年前冬宮的血景。只要我們有識力認定，有膽量實行，我們理想中的革命，這回羔羊的血就不會是白塗的。所以我個人的沉悶絕不完全是這回慘案引起的感情作用。」

（見《自剖文集・自剖》7～8 頁，1928
年 10 月，上海新月書店再版本）

　　說得很對，「哪一個民族的解放史能不濃濃地染著 Martyrs 的腔血」，他舉出了列寧領導的十月社會主義革命解放冬宮的例證，十分確鑿地說明了徐志摩嚮往的光明的社會，他那「理想中的革命」，不能不說是具有革命民主主義傾向和成分的。愛國主義者徐志摩，其思想實質是有革命民主主義因素的，或至少說是具有這樣的成分，儘管他並不是自覺的，也不能是完全有意識地貫徹他的這種理想。在《落葉》集子的《落葉》一文中，他既讚揚了法國七月革命打開巴士梯亞牢獄，提出了資產階級的自由、平等、博愛的口號，也讚揚了列寧領導的無產階級十月社會主義革命是「人類史裡最偉大的一個時期」，「為人類立下了一個勇敢嘗試的榜樣」（見《落葉》19～20 頁，

1926年6月，上海北新書店初版）。這說明他的理想中既有資產階級革命的成分，也有無產階級革命的因素，不能說他的理想只是英美式的純粹布爾喬亞的楷模。

《嬰兒》一詩再清楚不過地表明了徐志摩堅信光明的社會必將來臨的信念：

> 我們要盼望一個偉大的事實出現，我們要守候一個馨香的嬰兒出世：──你看他那母親在她生產的床上受罪！
>
> 她那少婦的安祥、柔和、端麗，現在劇烈的陣痛裡變形成不可信的醜惡；他看她那遍體的筋絡都在她薄嫩的皮膚底裡暴漲著，可怕的青色與紫色，像受驚的水青蛇在田溝裡急泅似的，汗珠站在她的前額上像一顆的黃豆，她的四肢與身體猛烈的抽搐著，畸屈著，奮挺著，糾旋著，彷彿她墊著的席子是用針尖編成的，彷彿她的帳圍是用火焰織成的；
>
> 一個安祥的、鎮定的、端莊的、美麗的少婦，現在在陣痛的慘酷裡變形成魔鬼似的可怖：她的眼，一時緊緊地閹著，一時巨大地睜著，她那眼，原來像冬夜池潭裡反映著的明星，現在吐露著青黃色的凶焰，眼珠像燒紅的炭火，映射出她靈魂最後的奮鬥，她的原來朱紅色的口唇，現在像是爐底的冷灰，她的口顫著，撅著，扭著，死神的熱烈的親吻不容許她一息的平安，她的髮是散披著，橫在口邊，漫在胸前，像揪亂的麻絲，她的手指緊抓著幾穗撈下來的亂髮；
>
> 這母親在她生產的床上受罪：──
>
> 但她還不曾絕望，她的生命掙扎著血與肉與骨與肢體的纖微，在危崖的邊沿上，抵抗著，搏鬥著死神的逼迫；
>
> 她還不曾放手，因為她知道（她的靈魂知道！）這苦痛不是無因的，因為她知道她的胎宮裡孕育著一點比她自己更偉大的生命種子，包涵著一個比一切更永久的嬰兒；

　　因為她知道這苦痛是嬰兒要求出世的徵候，是種子在泥土
裡爆裂成美麗生命的消息，是她完成自己生命的使命的時機；

　　因為她知道這忍耐是有結果的，在她劇痛的昏瞀中她彷彿
聽著上帝准許人間祈禱的聲音，她彷彿聽著天使們讚美未來光
明的聲音；

　　因此她忍耐著，抵抗著，奮鬥著……她抵拼繃斷她統體的
纖微，她要贖出在她那胎宮裡動蕩著的生命，在她一個完全美
麗的嬰兒出世的盼望中，最銳利最沉酣的痛感逼成了最銳利最
沉酣的快感……①

　　這首《嬰兒》顯然充滿了愛國精神。在藝術上，這首《嬰兒》並
不能說是幼稚的，它用一種創新的象徵性手法，表明了它藝術構思的
特點，讀後便使人難以忘懷。在主題思想上，它在愛國主義甚礎上，
突出了堅信光明幸福的中國必將出現的信念。內容上不僅言之有物，
而且充滿熾烈的感情。

　　要理解《嬰兒》這首散文詩的主題思想，不可不與《毒藥》、
《白旗》這兩首散文詩做統一的考察，這三首詩是互有聯繫的一組
詩。徐志摩在《自剖》中說：

　　「愛和平是我的生性。在怨毒，猜忌，殘殺的空氣中，我的神
　　經每每感受一種不可名狀的壓迫。記得前年奉直戰爭時我過的
　　那日子是一團漆黑……彷彿整個時代的沉悶蓋在我的頭頂——
　　直到寫下了《毒藥》那幾首不成形的咒詛詩以後，我心頭的緊
　　張才漸漸地緩和下去。」

　　所謂「《毒藥》那幾首」，便是指這三首詩。「三・一八慘案」

———————————

① 《徐志摩全集》(1)，第106頁。

是五卅愛國反帝鬥爭的繼續，這三首詩產生的政治背景便是直奉戰爭時的「三‧一八慘案」，是為了反對帝國主義與封建軍閥賣國賊屠殺革命人民而做，在當時那種「怨毒，猜忌，殘殺的空氣中」，使詩人感到現實的「一團漆黑」，迫使他要對反動派的殘殺表態，究竟站在哪一邊，詩人用這三首詩做了回答，是詩人愛國精神的明顯表露。

《毒藥》這首詩是針對帝國主義與軍閥賣國賊而發，冷嘲熱諷，指桑罵槐，喜笑怒罵，寫得十分精彩。「今天不是我歌唱的日子，我口邊涎著獰惡的微笑，不是我說笑的日子，我胸懷間插著發冷光的利刃；相信我，我的思想是惡毒的，因為這世界是惡毒的，我的靈魂是黑暗的，因為太陽已經滅絕了光彩，我的聲調像墳堆裡的夜鶚，因為人間已經殺盡了一切的和諧，我口音像是冤鬼責問他的仇人，因為一切恩已經讓路給一切的怨；但是我相信，真理是在我的話裡，雖則我的話像是毒藥，真理是永遠不含糊的。」這首詩充滿了詩人嫉惡如仇的性格特徵，像一把「發冷光的利刃」，插入帝國主義及其代理人的咽喉。徐志摩在《毒藥》中對半封建半殖民地的中國黑暗的社會，做了最堅決的否定，他說：

> 「在人道惡濁的澗水裡流著，浮沉似的，五具殘缺的屍體，他們是仁義禮智信，向著時間無盡的海瀾裡流去」，

這種結論可以說是完全正確的，具有典型性，不僅適用於軍閥黑暗統治的當時，而且也適用於蔣介石統治的舊中國，「到處是奸淫的現象，貪心摟抱著正義，猜忌逼迫著同情，懦怯狎褻著勇敢，肉欲侮弄著戀愛，暴力侵凌著人道，黑暗踐踏著光明」，徐志摩在這裡概括的在帝國主義與軍閥雙重壓迫下黑暗的中國本質特點，是真實的，確實，「真理是永遠不含糊的」，真理是在他的話裡，他概括了和戳穿了舊社會的本質。

《白旗》是詩人鼓勵人民群眾起來與帝國主義及其代理人抗爭的

散文詩。反抗性十分鮮明。在當時帝國主義通過軍閥賣國賊大肆屠殺人民的高壓下，詩人鼓動道：

> 「來，跟著我來，拿一面白旗在你們的手裡……你們排列著，噤聲的、嚴肅的、像送喪的行列，不容許臉上留存一絲的顏色，一毫的笑容，嚴肅的，噤聲的，像一隊決死的兵士」。

顯然這是針對軍閥賣國賊而進行的示威！

> 「現在時辰到了！你們讓你們熬著、壅著，迸裂著，滾沸著的眼淚流，直流，狂流，自由地流，痛快地流，盡性地流，像山水出峽似地流，像暴雨傾盆似地流……現在時辰到了，你們讓你們咽著，壓迫著，掙扎著，洶湧著的聲音嚎，直嚎，放肆的嚎，凶狠的嚎，像颶風在大海波濤間的嚎，像你們喪失了最親愛的骨肉時的嚎……」

這些動作是對著帝國主義及其走狗的，這詩最後一句是「在眼淚的沸騰裡，在嚎慟的酣徹裡」，「你們望見了上帝永久的威嚴」①，實質是向人們展現了中國人的「永久的威嚴」，詩中發出的抗議和示威，正是維護中國人民的尊嚴的表現。

唯有從《毒藥》與《白旗》對帝國主義與軍閥賣國賊的反抗與爭鬥聲中，我們才能理解《嬰兒》一詩中對祖國的愛，和對祖國未來光明幸福的嚮往！詩中「安詳的、鎮定的、端莊的、美麗的少婦」在床上產子，經歷陣痛的慘酷，顯然是指當時受難的祖國和中華民族，正是徐志摩在《落葉》中說的：

---

① 《徐志摩全集》(1)，第 105 頁。

「我們張開眼來看時，差不多更沒有一塊乾淨的土地，哪一處不是叫鮮血與眼淚沖毀了的；更沒有平安的所在」（第九頁），

「我們不能不想望這苦痛的現在只是準備著一個更光榮的將來，我們要盼望一個潔白的肥胖的活潑的嬰兒出世！」（第十八頁）。

《嬰兒》的著重點，正是在總結祖國雖然經歷著痛苦，但是卻有一個「更光榮的將來」，「在我那時有預言性的想像中，我想像著一個偉大的革命」（《秋》），《嬰兒》正是著重在於用樂觀主義的愛國精神鼓舞人們繼續進行革命抗爭，以爭取光明幸福的中國。這就是此詩在思想與藝術上最重大的價值。

詩就是詩，不是馬克思的《資本論》，不能要求《嬰兒》這首詩來解答它預含的這個「嬰兒」究竟是資產階級德謨克拉西（註：民主）或中華人民共和國，若要硬來「假定」《嬰兒》是指英美式的資產階級德謨克拉西，則顯然已超出了這首詩藝術構思範圍之外，顯然是對徐志摩不近情理的苛求，也違背了《嬰兒》的原意。

由於徐志摩堅信光明的社會必將來臨，他有許多詩歌頌光明，歌頌對人生的愛戀，便給人一種向上的精神力量而使人愛讀。

《春的投生》，他歌唱「春，投生入殘多的屍體」，「手攜手地讚美著春的投生」；

《決斷》，他歌唱愛情，反封建，爭取自由光明，「看那星，多勇猛的光明！走罷，甜，前途不是暗昧」；

《朝霧裡的小草花》，歌唱在黑夜中對光明的追求，「你輕含著閃亮的珍珠，像是慕光明的花蛾，在黑暗裡想念著焰彩晴霞」；

《天國的消息》他歌唱光明與奮鬥，「驅散了昏夜的晦塞，開始無限光明」，「我靈海裡嘯響著偉大的波濤，應和更偉大的脈搏，更偉大的靈潮」。樂觀精神是貫穿徐志摩全部詩歌的主線之一。

　　總之，堅信光明的社會必將來臨，在詛咒黑暗社會的同時，給人以樂觀主義的精神，促人向上，給人以生活的力量，這是徐志摩詩的愛國精神重要組成部分。

　　綜上所說，徐志摩詩的愛國精神，便包括這五個方面，他悲憤中國的國難當頭，他熱愛祖國的山山水水，他同情苦難的中國人民，他厭惡黑暗的吃人世界，他堅信光明的社會必將來臨，從這各個方面的事實可以說明，稱他爲「愛國詩人徐志摩」是名符其實的。他的愛人陸小曼在解放後說過一段話：

> 　　「說起來，志摩真是一個不大幸運的青年，自從我認識他之後，我就沒有看到他真正地快樂過多少時候。那時他不滿現實，他也是一個愛國的青年」（《遺文編就答君心──〈志摩全集〉編排經過》，陸小曼，載《新文學史料》1981：4）

　　陸小曼說他是個愛國的青年，是從他們長期共同生活得出的結論，與他的作品反映出的情況是一致的。陸小曼在上海 1965 年臨終前向「良友」編輯趙家璧先生說過這樣兩段話，趙先生記述道：

> 　　陸小曼病危期間，我曾去華東醫院看望她。她談了許多感謝黨的心裡話。她對我說：「如果不解放，我肯定活不到今天；假如志摩生前知道，我們的共產黨是這樣的好，他也會和我一樣相信的，可惜他死得太早了。」
>
> 　　她告訴我，「九‧一八」事變後，志摩曾搭乘張學良的福特牌座機自平返滬。途中張學良曾向志摩談了許多蔣介石自己不抗日，還要張替他背黑鍋的怨言。……志摩對蔣介石的不抵抗政策極表不滿，因而更激起他更大的義憤。小曼說：「可惜他生前沒有機會接觸黨。如果不死，我相信他不會跟著走胡適的道路，也有可能走聞一多的道路。」

（見《新文學史料》1981：4，101 頁）

　　陸小曼上述兩種推論，都能在徐志摩生前的言論與詩文中，找到
它們充分的根據，固然我們不便亂猜徐志摩將來會走什麼道路，但小
曼的話卻是符合他當時的思想實際的，特別是他對蔣介石不抵抗政策
極表不滿的話，顯然是事實。

第三章　徐志摩詩的構思

　　徐志摩的詩所以使人愛讀，這同它的構思很精巧有關係。詩同其他文學作品一樣是現實生活形象的反映，但是詩必須在強烈激情的衝動下，在不可遏止的時候，才通過形象的詩的語言鋪寫出來，按照白居易的說法，便是：「詩者：根情、苗言、華聲、實義。」優美的詩篇總是人們共同思想感情的表現，所以它能夠用較少的字句，用形象華麗的語言，用真情實義，引起大家感情的共鳴。

　　別林斯基曾經說過：「情感是詩的天性中一個主要的活動因素；沒有情感就沒有詩人，也沒有詩」①，徐志摩正是把他的詩稱作「情感的無關闌的泛濫」、「我的筆本來是不受羈勒的一匹野馬」（《猛虎集序》）但是，徐志摩是怎樣突出而有特色地反映他的情感呢？他又是怎樣用形象的思維，它藝術的概括，創造了他特有的藝術形象呢？可以說，這是他詩的藝術構思的精巧，賦予他的成功。

　　詩的構思就是出新，發現別人未曾發現的藝術的珍珠，創造別人未曾創造的藝術瑰寶，而且這種構思必須具有它的民族風格，而使自己的人民——特別是他的年輕一代能看得懂，並且感到這種構思確是具有新的藝術創造力的。徐志摩對於新詩見解之卓越，無愧於他是我國新詩壇的大詩人之一，他說：

　　　「我們信詩是表現人類創造力的一個工具，與音樂與美術是同等同性質的；我們信我們這民族這時期的精神解放或精神革命沒有一部像樣的詩式的表現是不完全的；我們信我們自身

①《別林斯基論文學》，第14頁。

靈性裡以及周遭空氣裡多的是要求投胎的思想的靈魂；我們的
責任是替它們搏造適當的軀殼。這就是詩文與各種美術的新格
式與新音節的發見；我們信完美的形體是完美的精神唯一的表
現，我們信文藝的生命是無形的靈感加上有意識的耐心與勤力
的成績；最後我們信我們的新文藝，正如我們的民族本體，是
有一個偉大美麗的將來的。」（《詩刊弁言》，載《晨報》，
1926.4.1）

徐志摩認為詩要「表現人類創造力」和「我們這民族這時期的精
神解放或精神革命，正是說到詩的構思之關鍵處，他是那樣強調表現
我們偉大的炎黃子孫「偉大美麗的將來」，在那災難深重的半封建半
殖民地的中國，這是舊時代我國知識分子民族自信心的表現，是不願
做亡國奴的呼聲，是最可尊敬的品質，是詩的構思思想與藝術的基
礎。

第一節　獨特形象的塑造

詩歌是創新的同義語，徐志摩的詩的藝術構想緊緊地抓住了兩個
方面，第一是獨特的形象。詩的構思往往很神奇，很巧妙，形象很獨
特，他寫過一首《為要尋一顆明星》，請看他用什麼獨特的形象：

　　我騎著一匹拐腿的瞎馬，
　　　向著黑夜裡加鞭；──
　　　向著黑夜裡加鞭，
　　我跨著一匹拐腿的瞎馬！

　　我衝入黑綿綿的昏夜，
　　　為要尋一顆明星；──

為要尋一顆明星，
我衝入這黑茫茫的荒野。

累壞了，累壞了我跨下牲口，
　那明星還不出現；——
　那明星還不出現，
累壞了，累壞了馬鞍上的身手。

這回天上透出了水晶似的光明，
　荒野裡倒著一隻牲口；——
　黑夜裡躺著一具屍首，
這回天上透出了水晶似的光明！①

　　詩人用一個勇士在黑夜追尋一顆明星的形象，來表達他在暗無天日的舊中國對人生光明的追求，構思頗不尋常。詩人在詩的畫面上重點描寫了，他跨著一隻拐腿的瞎馬，衝入這「黑綿綿的昏夜」般的現實世界，牲口倒下了，他也為尋求光明而獻出了生命。這時，祖國的天空才透出了水晶似的光明。他用這神奇為理想而搏鬥的情節，展示了自己為祖國「偉大美麗的將來」獻身的決心，他預示到實現光明理想的艱鉅性，預感到自己將遭受的不幸，但在悲觀的昏暗裡也仍然閃耀著樂觀之星。後來詩人果然早逝了，這首詩成了他的座右銘。詩的構思顯得非比尋常，既顯得古樸、優雅，又顯得熱情、深沉。寫出了人們沒有寫過的情節，細膩地表現了難以捉摸的複雜的內心思想。詩的形式也有創造性，採取了 abba 嚴整的格律詩。
　　即使一隻黃鸝飛躍在枝間也能引起他以獨特的形象進行詩的構思，俗語云：「一粒沙子見世界」，透過這隻黃鸝看到詩人胸懷。

---

① 《徐志摩全集》(1)，第 25～26 頁。

一掠顏色飛上了樹。

「看，一隻黃鸝！」有人說。

翹著尾尖，它不做聲，

豔異照亮了濃密——

像是春光，火焰，像是熱情。

等候它唱，我們靜著望，

怕驚了它，但它一展翅，

衝破濃密，化一朵彩雲；

它飛了，不見了，沒了——

像是春光，火焰，像是熱情。

（《黃鸝》）①

　　詩人讚美暖人的春光，生命的火焰和生活的熱情，重複了別人上百次上千次的主題，但由於採取了獨特的描寫一隻黃鸝的構思，而使這首小詩成為了小巧的藝術品，閃耀著他詩的才華。這說明了他的詩的構思，一當將一種引人注目的形象變為一種新奇的表現感情的手段，通常的主題便會成為嶄新的意思，像這首小詩便是以新奇的形象來刻畫了春光，生命，熱情的易逝與可貴。

　　徐志摩的愛情詩之所以使人愛讀，也由於他有獨特的形象的構思，請看他愛情詩在描寫痴迷的愛情時，構思的形象是怎樣特殊表現的？例如：

別親我了，我受不住這烈火似的活，

這陣子我的靈魂就像火磚上的

熟鐵，在愛的錘子下，砸，砸，火花

四散的飛灑……我暈了，抱著我，

---

① 《徐志摩全集》⑴，第 348 頁。

> 愛，就讓我在這兒清淨的園內，
>
> 閉著眼，死在你的胸前，多美！

（《翡冷翠的一夜》）①

　　請看，他將痴迷的戀情構思成「像火磚上的熟鐵，在愛的錘子下，砸，砸，火花四散的飛灑」，這種獨特的形象既優美又新奇，只有出自徐志摩這枝有才華的詩筆！正由於有獨特的形象，便有力地襯托了後面抽象詩的語言之概括。

　　再如，《戀愛到底是什麼一回事》一詩，雖然詩題是抽象的，但是他是以新穎獨特的形象來描寫痴迷戀人的心情的，顯得很奇特：

> 這來我變了，一隻沒籠頭的馬，
>
> 跑遍了荒涼的人生的曠野；
>
> 又像是那古時間獻璞玉的楚人，
>
> 手指著心窩，說這裡面有真有真，
>
> 你不信時一刀拉破我的心頭肉，
>
> 看那血淋淋的一掬是玉不是玉；
>
> 血！那無情的宰割，我的靈魂！
>
> 是誰逼迫我發最後的疑問？②

　　愛情，這樣的真誠，痴迷！一匹沒籠頭的馬，在跑遍了荒涼的人生的曠野，被它馴服了；一刀拉破了自己的心窩，呈現的是血淋淋的一塊玉，很易理解，這是癡迷與忠貞的愛情，逼迫他發出了這最後的疑問。這種獨特的形象，一讀到它，便使人印象深刻。而且，含蓄，說：「沒籠頭的馬」，但不說出「馴服」的字眼，說「一掬是玉不是

---

① 《徐志摩全集》⑴，第 205 頁。

② 《徐志摩全集》⑴，第 97 頁。

玉」，但不說出是不是「心」，允許讀者去回味！

　　總之，這些例證都很能說明徐志摩的詩往往是以獨特的藝術形象來進行絕妙的構思，他的構思追求著他發現的創新的形象，異於別人的不是普遍所見的形象，他用獨特的形象來感染人與打動人，這成爲他詩的構思的個性，在這方面，他大有「語不驚人死不休」的特徵，爲要獲得感人的創造性的形象，他自己說是斷了不知多少根「想像的長鬚」！這很能說明他構思的功力與艱苦！

　　徐志摩總是抓住一個主要的獨特的形象，圍繞著進行詩意的發掘，運用聯想，比喻，由此及彼，由表及裡的鋪陳，調動優美的音韻，來組成令人難忘的樂章。《我有一個戀愛》就是這樣一首以新奇形象構思完美的典型。

> 我有一個戀愛；──
> 我愛天上的明星；
> 我愛它們的晶瑩；
> 　人間沒有這異樣的神明。
>
> 在冷峭的暮冬的黃昏，
> 在寂寞的灰色的清晨，
> 在海上，在風雨後的山頂──
> 　永遠有一顆，萬顆的明星！
>
> 山澗邊小草花的知心，
> 高樓上小孩童的歡欣，
> 旅行人的燈亮與南針：──
> 　萬萬里外閃鑠①的精靈！

────────

①鑠（shuò，碩），熔化。

我有一個破碎的魂靈，

像一堆破碎的水晶，

散布在荒野的枯草裡———

　　飽啜你一瞬瞬的殷勤。

人生的冷激與柔情，

我也曾嘗味，我也曾容忍；

有時階砌下蟋蟀的秋吟，

　　引起我心傷，逼迫我淚零。

我坦露我的坦白的胸襟，

　　獻愛與一天的明星；

任憑人生的幻是真，

地球存在或是消泯——

　　太空中永遠有不昧的明星！①

　　這是徐志摩最熾熱地向祖國的大地，向她憶萬的人民，表達的愛
忱。詩的構思始終抓住天上的明星這一主要形象。

　　全詩共分為六段，第一段，熱烈讚頌祖國的人民，偉大，純樸，
「我愛他們的晶瑩，人間沒有這樣的神明」，是的，做為一個中華民
族的子孫，世界上再沒有別的國家比中國的人間更神聖明朗。第二
段，形象的勾勒，不管人民生活在怎樣暮冬的灰色的歲月裡，他們
「在風雨後的山頂，永遠有一顆、萬顆的明星」，永遠像天空的星群
閃耀，詩人表示了對人民的無比崇敬。第三段，詩人以強烈的人道主
義筆觸，點明他對祖國人民的一顆赤子之心，他愛「山澗邊小草花的
知心」，這是喻指在山野勞動的廣大農民，因為唯有他們才能配稱得

① 《徐志摩全集》(1)，第33～36頁。

上是「山澗邊小草花的知心」，他也寄情於「高樓上小孩童的歡欣，旅行人的燈亮與南針」，唯有他們，農夫，弱小的孩童，具有活躍生命的旅行人，等等，他們才是詩人心中的「萬萬里外閃鑠的精靈」。這一段形象的點出了這首詩的主題，愛祖國的人民。

第四、五、六段，都是詩人抒發他對祖國人民的赤子的心。第四段，抒發詩人自己不被人了解痛苦得破碎了的心靈，雖說他的心像散布在荒野枯草裡的一堆破碎的水晶，但是，他仍然飽吸了祖國人民賦予他的「一瞬瞬的殷勤」，表示愛戀祖國之心永遠不變。第五段，進一步鋪陳他被人攻擊後痛苦的心靈，他品嘗過柔情，也容忍了對他的詛咒，這引起了善良詩人之心傷與淚零。第六段，是全詩的一個高潮，詩人直接地表露他對祖國，對中華民族坦白的胸襟，他「獻愛予一天的明星」，和憶萬顆「閃鑠的精靈」，詩人認定了這樣一條真理：中國是永存的，中國人民，整個中華民族是永存的，這就是詩人說的「任憑人生是幻是真，地球存在或是消泯，太空中永遠有不昧的明星！」整首詩形象感人，音韻優美，一韻到底，一氣呵成，是五四以來新詩的上乘之作，是詩的構思完美的典型之一。

第二節　細膩感情的刻劃

徐志摩詩的構思緊抓住的第二點是感情，即感情刻畫的微妙與細膩。他善於在日常生活中發掘出別人尚未發現的內容，看出別人不易覺察的新鮮詩意來，表現內心世界多種複雜的感情，顯示露出感情的無比豐富與博雜。例如，在他與日本少女告別的那一瞬間，在常人也許一閃就過了，但是詩人卻寫出了動人的詩：

> 最是那一低頭的溫柔，
> 　像一朵水蓮花不勝涼風的嬌羞，
> 道一聲珍重，道一聲珍重，

　　那一聲珍重有甜蜜的憂愁——

　　沙揚娜拉！

（《贈日本女郎》）①

　　詩的構思就抓住日本少女低頭的那一刹那間展開，表現了詩人對日本少女的尊重之情，是讚美！也是崇敬，這種中日友好的題材，在當時也是十分新鮮的，運用新鮮的題材進行構思，自有不可言傳的妙處。他是英國留學生，寫過那麼多異國風光的詩，題材的新鮮感，更增加了他詩的構思之藝術魅力。自然，寫詩並不是要光去追求題材的新鮮，主要還是依靠構思的新穎，徐志摩的詩有許多兩者都新，那就更好了。徐志摩緊緊抓住豐富多采的感情因素進行詩的構思是非常突出的，這使他的詩展現出人的深邃的內心世界非比尋常。

(1)恐懼：

　　無聲的暮煙，遠從那山麓與林邊，

　　漸漸的潮沒了這曠野，這荒天，

　　你渺小的子影面對這冥盲的前程，

　　像在怒濤間的輕航失去了南針；

　　更有那黑夜的恐怖，悚骨的狼嗥，

　　孤鳴，鷹嘯，蔓草間有蝮蛇纏繞！

（《無題》）②

　　從黑暗潮沒了曠野，到孤獨的人猶如怒濤中失去了方向的小舟，再到狼嗥鷹嘯蛇咬的夜間，將恐怖的感情細膩地刻畫出來，十分典

---

① 《徐志摩全集》(1)，第 156 頁。

② 《徐志摩全集》(1)，第 36 頁。

型，使人一讀到便有一種恐怖的感覺。

(2)憤怒：

　　相信我，真理是在我的話裡，雖則我的話像是毒藥，真理
是永遠不含糊的，雖則我的話裡彷彿兩頭蛇的和蝎子的尾尖，
蜈蚣的觸鬚；只因為我的心裡充滿著比毒藥更強烈，比咒詛更
狠毒，比火焰更猖狂，比死更深奧的不忍心與憐憫心與愛心，
所以我說的話是毒性的，咒詛的，燎灼的，虛無的；

　　相信我，我們一切的準繩已經埋沒在珊瑚上打緊的墓宮
裡，最勁冽的祭肴的香味也穿不透這嚴封的地層；一切的準則
是死了的。

（《毒藥》）①

　　這是詩人面對帝國主義與軍閥造成的「三·一八慘案」，反映出
的極為憤怒的感情。對於這種憤怒感情的構思真是別出心裁的創新，
正話反說，用鏗鏘有力的排比句，「比毒藥更強烈，比咒詛更狠毒，
比火焰更猖狂，比死更深奧的不忍心與憐憫心與愛心」，一個
「比」，比另一個「比」，更有力量，更發人深省。

(3)忠貞：

　　我要你的愛有純鋼似的強，
　　在這流動的生裡起造一座牆；
　　任憑秋風吹盡滿園的黃葉，
　　任憑白蟻蛀爛了千年的畫壁；

---

① 《徐志摩全集》(1)，第 103 頁。

就使有一天霹靂震翻了宇宙，——

也震不翻你我「愛牆」內的自由！

（《起造一座牆》）①

從正面對比（鋼、牆）），則反面烘托（枯葉、白蟻），突出霹靂震翻的宇宙，這種構思將忠貞的愛情形象突出了。

(4)痛恨：

到了二十世紀的不夜城。

夜呀，這是你的叛逆，這是惡俗文明的廣告，無恥，

　淫猥，殘暴，骯髒——表面卻是一致的輝耀，看，

　這邊是跳舞會的尾聲，

那邊是夜宴的收梢，那廂高樓上一個肥狠的猶大，

　正在奸污他錢擄的新娘；

那邊街道的轉角上，有兩個強人，擒住一個過客，

　一手用刀割斷他的喉管，一手掏他的錢包；

那邊酒店的門外，麇聚著一群醉鬼，蹣跚地在穢語，

　狂歌，音似鈍刀刮鍋底——

幻想更不忍觀望，趕快地掉轉翅膀，向清靜境界飛去。

（《夜》，載《晨報·文學旬刊》，1923，12.1）

集中用資本主義世界各種可怕的事情，來揭露它的無恥、淫猥、殘暴、骯髒，把醜惡放大來給人看，充分地表現了一種具有典型性痛恨的感情，這種構思也是不尋常的，出新的，沒有對資本主義世界深刻的認識，身臨其境是寫不出這樣痛恨的感情的。

---

① 《徐志摩全集》(1)，第 232 頁。

(5)痛苦：

　　　我緊攬著我生命的繩網，
　　　　　像一個守夜的漁翁，
　　　兢兢的，注視那無盡流的時光——
　　　　　私冀有彩鱗掀湧。

　　　但如今，如今只餘這破爛的漁網——
　　　　　嘲諷我的希冀，
　　　我喘息的悵望著不復返的時光；
　　　　　淚依依地憔悴！

　　　又何況在這黑夜裡徘徊；
　　　　　黑夜似的痛楚；
　　　一個星芒下的黑影淒迷——
　　　　　留戀著一個新墳！

　　　　　　　　　　　　　　　（《問誰》）①

　　把生命中的痛苦，用漁翁守候破網來構思，既新韻又別致，說明這是無底的痛苦。

　　總之，徐志摩詩的構思中包含著人的極為豐富傳染的內心感情世界，不僅是恐懼、憤怒、忠貞、憎恨、苦痛，更包含有憐憫、憂愁、孤獨、絕望、歡樂、恩情、愛戀、驕傲、自豪……等等，一切感情因素的構思。我們不可能撇開他豐富多樣的感情來談他的構思，感情是他構思的靈魂與支柱。難得的是，他構思的每一種感情都是具有典型性的，也都是具有形象性的，使人能摸得著，看得見，感覺得到，並

―――――――――――

① 《徐志摩全集》(1)，第 14 頁。

不是使人墮入五里迷霧之中。

我們說，生活是豐富多采的和多種多樣的，生活是詩的源泉和土壤，但是生活並不等於詩，沒有經過提煉的生活現象平鋪直敘地寫在詩裡，只能使詩變成一堆大雜燴，不能感染人，因為它不是詩，只有當詩人用他特有的詩的眼光，從生活裡搜索出詩的感情因素，從生活裡提煉出詩的意境，體現內心感情的世界，用詩的語言折射出來的才是詩，而這一切都取決於詩人藝術構思的能力。徐志摩就具有這樣的本領，他能夠抓住那生活中一刹那間詩的感情因素，用鮮美的題材，鋪寫出有精美構思的詩。

由以上兩方面特點，造成以下兩種結果：

第一，徐志摩詩的構思為體現第一個具有獨特形象的特點，就是他善於以時事入詩，而且多方面表達，就這方面來說，他不是一個唯美主義的詩人而是一個現實主義的詩人，他用詩的藝術形象來反映生活，概括生活，並且來表達他的思想感情，體現他的愛憎，它有多種新異的藝術表現法。

例如，他用《太平景象》一詩，來反映他對於兩個北洋軍閥江蘇督軍齊燮元和浙江督軍盧永祥之間的爭奪戰爭之厭惡，他在表現這一生活場景時，是有選擇有提煉的，詩的構思完全採用了對話式：

> 「賣油條六，來六根——再來六根。」
> 「要香煙嗎，老總們，大英牌，大前門？
> 多留幾包也好，前邊什麼買賣都不成。」……
>
> 「你不見李二哥回來，爛了半個臉，全青？
> 他說前邊稻田裡的屍體，簡直像牛糞；
> 全的，殘的，死透的，半死的，爛臭，難聞。」①

---

① 《徐志摩全集》(1)，第 80 頁。

在這一問一答之間，用整齊的三行體，寫成了這首名篇。語言完全是形象的，和從生活中來的，因此使他所敘寫的時事更加有力量，更加感染人！這種問答體的詩的構思，可以說是奇妙的、獨到的。顯然，這種以時事入詩的構思特點，是來自於我國古典詩歌的優良傳統，是徐志摩學習我國古典詩歌的結果。胡震亨《唐音癸簽》曾說：「以時事入詩，自杜少陵始。」杜甫的《三吏三別》便是以時事入詩進行詩的構思的典範。

第二，徐志摩詩的構思為體現第二個明顯感情的特點，就是他的構思並不是搜索枯腸，冥思苦想的結果，這使他同另一種類型的「苦吟」詩人有著明顯的不同。他的詩情的產生，詩篇的孕育，常常是一事一個、一物一個場面，對他有深深的觸動，深深的震撼，於是感情間閘門被突然打開，詩句像山洪爆發那樣，激盪著噴發出來。正如他自己說的：

「我的詩情真有些像山洪爆發，不分方向的亂衝。那就是我最早寫詩那半年，生命受了一種偉大力量的震撼，什麼半成熟未成熟的意念都在指顧間散做繽紛的花雨。我那時是絕無依傍，也不知顧慮，心頭有什麼鬱積，就付托腕底亂給爬梳了去，求命似的迫切，那還顧得了什麼美醜！」（《猛虎集序》）

這勾勒了他進行詩的藝術構思之一般特點，現有四個詩集中的詩，一口氣寫了 800 行，乍看，難以在詩的構思中抓出分明的段落來，顯然是詩人寫詩時收不住他奔騰感情之結果。

請看，詩人打開了他詩的閘門之後，馳騁在他那奇妙的聯想的藝術境界裡：

我就像是一朵雲，一朵
純白的，純白的雲，一點

> 不見份量、陽光抱著我，
>
> 我就是光，輕靈的一球，
>
> 往遠處飛，往更遠的飛；
>
> 什麼累贅，一切的煩愁，
>
> 恩情，痛苦，怨，全都遠了……

詩人搜尋著最能充分表達他愛的感情之形象詩句來表現他完全藝術化了的心理歷程，呈現出一種動人心魄的藝術境界：

> 我是個平常的人，
>
> 我不能盼望在人海裡，
>
> 值得你一轉眼的注意，
>
> 你是天風，每一個浪花，
>
> 一定得感到你的力量，
>
> 從它的心裡激出變化，
>
> 每一根小草也一定得
>
> 在你的蹤跡下低頭，
>
> 在綠的顫動中表示驚異；
>
> 但誰能止限風的前程，
>
> 他橫掠過海，做一聲吼，
>
> 獅虎似的掃蕩著田野，
>
> 當前是冥茫的無窮，他
>
> 為何能想起曾經呼吸
>
> 到浪的一花，草的一瓣？
>
> 遙遠是你我間的距離；……①

---

① 《徐志摩全集》(1)，第 401～435 頁。

他構思的形象意境中，感情的衝動使得他詩的構思的獲得，調動起了他視野的廣度，知識的濃度，思想的深度，美學的感染力，**觀察的敏銳性**，一時間，孕藏在詩人心中的所有潛在的日常積累的生活經驗、**豐富情懷**，全都被喚醒，詩句像黃河一樣，從詩人的心中**奔騰**而出。

詩有千首萬首，詩的構思也有千種萬種，不可能有一成不變的固定的模式。因此我們要了解徐志摩的詩的藝術構思就要了解他上述兩方面構思的特點，才能找到他的藝術構思關鍵所在。

綜上所說，徐志摩做為我國「五四」以來新詩領域裡卓越的詩人，並不是偶然的。他的詩為人們所喜愛，也並不是偶然的。他的詩有著高度的構思技巧，構思各別，可以說每首都是不相同的。他寫出了常人抓不住的靈感，描寫出常人形容不出的感情細膩的波紋，難以捉摸思想的一瞬間；他寫出了一系列異於別人的獨特的形象，很有典型性與創造性。現在我們讀了它們，還能引起我們內心的激動，對他的詩愛不釋手，這種魅力與他詩的構思的成就，是有明顯關係的。

第四章　徐志摩詩的形式

　　徐志摩詩的外形便有一種藝術的魅力，一種內在的吸引力，就是說，志摩新詩的形式是具有獨特創造性的。他是繼聞一多嚴謹的格律詩的形成奠定格律詩創作基礎的又一個大詩人。

　　他在《猛虎集》自序中談到了聞一多的格律詩，他說：

　　　「我的筆本來是最不受羈勒的一匹野馬，看到了一多的謹嚴的作品，我方才驚悟到我自己的野性；但我素性的落拓始終不容我追隨一多他們在詩的理論方面下這任何細密的工夫。」

　　這說明，是聞一多「謹嚴的作品」在前面開啓了新詩理論與作品的道路，才使他領悟到「自己的野性」，在新詩格律另一個領域進行了探索，而且只是在格律詩藝術上的探索，絕不是在「詩的理論上下這任何細密的工夫」，事實上也是如此，他對於新詩的格律詩確沒有理論文章，但是，他對我國新詩創建的貢獻，首先將格律詩的形式提到一個完美的高度，從而爲後世的新詩人留下了典範。

第一節　詩中十種藝術形式

　　志摩詩的外形是多種多樣而又變換莫測的，每首格律詩的形式都有創造性，都有獨特的個性，他的詩集，宛如撒下一地五彩繽紛的花朵，使人眼花撩亂。單是四行體我們初步歸納一下，就可排列出下列十種形式：

(1)短促跳躍式：一個音頓與兩個音頓間隔跳躍，引人入勝。

　　我的愛
　　再不可遲疑；
　　誤不得
　　這唯一的時機。

　　天平秤——
　　在你自己心裡；
　　哪頭重——
　　法碼都不用比。

　　你我的——
　　那還用著我提？
　　下了種，
　　就得完功到底。

　　　　　　　　　　　　　　　　　　　　（《決斷》）①

　　(2)兩節末句重複式：在兩小節中前三句不同，第四句用排比句重複。

　　我攀登了萬仞的高崗，
　　荊棘扎爛了我的衣裳，
　　我向飄渺的雲天外望——
　　　上帝！我望不見你！

――――――――――

① 《徐志摩全集》(1)，第 226 頁。

我向堅厚的地殼裡掏，

搗毀了蛇龍們的老巢，

在無底的深潭裡我叫——

　　上帝，我聽不到你！

　　　　　　　　　　（《他眼裡有你》）①

(3)雙句重複式：第一句與第四句，第二句與第三句重複。

我騎著一匹拐腿的瞎馬，

　向著黑夜裡加鞭；——

　向著黑夜裡加鞭，

我跨著一匹拐腿的瞎馬！

我衝入這黑綿綿的昏夜，

　為要尋一顆明星；——

　為要尋一顆明星，

我衝入這黑茫茫的荒野。

　　　　　　　　　　（《為要尋一顆明星》）②

(4)單句重複式：第一句與第三句完全一樣，重疊歌詠。

去罷，人間，去罷！

　我獨立在高山的峰上；

去罷，人間，去罷！

　我面對著無極的蒼穹。

————————

① 《徐志摩全集》(1)，第 318 頁。

② 《徐志摩全集》(1)，第 25 頁。

去罷，青年，去罷！
　　與幽谷的香草同埋；
去罷，青年，去罷！
悲哀付予暮天的群鴉。

（《去罷》）①

(5)三句重複式：在每節四行中，有三句重複，加強印象。

我不知道風
是在那一個方向吹——
我是在夢中
在夢的輕波裡依洄，

我不知道風
是在那一個方向吹——
我是在夢中
她的溫存，我的迷醉。

（《我不知道風是在哪一個方向吹》）②

以上五種不同的詩的形式，是從它的音響效果上來看的，只要一朗讀，就可感到形式不斷在變換，這是屬於聽覺範圍以內的，也就是聞一多說的音樂美。還有一類，詩的形式的不同，只靠我們眼睛直觀的感覺，詩人在排列詩行時，不斷變換模式，以增加我們百花齊放的感受，請看下列詩行排列法。

(6)豆腐乾體式：方方整整，筆直有如刀削的豆腐乾。

---

① 《徐志摩全集》(1)，第 21 頁。
② 《徐志摩全集》(1)，第 370 頁。

南方新年裡有一天下大雪，

我到靈峰去探春梅的消息；

殘落的梅萼瓣瓣在雪裡醃，

我笑說這顏色還欠三分豔！

（《梅雪爭春》）①

(7)上下排列式：逢雙句退後一字排列。

散上玫瑰花，散上玫瑰花，

　休攙雜一小枝的水松！

在寂寞中她寂靜地解化，

　啊！但願我亦永終。

（《誄詞》〔安諾得〕）②

(8)下上排列式：和以上排列正相反，逢單句退後一字。

　她是睡著了——

星光下一朵斜欹的白蓮；

　她入夢境了——

香爐裡裊起一縷碧螺煙。

（《她是睡著了》）③

　(9)階梯排列式：一、二句退後一字排列，三、四句提高一字排列，像一級台坡。

---

① 《徐志摩全集》(1)，第 251 頁。

② 《徐志摩全集》(1)，第 493 頁。

③ 《徐志摩全集》(1)，第 50 頁。

　　　　從松江的石湖塘，

　　　　　上車來老婦一雙，

　　　顫巍巍的承住弓形的老人身，

　　　多謝（我猜是）普渡山的盤龍藤。

　　　　　　　　　　　　　　（《古怪的世界》）①

　　⑩凹形排列式：第二、三兩句在排列時低一字，便顯得是凹形了。

　　　　小舟在垂柳蔭間緩泛，

　　　　　一陣陣初秋的涼風，

　　　　　吹生水面的漪絨，

　　　　吹來兩岸鄉村裡的音籟。

　　　　　　　　　　　　　　（《鄉村裡的音籟》）②

　　以上五種不同的詩的形式，則是純粹從它的外形來看的，詩人不斷創造性地變更它排列的詩行，為的是在視覺上給人一種新鮮感，這實際就是聞一多所強調的詩的建築美。

　　上述 10 個方面還只是從徐志摩的四行詩中來看他不同的詩的形式，事實上在他所留下的四本詩集中，幾乎每隔兩首便變更一下詩的形式，使人有眼花撩亂之感。他採用過兩行體（如《火車擒住軌》），也採用過三行體（如《卑微》），採用過四行體更不說了，還採用過五行體（如《雁兒們》），自然也採用六行體（如《深夜大沽口外》），更採用過七行體（如《殘破》），又採用過八行體（如《破廟》），此外還採用過十二行體（如《新催妝曲》），十

――――――――――――

① 《徐志摩全集》⑴，第 44 頁。

② 《徐志摩全集》⑴，第 48 頁。

四行體（如《天國的消息》），還有自由體，如《卡爾佛里》，散文體，如《白旗》、《嬰兒》等等。志摩詩的形式之多，是中國新詩人中空前的，也是罕見的。在新詩形式之探討上，他是一個先驅者，他鑽研了新詩形式的各種各樣的外形美，使你不能不佩服他的探求精神與創新精神！

第二節　詩的形式多樣性特點

形式的多樣性，是志摩詩區別於其他新詩人的詩之明顯特點，但是，志摩絕不是一個單純追求新鮮外形的形式主義者，如果他只是這樣一個膚淺的華而不實的「詩匠」，他也就不會成爲中國新詩壇的巨星，也就不會抓住讀者而使人永誌不忘，概括起來說，志摩新詩形式的多樣性做到了以下幾個特點：

第一，使詩的形式與內容盡可能完滿的相結合。

例如：贈日本女郎的《沙揚娜拉》，只描寫日本少女那低頭一刹那間顯出的迷人的嬌柔，所以就用極爲簡短的五六句自由詩行便充分集中表達出來，絕不故意拉長，絕不在詩行的乳汁裡加上許多水份。

再如，《嬰兒》，這是詩人在黑夜中對光明的人民的中國出生的呼喚，這樣一個偉大的主題思想，絕不能夠在簡短的幾句話中完成，詩人既未採用兩行體，三行體或者用短促跳躍式的形式寫成，而是採用在形式上顯得更爲自由，而在語言上能夠容納更多的豐富詞彙，表達更飽滿的思想內容之散文體，而使詩的內容與形式統一起來。由此可見，徐志摩詩的形式並不是孤立的來追求它的多樣性，而是詩的創新總體的一個組成部分。

第二，使詩的形式與詩的形象化盡可能完滿的相結合。

例如：

火車擒住軌，在黑夜裡奔；

過山，過水，過陳死人的墳；

過橋，聽鋼骨牛喘似地叫，
過荒野，過門戶破爛的廟，

過池塘，群蛙在黑水裡打鼓，
過噤口的村莊，不見一粒火；

過冰清的小站，上下沒有客，
月台袒露著肚子，像是罪惡。

（《火車擒住軌》）①

　　這樣詩句的分行是再形象和簡明沒有的了，每一句詩行的形象，緊扣住詩的外部形式，而使詩的形式與形象化的詩意溶合無間，給人以藝術的美感。如果徐志摩詩的形式不是與詩的形象化相結合，相反，是與抽象的標語口號或政治的哲學的概念相結合，它就不會獲得如今這樣的藝術魅力。

　　第三，使詩的形式與詩的悅耳的韻律相結合。

　　例如：

我送你一個雷峰塔影，
　滿天稠密的黑雲與白雲；
我送你一個雷峰塔頂，
　明月瀉影在眠熟的波心。

深深的黑夜，依依的塔影，──
　團團的月彩，纖纖的波鱗──

────────────

① 《徐志摩全集》(1)，第 382 頁。

　　假如你我蕩一支無遮的小艇，

　　假如你我創一個完全的夢境！

　　　　　　　　　　　　　（《月下雷峰》）①

　　很顯然，這八行小詩的藝術是十分動人的。就詩的形式而言，前四句用的是兩個並列的排比句，用韻響亮而優雅，第五、六句突然用四個醒字的音律，將詩意推向高潮，最後用兩個假設句把讀者帶入藝術的境界，這是詩的形式、悅耳的韻律、詩句的形象化三者相結合的完美展現。從以上三點可以看出來，志摩詩的形式是與它的內容、它詩藝術的形象化、以及它動聽的韻律緊密聯繫在一起的。因此不能認為他的詩是形式主義的。

　　1926 年，他在《詩刊弁言》中就說：

　　　　「我們信詩是表現人類創造力的一個工具，與音樂與美術是同等性質的；我們信我們這民族這時期的精神解放或精神革命沒有一部像樣的詩式的表現是不完全的；……我們的責任是替它們搏造適當的軀殼，這就是詩文與各種美術的新格式與新音節的發見；我們信完美的形體是完美的精神唯一的表現」②。

　　這種對於詩的形式創新的舊點，現在看來，依然是正確的。

　　徐志摩詩的形式，即他所說的「詩式的表現」、「適當的軀殼」必須與「我們這民族這時期的精神解放或精神革命」相一致的觀點，在當時顯然是和聞一多一致的革命民主主義觀點。他是把「詩的形式」提到「完美的形體是完美的精神唯一的表現」的高度來加以肯定

──────────

① 《徐志摩全集》(1)，第 41 頁。

② 《徐志摩全集》(1)，第 53 頁。

的,在當時新詩壇,詩的形式問題,確是一個相當突出的問題,徐志摩這樣做,不遺餘力地鑽研,便在理論上與實踐上對我國新詩的形式創造做出了自己的貢獻,這是我們應當肯定的。這是他 1926 年不斷鑽研詩的形式的結果。陳夢家就曾經在《紀念志摩》一文中指出過:

> 「十五年(1926),志摩在北平約一多子離聚起一個詩
> 會,討論關於新詩形式問題,他們在晨報有過十一期的詩刊。
> 從那時起,他(徐志摩)更用心試驗各種形式來寫詩。」①

所以徐志摩在詩的形式上所取得的成就並不是偶然的,也不是漫不經心隨意而爲,而是認認眞眞拿它當一番事業來做來加以完成的。

第三節　主張詩的形式創新的觀點

還必須強調指出一點,徐志摩對於詩的形式是主張創新的觀點,即他自己說的「表現人類創造力的一個工具」。因此我們對於他的詩的形式及這種形式所表現的詩的內容應當有一個全面的認識,不然我們便不能全面理解徐志摩的詩。他的詩的形式包容的內容一般有這樣兩種情況:

一是對現實生活做高度藝術的概括,例如《叫化活該》、《先生先生》、《誰知道》……等等。

二是對自己感情做精度藝術的點鑽,例如《我不知道風是在那一個方向吹》、《廬山石工歌》、《再不見雷峰》……等等。

以往對徐志摩詩的評論有一個通病,就是以偏概全,抓住第二種的所謂「缺點」便否定了他的全體,殊不知第二種詩儘管有許多重複的歌詠,但是卻重複得與眾不同,重複得詩意濃郁,重複得令人難

---

① 《新月月刊》四卷,五期。

忘，把感情做精度的藝術點鑽，一出語便驚人，使人印象深刻。

例如《我不知道風是在那一個方向吹》，詩的圓熟的外形不僅使人喜愛，雖然淡泊但卻凝聚精確的內容在一點上打穿了年輕戀人的心，這是一首優秀的愛情詩，這首詩把失戀的眞實純潔感情做了精度剖露，它並不給我們一種過度感傷的情緒，而給人一種對高尙純眞感情的留戀。這種溫柔戀情的表露，正是志摩詩個性的特徵。

我國古代詩評家對於詩歌與舞蹈的產生，有著這樣一種正確的解釋：「情動於中而形於言，言之不足故嗟嘆之，嗟嘆之不足故詠歌之，詠歌之不足，不知手之舞之，足之蹈之也。」這說明，詩歌是濃烈感情的產物，那麼它的語言，必定不同於平常的語言，要求有韻律，它的形式也就要求保持這種有規律的節奏之特點。從總的方面說來，徐志摩詩的形式正是決定於他的強烈的感情，他在《我不知道風是在那一個方向吹》、《再不見雷峰》等等詩中，反覆運用重疊詩句，有人把它貶稱爲「繞口令」式，那是由於還未進入詩的感情中，如果我們進入詩的感情中，這種詩的形式，不單不會使人覺得無味，而會更使人吟哦得有趣而一讀再讀了。詩人自己便是經常吟「我不知道風」這句名詩①。也許有人會說「這首詩只告訴人們一兩句話，不是太空洞了嗎？」但志摩詩的這一兩句話卻叫你不能忘記，這便說明它的不尋常，起到了如唐朝劉禹錫說的「片言而明百義，坐馳而馭萬景」的作用，通過少而精的語言表達了一種熱烈的感情。

總之，志摩詩的形式是優美的，他的鑽研是有成績的，他的詩能給我們一種美的享受。除了它的內容，也在於它的形式，他在中國新詩發展的早期，探索這些形式，無疑是勇士，但是，如今我們如果照搬它的形式，也無疑宣布自己的無能，因爲，詩，總是創造的，包括它的形式。

---

①見《新月‧志摩紀念號》上胡適《追悼志摩》一文。

第五章　徐志摩與中國的傳統文化

　　徐志摩與中國歷史與傳統文化都有緊密的聯繫，他留學美國哥倫比亞大學，留學英國倫敦大學和康橋大學，又受有歐美文化深刻的影響。他的詩文，雖然交織著中西文化的血脈，但是主要表現的卻是中國的文化傳統。

第一節　《殘詩》與歷史的記憶

　　在 1925 年出版的《志摩的詩》中，收入一首《殘詩》，歌詠的是具體的事物，從具體的事物中，卻反映出深刻的中國社會歷史問題，其思想的意義表現的形式，都令人回味，給人啓迪。

> 怨誰？急誰？這不是青天裡打雷？
> 關著，鎖上；趕明兒瓷花磚上堆灰！
> 別瞧這白石台階兒光滑，趕明兒，唉，
> 石縫裡長草，石板上青青的全是霉！
> 那廊下的青玉缸裡養著魚，真鳳尾，
> 可還有誰給換水，誰給撈草，誰給餵？
> 要不了三五天準翻著白肚鼓著眼，
> 不浮著死，也就讓冰兒壓一個扁！
> 頂可憐是那幾個紅嘴綠毛的鸚哥，
> 讓娘娘教得頂乖，會跟著渦簫唱歌，
> 真嬌養慣，餵食一遲，就叫人名兒罵，
> 現在，您叫去！就剩空院子給您答話！……

　　這一首詩，你如果單純從詩中的瓷磚、白石、鳳尾魚、紅嘴綠鸚哥、空院子等等具體藝術化的事物來看，那是不能看懂這首詩的意思的。只有結合具體的歷史文化背景，才能懂得它要表達的思想意義。它是一首政治歷史的抒情詩。

　　1924 年 10 月，北京發生了一件歷史性的事件，這就是清朝的末代皇帝溥儀被迫遷出了故宮，這標誌著中國的皇帝永遠退出了歷史舞台。徐志摩爲這一歷史事件特地創作了《殘詩》這一首詩。

　　他在詩中形容這一歷史事件對於中國來說，無異是「青天裡打雷」，從此清朝的三百年歷史，就被「關著，鎖上」變成永恆的過去了。這一座皇宮原來確實是一首令人難忘的詩，但是如今「就剩空院子給您答話」，所以這一首詩就如詩題所說，成了「殘詩」。

　　這一個「空院子」的明天又怎麼樣？詩人用詩的意象預示了如下殘破的景象：

　　第一、瓷花磚上堆灰；

　　第二、石縫裡長草；

　　第三、石板上青青的全是霉；

　　第四、廊下的青玉缸裡養著魚，要不了三五天準翻著白肚鼓著眼；

　　第五、頂可憐是那幾個紅嘴綠毛的鸚哥，只有向「空院子」叫去了。

　　詩人用堅實內容的詩句，帶有哀嘆和諷刺意味地描繪了一個時代的結束，如此重大的歷史題材，濃縮在十二句詩裡，表現了一個典型的詩的意境，蘊含了豐富的歷史文化內容，句句都表現了詩人構思的匠心和藝術的才華而具有進步的思想意義。它告訴人們：封建帝制在中國已經一去不返，那空院子將永遠掩埋在衰草中。這一首詩整個來說表現的是中國的文化傳統。

第二節　徐志摩的儒家思想

做爲北京大學、清華大學、南京中央大學教授的徐志摩有濃厚的儒家思想，這是他的詩文中所表現的中國文化傳統又一個重要方面。他在民國十四年（1925）十月寫的《從小說講到大事》一文中有淋漓盡致的暢言。他說：

> 「我們是儒教國，這是逃不了的事實。儒教給我們的品性裡有永遠可珍的兩點，一是知恥，一是有節，兩樣是連著來的。極端是往往碰頭的；因此在一個最無恥的時代裡往往誕生出一個兩個最知恥的個人，例如宋末有文天祥，明末有黃梨洲一流人。在他們幾位先賢，不比當代我們還看得見的那一群遺老與新少，忠君愛國一類的概念脫卸了膚淺的字面的意義，卻取得了一種永久的象徵的意義，他們拼死保守的不是幾套爛墨卷，不是幾句口頭禪，他們是為他們的民族爭人格，爭「人之所以為人」，在這塊古舊的碑上刻著歷代義烈的名字，漬著他們的血，在他們性靈的不朽裡呼吸著民族更大的性靈。」（香港版《徐志摩全集》176 頁）

是的，宋末民族英雄文天祥《過零丁洋》中一聯：「人生自古誰無死，留取丹心照汗青。」不知激勵過多少爲中華民族的繁榮昌盛而奮鬥的仁人志士。而明末民族英雄黃宗羲（1610～1695）稟承其父東林名士尊素的氣節，領導復社成員堅持了反宦官權貴的鬥爭；清兵南下，他又招募義兵成立「世忠營」，進行武裝抵抗；明亡以後，隱居著述，屢拒清廷的徵召，維護了民族氣節，做出了大學問。他們贏得世人的尊敬，也贏得徐志摩的傾慕，傾慕他們的知恥和有節，總之是維護了我們民族的儒家傳統。

徐志摩在本文中繼續酣暢淋漓地發揮著因他的儒家思想而激發出來的愛國熱情，他寫道：

「我們可以想像當初文天祥說同樣的一句話，我們可以想像當初黃梨洲說同樣的一句話。現在呢？我們離著黃梨洲的時代快三百年了；並且非常的時候又在我們的頭上蓋了下來。儒教的珍品——恥，節——到哪裡去了？我們張著眼看著，我們可以尋到一百萬個大簍子裝得滿的懦弱，或是三千剖箱車運不完的卑鄙，但是我們卻不易尋到指頭上捻得出或是鼻觀裡聞得出的一點子勇敢，一點子恥心，一點子節！在王府井大街上一晚有一百多個同胞跟在兩個行凶的外國兵背後聯聲喊打，卻沒有一個敢走近他們，別提動手；這事實裡另有一個『幽默』現代評論的記者不曾看出來的，就是我們中國人特有的一種聰明——他們想把恇怯合起來，做成他一個勇敢！」

這說明他的愛國，不是崇洋迷外，而受有濃厚中國傳統道德的影響。他在反思，他在喚起民眾的勇敢，丟掉懦弱，恢復恥心，起來與外國兵鬥爭。

總之，在徐志摩的傳統文化思想中，他還是傾向於進步的，他不僅早就發表文章介紹過愛因斯坦的《相對論》，他對俄國十月革命也是持肯定和讚揚的態度的。例如他在《落葉》散文集裡就表示過「爲主義犧牲的決心……那紅色是一個偉大的象徵，代表人類史裡最偉大的一個時期；不僅表示俄國民族流血的成績，那也是爲人類立下了一個勇敢嘗試的榜樣」。對科學，對俄國十月革命的肯定，充分說明了徐志摩健康、正確的思想感情和文化傳統。

而徐志摩所擁有的中國文化傳統，又與他的愛國思想是交織在一起的，他在美國時，看到歐戰的結束，看到美國舉國上下欣喜若狂的興奮景象，也就促進了他的愛國熱腸。正如卞之琳先生說得好，徐志

摩的詩文裡：

> 「有三條積極的主線：愛祖國，反封建，講『人道』。這三條不是什麼『先進』思想。但是這講起來似乎顯得陳腐的三條，在我們的今日和今日的世界，實際上還是可貴的東西。」（見《徐志摩詩集·序》，四川人民出版社，1982 年 8 月第三次印刷本，第 4 頁）

卞之琳先生說得很對，直不愧為徐志摩的學生和知己了。

後 記

　　在我孩提時代，母親教會我唱的第一、二歌是《湘累》和《可憐的秋香》，這兩首歌直到我進入大學中文系，才找到他們的詞曲作者，原來《湘累》出自郭沫若的《女神》、陳嘯空曲，《可憐的秋香》是黎錦暉詞曲。在抗日戰爭苦難的歲月裡我都在唱著它們。

　　到大學時代，是東北詩人高蘭開現代詩歌課，他從胡適、郭沫若談起，其中也重點介紹到新月派的詩，我卻近乎瘋狂地迷戀上新月派的詩歌，認為徐志摩和聞一多簡直就是中國的拜倫和雪萊，那時拼命地學寫詩，寫了幾筐廢紙，偶有發表者，真是歡喜得流淚；在青島當時的山東大學裡，有一座聞一多樓，是聞一多的故居，我曾經常在灰濛濛的清晨，在那裡讀聞一多的《紅燭》和徐志摩的《再別康橋》。

　　新月派的另一詩人陳夢家編的《新月詩選》（1931年9月上海四馬路新月書店出版）就把徐志摩放在第一（選八首），後面才是聞一多的詩（選六首），把徐志摩放在前面，說明他是新月詩派的代表和領袖，這是千真萬確的。

　　徐志摩的國際知名度很高，在美國，一提起中國五四以來的新詩，人們總會提到徐志摩。美國有一位漢學家曾經精闢地指出：徐志摩的名字幾乎就是新詩的同義詞。因為他比聞一多等更具獨立不羈的精神，能更勇敢地探索新詩的形式和技巧。（見《中國新詩導論》，載《試探索》1982年第二期，189頁）在前蘇聯，契爾卡斯基也曾寫有論徐志摩的論文（見中國社會科學院文學研究所《文學研究動態》1981年12月號）論述了徐志摩詩意的高超。由此可見，在國際學術界，對徐志摩新詩成就的評價，遠比聞一多為高。

　　但是在五〇年代的青島山東大學，我的老師高蘭教授和呂慧娟教

授,卻把聞一多又放在徐志摩的前面,那是因為聞一多為了反抗當時的統治者,為人民的利益而犧牲,在 20 世紀五○年代中國的政界與學界,對聞一多的評價都遠比徐志摩高;而時值 21 世紀的中國,這種情況似乎仍未改變。不過,我以為徐志摩是新月派典型代表和領柚的地位卻無可替代,而徐志摩與聞一多同是新月派的雙璧,都是新月的詩神亦無可質疑。

新月派是自由的出版制度的產物,那是一個人才輩出的時代。當五○年代中國又進入另一個新的時代,1956 年的夏季,我進入北京大學文學研究所的殿堂,只見到卞之琳和他的妻子青林,以及她懷抱中的孩子,而卞之琳,在陳夢家《新月詩選》中,是選過他的《望》、《黃昏》、《魔鬼的夜歌》、《寒夜》四首詩的,可見他也是新月詩派的成員,這是我見過的唯一的一對新月派詩人夫婦;而陳夢家當時已經成為考古學家,在北京已經是中國科學院考古研究所的所長,每當我經過考古所的大門,都想去見他一面,可惜始終沒有找到機會。

就我的新詩創作而言,無論是《駱駝的啼印》,還是《紅鬃馬》,或是《孺子牛》,細心的讀者會發現,它們都受有聞一多和徐志摩詩的影響,我愛讀他們的詩,便不知不覺地受了他們詩的感染。

高國藩　記於南京大學中韓文化研究中心
2003 年 2 月 25 日

新月的詩神：聞一多與徐志摩／高國藩著. --
初版. -- 臺北市：臺灣商務, 2004[民 93]
　　面：　　公分

　　ISBN 957-05-1837-5（平裝）

　1. 聞一多－作品評論　2. 聞一多－傳記
　3. 徐志摩－作品評論　4. 徐志摩－傳記

782.248　　　　　　　　　　　　92024053

新月的詩神──聞一多與徐志摩

定價新臺幣 280 元

著　作　者　高　國　藩
責 任 編 輯　葉幗英
校　對　者　董倩瑜　邱美雯
美 術 設 計　吳郁婷
發　行　人　王　學　哲
出　版　者　臺灣商務印書館股份有限公司
印　刷　所
　　　　　　臺北市 10036 重慶南路 1 段 37 號
　　　　　　電話：(02)23116118 ‧ 23115538
　　　　　　傳眞：(02)23710274 ‧ 23701091
　　　　　　讀者服務專線：0800056196
　　　　　　E-mail：cptw@ms12.hinet.net
　　　　　　網址：www.commercialpress.com.tw
　　　　　　郵政劃撥：0000165 － 1 號
　　　　　　出版事業
　　　　　　登 記 證：局版北市業字第 993 號

‧ 2004 年 2 月初版第一次印刷

讀者回函卡

感謝您對本館的支持，為加強對您的服務，請填妥此卡，免付郵資寄回，可隨時收到本館最新出版訊息，及享受各種優惠。

姓名：_____ 性別：□男 □女

出生日期：_____ 年 _____ 月 _____ 日

職業：□學生 □公務（含軍警） □家管 □服務 □金融 □製造　　□資訊 □大眾傳播 □自由業 □農漁牧 □退休 □其他

學歷：□高中以下（含高中） □大專 □研究所（含以上）

地址：□□□_____

_____

電話：（H）_____ （O）_____

E-mail:_____

購買書名：_____

您從何處得知本書？

□書店 □報紙廣告 □報紙專欄 □雜誌廣告 □DM廣告

□傳單 □親友介紹 □電視廣播 □其他

您對本書的意見？（A/滿意 B/尚可 C/需改進）

內容 _____ 編輯 _____ 校對 _____ 翻譯_____

封面設計_____ 價格_____ 其他 _____

您的建議：_____

_____

_____

臺灣商務印書館

台北市重慶南路一段三十七號　電話：（02）23116118・23115538

讀者服務專線：0800056196　傳真：（02）23710274・23701091

郵撥：0000165-1號　E-mail：cptw＠ms12.hinet.net

網址：www.commercialpress.com.tw

100臺北市重慶南路一段37號

臺灣商務印書館　收

對摺寄回，謝謝！

傳統現代　並翼而翔

Flying with the wings of tradition and modernity.